# Cuba
**defendida**

# Roberto Fernández Retamar

# Cuba
## defendida

New York • Oakland • London

Derechos © 2014 Roberto Fernández Retamar
Derechos © 2014 Ocean Press y Ocean Sur

Todos los derechos reservados. Ninguna parte de esta publicación puede ser reproducida, conservada en un sistema reproductor o transmitirse en cualquier forma o por cualquier medio electrónico, mecánico, fotocopia, grabación o cualquier otro, sin previa autorización del editor.

Seven Stories Press/Ocean Sur
140 Watts Street
New York, NY 10013
www.sevenstories.com

ISBN: 978-1-921438-05-9
Library of Congress Control Number: 2008925646

# Índice

| | |
|---|---|
| **Noticia** | VII |
| **1** | |
| Orgullo de ser cubanos | 3 |
| Otra salida de Don Quijote | 5 |
| El reinado de la alusión | 7 |
| De cómo La Habana se volvió una Venecia silvestre | 11 |
| Alegría por el regreso de Alejo Carpentier | 15 |
| La Habana, encrucijada de América | 19 |
| Destino cubano | 25 |
| De un nacionalismo abierto | 29 |
| Elogio de la mentira | 39 |
| ¿Va a enseñarse la historia de la América nuestra? | 43 |
| De «generales y doctores» a comandantes y licenciados | 47 |
| Sí a la Revolución | 51 |
| Lectura de José Martí | 55 |
| El lugar y la lección de la guerra | 61 |
| 1961: cultura cubana en *Marcha* | 65 |

**2**

Cuba hasta Fidel 75
1898 y el nuevo pensamiento
   independentista cubano 101

**3**

Haydee entre el fuego y la luz 117
Leer al Che 137
Algunas veces el Che 159

**4**

Cuba defendida. Contra otra Leyenda Negra 197
La enormidad de Cuba 227

**5**

Hacia una intelectualidad
   revolucionaria en Cuba 261
A cuarenta años
   de *Palabras a los intelectuales* 287

**6 Réplicas**

A Mario Vargas Llosa, en nombre
   de quien ya no puede responderle 305
A Carlos Fuentes: mentiras,
   ocultamiento, ¿deseo? 309

**Notas** 317

# Noticia

Con el título de este libro publiqué en 1996, en la colección La Rueda Dentada, de las Ediciones Unión, de La Habana, un cuaderno que incluía el ensayo homónimo y una entrevista que recogeré en otra ocasión. Con igual título di a conocer, traducido al italiano por Alessandra Riccio y prologado por ella, un volumen mucho más amplio, publicado en 2001 en Milán por Sperling & Kupfer, a instancias del entusiasta Gianni Minà. En esta nueva edición, que ha conocido salida previa, aunque el nombre es el mismo, el contenido vuelve a variar. La persistencia del título se debe a que en todos los casos me he propuesto meta similar: la defensa de mi país, agredido de múltiples maneras. Ahora he querido comenzar con textos tempranos, escritos a raíz del triunfo de la Revolución Cubana en 1959. Tales textos son por lo general artículos de periódicos. Menguada experiencia tenía a propósito de ellos: escasos materiales, pergeñados para la prensa clandestina, que de poco deben haber servido. Ignoro si los que escribí a partir de enero de 1959, algunos de los cuales reúno aquí, tuvieron más suerte. En todo caso, he creído honrado iniciar así el volumen. La segunda parte se propone exponer cuestiones de la historia del país con vistas a lectores no duchos en el tema. La tercera aborda a dos de nuestros héroes. La cuarta es probablemente el núcleo del libro, como lo revela el título del que lo encabeza (que es también el del tomo todo). La quinta, donde el orden cronológico está más alterado que en los otros, se vuelve hacia asuntos culturales. Y la sexta, un añadido menor, trata de escritores importantes que, después de haber adherido a la Revolución, la han calumniado. Dudé en prescindir de esas páginas, pero al cabo concluí que también en ellas quise defender a mi país. Añado, por último, que las traducciones y los énfasis, si no se indica otra cosa, son míos.

*Roberto Fernández Retamar*
*La Habana, 20 de octubre de 2006.*

# 1

## Orgullo de ser cubanos

Con misteriosa perfección, el día primero irrumpió la noticia que durante más de seis años había anhelado la inmensa mayoría del pueblo cubano. Vivimos en los próximos días las horas más tensas, deslumbrantes y nobles que jamás nos haya sido dado experimentar. Salvo esos grupos de malvados que corrían a guarecerse donde pudieran, todo el pueblo se dio a un júbilo que no había visto antes el país. Años y años de espanto cesaban súbitamente, y una alegría olvidada recorría las bulliciosas calles con banderas. De repente todo era posible; de repente esta isla nuestra, esta patria asendereada que habitábamos con desesperación y cólera, y añorábamos en el extranjero con desolada ternura, la Cuba por la que se había llorado lágrimas verdaderas, era el centro de la tierra, era la punta más alta y generosa de la humanidad en ese instante: hombres sencillos de barbas arbóreas, que encarnan una nueva mitología americana, estudiantes e intelectuales puros, campesinos, profesionales, obreros, todo un pueblo en conmovedora unidad frente a la tiranía, habían hecho posible, con el aliento de un hombre de excepción, lo que no parecía sino milagro, hechizo del San Silvestre nocturno o anticipada epifanía.

Para un hombre de letras, para quien encuentra sentido a la vida en la amistad silenciosa de los creadores y los sabios de muchos siglos, esta experiencia es única: cada página, cada libro, la maraña de sueños y testimonios incorporada amorosa o ávidamente en la soledad de la lectura, parece converger en este momento auroral en que la acción no se separa de la contemplación, en que son una misma cosa imaginar que hacer. Si con motivo de conferencias literarias no podíamos dejar de mencionar, en el extranjero, que vivía Cuba la más desventurada época de su historia; y en el país, y bajo censura implacable, que se había reditado y acrecentado otro sombrío instante de aherrojamiento, he aquí que ahora, en que por vez primera en ominosos años no es menester la escritura clandestina para expresarse sin ambages, lo que hay que decir es aún más extremado: que hoy es el nuestro el país más venturoso de la tierra, que tiene ante sí las posibilidades más ricas que se ofrezcan a nación alguna, que nadie puede sentirse más feliz por su ciudadanía que el más humilde de los cubanos. Como en las páginas de Martí, el nombre *cubano* vuelve a estremecer como nombre de elegido.

Un pensador propuso en cierta ocasión aspirar, en vez de al superhombre estridente, al «todo-hombre», al hombre íntegro que se hubiera enriquecido con las mil variedades del ser humano ondulante y diverso. Ningún país como el nuestro puede hoy realizar esa imagen suprema que es el sueño de América, madre e hija de la Utopía, última Tule, lugar de la raza cósmica.

Como maestro que aprende también de sus alumnos, como escritor libre, no podemos negarnos a la emoción más verdadera después de haber experimentado los días más plenos de nuestra vida, y de disponernos al mayor esfuerzo por rehacer, por remodelar al país, pues todos, grandes y pequeños, tienen su tarea. Adoloridos por las muertes y penalidades que nos permiten sabernos libres; conmovidos por las hazañas de toda naturaleza que hemos escuchado y visto, en los más remotos hombres como en nuestros padres y hermanos; agradecidos por la sola idea de que nuestro primer hijo nacerá en territorio libre, ningún sentimiento nos colma más que el profundo y definitivo orgullo de ser cubanos.

Revolución, *8 de enero de 1959.*

## Otra salida de Don Quijote

Mucho desafío impresionante ha visto Cuba en los últimos años: desafío a las armas, a la tortura, a la coacción y la insinuación corruptora del poder, al miedo, a la riqueza. Todos nos deslumbran, y también ese otro menos estruendoso, no menos valiente: el desafío al ridículo, que es el acto por el que encarna la poesía. Lo que conquista desde las primeras líneas en Alonso Quijano el Bueno no es solo el tamaño de las hazañas que se pone por delante, ni solo el admirable coraje con que las acomete, sino sobre todo ese desprecio al ridículo de quien sabe que ojo de bachiller o de barbero no son testigos de grandeza, porque hace falta mirada de amor para comprender que los molinos son gigantes, ejércitos las manadas, yelmo la bacía.

El malicioso aseguraba que así no se podía pelear: lo probaban la historia, la geografía, presumiblemente el álgebra, la astronomía, hasta llegar a la última letra del alfabeto. Pero así se peleó, pero se ganó así. Era «ese no poder, sido» que dijo un poeta. Luego el malicioso espera que todo va a ser a la postre igual, porque se ha hecho siempre así. Pero no: porque se trata de añadir al «siempre» una nueva dimensión, en que no lo que se *hacía*, sino lo que se *debía hacer*, deje de ser posible y se haga costumbre. Guardará entonces el maltrecho sabichoso sus precauciones y recordará esa última arma criolla que es el choteo, al que más de un hombre honrado ha concedido entre nosotros su atención. Pero aquí más que en parte alguna saldrá corrido el malicioso. Pues como en el verso gongorino, al infierno se está venciendo con el infierno: no ha sido afectando compostura y discreción como se ha recuperado al país, sino desmesurando lo esperado. Hombres de barbas apostólicas que no había visto este siglo en tan gran conjunto recorren las calles; el presidente no vacila en pedir que se le llame «ciudadano presidente»; un comandante casi legendario abre las puertas de una enorme jaula para dar libertad a los pájaros, no rehuyendo la encantadora evidencia del símbolo, mientras las palomas revolotean en torno a las armas. La poesía ya no se confecciona laboriosamente en maridaje secreto entre la página blanca y el sueño esquivo, sino se hace la increíble realidad cotidiana de nuestra vida.

Cuando en aquellas primeras inolvidables horas de este año abrazábamos estremecidos a uno de los más nobles y lúcidos de nuestros amigos, él balbucía: «es el triunfo de la ingenuidad». Ah, Mariano: es, sí, el triunfo de la ingenuidad de hombres como tú, que creyeron que solo lo imposible era digno de ser buscado. Alonso Quijano el Bueno reclamó otra vez su improvisada armadura, su bacía, su jamelgo, salió al camino polvoroso, y sus encuentros de tal modo han hecho ver que lo soñado era lo real, que aún el enemigo de la tiranía que tiene la esperanza difícil; quien se repite de tiempo en tiempo, como en la vieja súplica desgarradora: «Señor, ayuda mi incredulidad», ante la impresionante prueba, ante las llagas ofrecidas, accede a la fe, dice: «creo».

Revolución, *10 de enero de 1959.*

# El reinado de la alusión

El despreocupado se acerca a la vidriera a comprar cigarros. Su compra se dilata. Bajo el vidrio lee: «Un pájaro que vuela muy alto». Edipos de pacotilla arrojan a su lado monedas sin cuento y proponen treinta y seis soluciones al enigma de la esfinge. Al fin el despreocupado obtiene sus cigarros y se marcha. Cuando aún no ha concluido su cajetilla, a la noche, la solución es voceada de esquina en esquina: era el uno, la cabeza, el pensamiento, ¡un pájaro que vuela muy alto! El reinado de la alusión ha comenzado a extenderse sobre el país. Al atroz encuentro del Bien y del Mal, de la luz y de la sombra, un humo equívoco lo rodea, el humo de las alusiones y las metamorfosis.

Del lado naturalmente confuso de la sombra, sin mencionar por evidentes las mentiras escritas o dichas, hay que insistir en el festival de las verídicas metamorfosis, en los enigmas que hacían creer que la poesía se había ido encogiendo hasta habitar horrorizada esos poemas de un solo verso, hermanos inesperados de las pueriles adivinanzas, de los *kennigar*, de las altanerías barrocas, de las burbujas del sueño, de las ayer puntiagudas audacias.

Nunca fauna más esquiva ha conocido el país: el mono, la lombriz, la mujer mala, el toro, el policía; ni paisaje más amargo, donde brillaba la luna sobre el cementerio. ¿Y cómo llegar a ellos? Cuatro, cinco códigos ofrecen las claves, que se estiran y combinan hasta abarcar, como una red sucia, los más diversos acontecimientos, traducidos en una línea monótonamente secreta, y esta en una cifra, y esta en unas cuantas monedas que revierten, como en círculo cerrado del Infierno, sobre la línea, sobre la cifra. Ni en momentos de mucha atención sobre la poesía: ciertas etapas de la poesía china, los grandes concursos griegos, las cortes renacentistas; ni en esos instantes es presumible que ciudadanos pobres e ignorantes se interrogaran día a día, noche a noche: «¿Cuál es el verso de hoy?» Los que nada sabían del cordobés diamantino, gongorizaban a su antojo y destrozo.

Los acontecimientos más pasajeros tenían allí su alusión; también los más graves y dolorosos. Un día se leía bajo el vidrio esta sentencia críptica: «Un viajero que se detiene». Hay en esto también los intuitivos, que proceden escuchando voces, sueños, premoniciones o cábalas. Y hay los que saben, los que piensan que una cierta arquitectura gobierna esta ráfaga de imágenes, y es cuestión de dar con esa organización. Ellos consultan cuadernos baratos con sugerencias e informaciones; y sobre todo los códigos que hacen posible el desciframiento: la charada china, la india, la americana, la cubana, la de Matanzas. Esta vez en vano. ¿«Un viajero que se detiene»? Nada parece corresponder a la alusión. Esa noche llega la respuesta: el tres. No el marinero que recitan los niños: el tres es la muerte en la charada de Matanzas. La muerte es «un viajero que se detiene», por Matanzas. El día anterior un cuartel ha sido atacado en Matanzas, y los asaltantes muertos de manera terrible. El hecho, que estremece al país, encuentra una versión sombría en esa réplica de los números: el tres, la muerte, el viajero que se detiene por Matanzas.

En la parte del Bien —y nadie debe extrañarse de la insistencia en el símil ingenuo, pues en verdad fuimos testigos perplejos de la encarnación de esos dos campos—; en la parte de la luz, es cierto que no encontramos esa repugnante devoción a la mentira que era como el pórtico de entrada a los otros: pero allí le era menester a la verdad replegarse en la publicación clandestina y en el recinto, que supo conservarse inviolado, de la amistad; es decir, de la conversación personal entre amigos. Pues llegó el instante en que aun la llamada y la carta, portadoras de la verdad, hubieron de enmascararse. Incluso la verdad tuvo que metamorfosearse, solo que metamorfosearse para persistir, para ser. Dicen los portugueses: *Deus escreve direito por linhas tortas*. Así leíamos o escuchábamos constantemente que casi todo el mundo tenía un pariente que estaba al morir, lo que no impedía a la comunicación desbordar una esperanza evidente, o que alguien estaba al irse de viaje. Pero quizá donde encontró más esplendor la metamorfosis de la luz fue entre los nombres. Casi todos los que realizaron labor contra la tiranía se vieron obligados, en algún momento, a devenir otros. Al menos nominalmente. Grandes, medianos y pequeños, el dirigente y el activista, el que ofrecía su casa para reuniones y el que la daba para guarida, el que servía de intermediario y el que firmaba un artículo clandestino, se encontraban en algún momento en la necesidad de escoger un nombre, otro. Esa labor que agradecíamos (o no) a nuestros padres: marcarnos en la frente con un nombre, quedaba entonces en nuestras manos, y sospechábamos que seudónimo no debe ser llamado el nombre que escogemos, sino el que nos imponen sin nuestro consentimiento. ¿Nombre falso el que hemos preferido y nombre verdadero el que nos han obligado a llevar? Y, sin embargo, así es. Pero aquí más que en parte alguna comprobamos cómo, del lado del Bien, las metamorfosis de la verdad no eran solo para ocultarse: también para persistir, para ser. Pues mientras el nombre que se nos ha dado es un azar, y no trasluce nuestra identidad (¿no hay Arieles gordos y Doroteas lindas?), el que hemos escogido no solo nos oculta: también nos delata voluntaria o secretamente. Al solo nombre de Alejandro entendemos que se confiesa el afán de penetrar la historia, de darle al país reciedumbre, amplitud y persistencia; mientras Jacinto es el adolescente gallardo, y David puede ser el débil con una honda de letras. El nombre ya no nombra, tarea sorda y servil de mero señalamiento: es una cierta descripción, lo que según el Sócrates del *Cratilo* fue en sus albores. Pero una descripción secreta. También aquí la alusión.

De súbito, al comenzar el año, se inició el reinado de la evidencia.

Nueva Revista Cubana, *año I, no. 1, abril-junio de 1959.*

## De cómo La Habana se volvió una Venecia silvestre

Primero fueron los sombreros: debimos suponer desde entonces que iban a protagonizar ese casi increíble baile en la plaza, arrojados jubilosamente al aire, a la isla, al mundo. Primero fueron los sombreros, y los de yarey, claro, fueron los primeros. Empezaron a aparecer en las calles, echados por las aceras, cogidos en racimos, encaramándose en los ómnibus. No alcanzó pronto el yarey. Que fuese sombreros, era bastante. Sombreros tejanos, sombreros mexicanos, sombreros italianos, picudos, sombreros chinos, sombreros pajizos, blancos, grises, sombreros verdes, sombreros rojos, sombreros con el borde pintado, sombreros a listas. Luego comenzó la condecoración de los sombreros: letreros, letras sueltas, retratos, dibujos, medallas, desde luego banderas (algunas en su asta), cintas, alfileres, lápices, flores, papeles, bonos, otros sombreros. A nadie pudo ya caberle duda. Tampoco tiene uno duda cuando, trastabillando entre las maletas al correr del tren al vaporcito, llega a Venecia: está teniendo lugar el fastuoso acontecimiento de vivir una tensa realidad feérica. No es el agua derramada por la ciudad fragmentaria lo que la provoca. Otras ciudades de agua hay (Amsterdam, Brujas) que se cuidan mucho de darse a esa frenética danza. La Habana acaba de experimentarla, acaba de vivirla a todo pecho.

El carnaval verdadero, el carnaval veneciano, ese en que el antifaz y los ojos no se saben separar, el que descubre más que oculta, empezó con los sombreros, pero inundó con su ligero aire multicolor toda la ciudad. Ya se habían ido viendo los machetes. Los genuinos, que después rasparían las piedras de la calle gimiendo como animales nocturnos, iban en sus vainas oscuras, pero salían, al principio tímidamente y luego con confianza: el viejo filoso, el recién comprado y romo, el corto de la caña. Después vinieron los imaginarios: el machete de lata, de hojalata o, mejor, de palo pintado en plata tosca y con la empuñadura negra, que no hubo niño que no se ciñera al cinto, dando descanso por un momento al uniforme verdeolivo y a la barba de quitaipón. Porque nuestros niños andan jugando a ser héroes, y, por vez primera, héroes de Cuba. No quieren ir a Marte, sino a la Sierra; no quieren ser viajero interplanetario o un rapiñador de indios: quieren ser uno de esos capitanes de nombre solo y sencillo, que a la vez pertenecen a nuestra historia y a nuestra mitología, sintiéndose orgulloso el niño blanco de ser el héroe negro, y el niño cubano de ser el héroe extranjero. ¿No es motivo para ilusionarse pensar que va creciendo una hornada de niños que ha jugado a ser, como lo más alto y noble, un luchador por la pureza de Cuba? Pero en estos días los niños abandonaron su atuendo guerrero, y prefirieron el machete metaforizado por un listón lívido, prefirieron el sombrero guajiro y la ropa clara del campo. Lo que acabó de dar a la ciudad aire de fábula y carnaval encarnado, fue que esos seres, por lo general hoscos y sordos, que son *los mayores*, también cayeron bajo el hechizo, y encasquetándose el sombrerón guajiro —y de no tenerlo a mano, cualquier otro sombrerón—, se echaron tranquilamente a la calle. Allí, medio millón más de hombres henchía la ciudad, deambulando con espesa lentitud, disfrazados de sí mismos, y nosotros de ellos, viendo con pasmo lo memorable y lo pasajero, haciendo ver cómo lo pasajero es memorable. Exposición enorme con ómnibus y maquinaria, como semáforo guiñador, eran razón igual para el azoro. ¿Y qué decir de la puerta que se abre sola, junto al centauro emplumado de verde, la puerta que se abre sola en el hotel rarísimo, y bajo la cual, nos asegura uno temblando, un hombre lo está mirando para correr a abrirla cuando él se acerque?

Por un lado, por otro, la música que quién sabe de dónde vendrá, metiéndose por las hendijas, y en todas partes los cartelones de esperanzadas letras enormes y toscas, y los dependientes y camareros, a los que se les asoma corbata ciudadana bajo pañuelos y sombreros, y el gentío exaltado con aire navideño comprando, regalando, feliz. ¡Ah, pensar que estos días van a pasar! Pero ¿quién, quién de nosotros va a olvidar esta súbita, fragante metamorfosis de La Habana en una desbordada Venecia de hierba y zapatones?

Revolución, *30 de julio de 1959.*

# Alegría por el regreso de Alejo Carpentier

Leíamos alguna vez en un catálogo de Gallimard, no sin tristeza, el nombre de Alejo Carpentier bajo el rubro «Letras venezolanas». Ya no solo se nos había ido a vivir a Caracas el cubano múltiple de las batallas vanguardistas, de los virginales y misteriosos poemas negros, el editor juvenil de la *Revista de Avance*, el curioso insaciable de cuanto en música, en letras o en pintura nos rozara; no solo se nos había ido a vivir lejos, sino lo daban como si esa cubanía ligera y chispeante que tanto le agradecemos le hubiera sido sorbida, al menos en el papel, y apareciera ahora con otra patria el autor de *El reino de este mundo*.

No ha habido tal. No era sino un desliz de editor distraído lo que ponía su nombre bajo otra bandera de letras, de resultas de un destierro con más años de los que hubiéramos querido. Si las torpezas políticas han echado del país a millares de cubanos, y el rigor económico a muchos más, no está de más añadir que nuestro difícil aire cultural, su ambiente enrarecido, han contribuido también a ralear al país. Si no en exilio permanente, al menos en demorados viajes anda el pintor cubano de más nombradía, y fuera están no pocos de nuestros artistas —escritores, pintores, músicos—, impulsados demasiadas veces por las dificultades que aquí tuvieron que afrontar. (Razón de más, dicho sea al pasar, para agradecer su trabajo a los que siguieron realizándolo entre esas dificultades.)

El hecho de que Alejo Carpentier, uno de los escritores nuestros que más interés suscita hoy en el mundo, haya decidido desandar el exilio y volver a sentar sus reales en La Habana, es, por ello, un acontecimiento que debemos subrayar: sin duda se vincula a la importancia excepcional de este momento, y a la confianza que también es dable tener en la transformación de nuestro hostil ambiente cultural, sordo casi siempre y algunas veces sórdido por mezquino y mediocre. Y es un acontecimiento porque el regreso de Carpentier no tiene nada de retorno del hijo pródigo: en vez de haber dilapidado su herencia, la ha acrecido cuantiosamente. Vuelve anunciado por libros suyos en ediciones francesas, norteamericanas, alemanas, danesas, suecas; y, lo que es más esperanzador: vuelve en plenitud de creación, persistentemente juvenil, ejemplo feliz de escritor que ha mantenido y reavivado el fervor y la prodigiosa capacidad de trabajo.

Junto a contadísimas excepciones, Carpentier es de los escritores de la *vanguardia* cubana que prosigue en función de escritor. Desde los años veintitantos (que tan bien ha evocado él) en que había que ir a reunir a los músicos de la Filarmónica a lo largo y ancho de toda la ciudad, arrancándolos de oficios y menesteres diversos; en que iban juntos el verso tambaleante, el cuadro audaz y la conspiración política (¿no anda por ahí un retrato en que se le ve sentado en prisión, magro y con ojos enormes?), desde esos años que hoy nos parecen traspasados de la más ingenua impaciencia y de la más necesaria curiosidad, ha ido levantándose con admirable fidelidad su obra. No parece que haya habido objeto singular que no lo alimentase. A la extranjería de su sangre, que le enrosca las erres en la charla copiosa, ha de deber esa mirada voraz, como de hombre de afuera, que va del azoro a la rápida cetrería. Gran virtud americana, por otra parte. Pero lo valioso es que esa curiosidad universal ni se empecinara en lo raro evidente (que es lo contrario de lo real maravilloso) ni se fatigara hacia lo mansueto. No ha habido en su trabajo sino crecimiento. Un lector atento puede descubrir, ya en su novela ¡Ecue-Yamba-O!, de 1933, la raíz que iba a sostener después tantas páginas memorables. Luego vinieron, sin embargo, otras tareas, y se creyó bien situarlo como un inquieto con visos de novedad, aunque vastamente informado en muchos asuntos. Pareció dejado atrás el novelista. Su gran historia de la música en Cuba nos dio oportunidad, al saludar su aparición, para una de nuestras primeras noticias de libros, hace ya trece años. Alguna vez era un buen ensayo lo que nos llegaba de él, como aquel Tristán e Isolda en Tierra Firme, donde a cuento de una representación operática, iba toda una posición de americano ante el arte, sin que faltara la caricatura oportuna del ismo envejecido, inútil frente a la demanda del esplendor nuestro. Pero en realidad Carpentier narrador, once años después de su primera novela había vuelto a aparecer, y esta vez para quedar: su Viaje a la semilla, relato del tiempo desandado, es el comienzo de una serie espléndida, tocada toda ella por notas que ya están, una, en su novela inicial, y otra, en este Viaje: el intento de apresar la fabulosa realidad americana en su barroquismo natural tanto como cultural (El reino de este mundo, Los pasos perdidos), y el obsesivo tema del tiempo, que ahora es visto regresar en el Viaje a la semilla, ahora se precipita, atravesando el ojo varias edades, que se aprietan crujientes, en Semejante a la noche, o, en fin, se desarrolla jadeante, sin reposo para el tenso lector, a igual paso que una sinfonía de Beethoven, en El acoso, que no por azar el cine ha reclamado. Pero no es éste lugar para el trabajo crítico que entre nosotros exige la obra mayor de Alejo Carpentier. Ese trabajo no se limitará a repetir los extraordinarios elogios que en todo el mundo ha cosechado este cubano universal; deberá sobre todo contemplar su obra, de aliento antillano, desde nuestra concreta realidad, a la que ha exaltado grandiosamente. Aquí no queremos sino saludar alborozados el retorno de quien, después de dejarnos como gran escritor cubano, regresa como gran escritor americano, como gran escritor del mundo, en momentos en que La Habana es encrucijada de América. Lo que representará para nuestra joven literatura el ejemplo de quien ha ofrecido una de las primeras visiones americanas de hoy, lo dirán pronto los años. Bástenos ahora insistir en lo que este retorno significa para la nueva Cuba, que puede hoy acoger con orgullo a sus hijos mejores, a quienes además reclama en el momento del triunfo y de la fundación. Bienvenido sea Alejo Carpentier.

Revolución, 7 de agosto de 1959.

# La Habana, encrucijada de América

## 1

Miguel Ángel Asturias desciende lento del avión, grave señor maya a quien los muchos siglos no han podido socavar el perfil de la raza. A su lado, lúcidos ojos claros y deje del Plata, Blanca, la esposa. Los recibimos en la mañana casi nocturna todavía, de Rancho Boyeros, y ya no cesa la charla, mientras el día se va levantando entre rumores y azul espléndido. Memoria de Guatemala la traicionada, esperanza inmensa en Cuba, América una, letras, ciudades del Viejo y el Nuevo Mundo. Luego, las conversaciones con otros escritores, jóvenes y menos jóvenes. El autor de *Leyenda de Guatemala*, de *El Señor Presidente*, de *Weekend en Guatemala*, el guatemalteco leal a su país y a las letras a quien la Dirección de Cultura ha traído desde su exilio en Buenos Aires hasta esta Cuba de la libertad, tiene para todos, pausado y sagaz, el comentario necesario. Cuba no será Guatemala. Hispanoamérica mira a Cuba como a una luz desafiante por cuya boca se está diciendo lo que todos queríamos oír. Son otros los tiempos, más profundo el cambio. Hispanoamérica respalda plenamente a esta isla encendida en justicia. Otro día, otro, el diálogo se reanuda: en una librería, entre los vericuetos del barrio chino, frente al mar oscuro. Arden, como las estrellas, los nombres generosos y la larga esperanza.

## 2

En la grata compañía de libros y nobles inteligencias que suelen andar asociados en *La Tertulia*, abrazamos a Carlos Fuentes. Nos conocíamos de lejos. Pero ahora, años después, es que nos vemos, y anudamos una amistad inmediata. ¡Si parece cubano! (que es elogio que ahora oímos, como antes se propinaba a diestro y siniestro la extranjería a manera de rara alabanza). Pero no es esto elogio, sino descripción: parece cubano este joven mexicano espigado, parlero y vivaz, con algo de diplomático y algo de deportista, que por otra parte, tanto está haciendo por Cuba. ¿Por qué no se ha difundido entre nosotros *el espectador*, esa revista mexicana que dice allá como nadie la verdad sobre lo que aquí ocurre?

Fuentes edita esta revista con otro puñado de hombres jóvenes —entre ellos García Terrés, el poeta, y González Pedrero, casado con cubana, y autor de un buen libro sobre nuestra Revolución. En esa revista se mantiene una posición política coincidente con los planteamientos de la Revolución Cubana: al cabo es una la Revolución latinoamericana, asome en México en 1910 o en Cuba en 1959; de ahí que tenga tanta importancia la presencia de hombres como Lázaro Cárdenas en la conmemoración del 26 de Julio. Y no hay número, de los tres que lleva publicados la revista, en que no se defienda con lucidez a Cuba de las falsías con que vanamente quieren enajenarnos el sentimiento popular del Continente. Así, pues, el novelista de *La región más transparente* es también un periodista en la mejor línea, y nos complace verlo, junto con Fernando Benítez y Elena Poniatowska, entre los que de lejos han venido a presenciar el acontecimiento excepcional de la fecha heroica. Es, como Asturias, de los testigos que no se limitan a la contemplación pasiva, sino desbordan del testimonio a la gestión generosa. De ella y del *irritabile genus vatum* seguimos hablando al otro día, hasta que los trajines del hotel posponen para otra fecha, acaso en su hermoso país, la conversación.

## 3

A partir del primero de enero, el hecho se hizo evidente: La Habana se había convertido en la encrucijada de América, en el centro de atención del continente. De todas partes de América, y aun de todas partes del planeta, empezaron a arribar los que con sus propios ojos querían ver lo que se está haciendo en este país. En primer lugar, se volvió habitable la tierra otra vez para los paisanos: numerosos cubanos, y sobre todo cubanos jóvenes, a quienes la tiranía unas veces, la necesidad o la hostilidad otras, habían hecho salir del país, eran ahora convocados desde los más lejanos sitios. De Nueva York, de México, de Caracas, de París, de Londres, de Madrid, de Roma, empezaron a arribar los cubanos aventados. Pienso ahora sobre todo en los artistas e intelectuales que vivían lejos de su patria, y que han venido a compartir las esperanzas y las labores del país en reconstrucción. Entre los más sonados de esos retornos, de esos «nostoi» que bien merecen un cronista, los de Nicolás Guillén y Alejo Carpentier, al que tuve ocasión ya de aludir. Los jóvenes son legión: mencionaré solo a Fayad Jamís, procedente de París, y a Pablo Armando Fernández, de Nueva York. Todos esos retornos subrayan la nueva aurora del país. Pero su carácter de encrucijada americana (que otorgamos a La Habana como se habla de Wáshington, París o Moscú para indicar las políticas de sus países respectivos) es enfatizado por esos extranjeros atraídos aquí, deseosos de experimentar personalmente el clima de la Revolución Cubana. De los muchos extranjeros he querido evocar a dos, por la relación que con ellos he tenido, y también porque representan dos generaciones: Asturias, la de la *Revista de Avance*, en la que publicó algún trabajo; Fuentes, la nuestra.

## 4

Ante esa atención volcada sobre nosotros, como centro esperanzador de Latinoamérica; ante esa atención que va también, desde luego, a las creaciones culturales, cabe preguntarse si estas han sabido estar a la altura de los hechos. O dicho de otro modo: si se ha sabido hacer suceder las inculpaciones sospechosamente rápidas de los primeros días y la tabla rasa propuesta como tradición (esos pleonasmos del refrán que aconseja apagar la luz para que todos los gatos sean pardos), por obras abundantes y buenas que se hagan dignas de la atención que hoy merece el país. Por desdicha, la respuesta no es aún lo positiva que quisiéramos. Ahora bien, si en momentos difíciles en que el país en sí, poco respaldo, si alguno, podía ofrecerles, hubo nombres cubanos que lograron trascender nuestras fronteras y ganarse un respeto extranjero, ¡cuánto más no se obtendrá ahora, que todo lo cubano lleva por eso solo una fuerza mayor! Y en verdad, Cuba requiere no solo hombre honestos en los cargos de gobierno, soldados aguerridos, pueblo conciente; sino también intelectuales y artistas fieles y laboriosos, dignos del lugar en que el país ha sido situado. La tarea de fundar, de construir, en ningún orden puede ser pospuesta. El centro político del continente está obligado a luchar por devenir, también, encrucijada intelectual y artística. Y ello no de modo parasitario, a rastras de la evidente y poderosa grandeza política, sino por propios merecimientos.

Otra cosa es defección. No faltan en la nueva hornada de cubanos, escritores, pensadores, pintores, músicos, poetas, cineastas, cuya tarea —incipiente muchas veces, y otras de rostro más hecho— permite confiar en que no flaquearán ante esa responsabilidad de hacer. Bienvenidos los choques de ideas si no son solo choques, sino sobre todo de ideas; necesarias las disparidades creadoras, cuando, en efecto, nacen de actitudes probadamente creadoras. Y, sobre todo lo demás, la conciencia de que es ya imposible reiterar el aldeanismo cominero, al que no se le escapa lunar alguno porque rara vez se fija en la cara completa ni, lo que es más importante, se da a hacerla.

Cuba ha sido súbitamente referida a un orden más alto y exigente de realidades. Ya no nos mira, y a regañadientes, el país: nos mira América, nos mira el planeta. Que no se diga que siguen viendo el roñoso campanario acaso explicable ayer, sino el taller fervoroso donde, en esfuerzo y calidad, no se desmerece del momento mayor en la historia del país.

Revolución, 19 de agosto de 1959.

## Destino cubano

Cuba fue ya una vez el centro del mundo. No del todo gracias a ella ni a gusto suyo, pero así fue. Era el año 1898; gracias a treinta años de guerra libertadora, Cuba se zafaba de las manos de España, aunque no para alcanzar —sino mucho después: para ser exactos, en 1959— la libertad absoluta por la que había peleado. Y el hecho de que haya sido el centro del mundo no lo debió solo a eso, a pesar de su importancia. Esa importancia estribaba en que, con su liberación de la órbita política de España, se completaba en sus grandes lineamientos la secesión de Hispanoamérica. En sus grandes lineamientos solo. Quedan, impidiendo la completez del mapa, esos puntos extranjeros en nuestras tierras: en Centroamérica, en Las Antillas, en la fraterna Puerto Rico, que solo hizo pasar de unas manos (las que la descubrieron y poblaron e hicieron lo que es) a otras. Salvo algunas zonas o países, se había pues cerrado el ciclo de liberación de Hispanoamérica, que abierto en 1810 simultáneamente en tierras australes y mexicanas, había llegado al arco de las islas. Lo que ocurría pues en Cuba en 1898, la derrota final de las fuerzas españolas —con la colaboración no solicitada, y otorgada *pro domo sua*, de los Estados Unidos—, tenía por sí solo importancia suficiente. Pero no autorizaría a decir que el centro del mundo estuvo aquí. Hay que recordar, sin embargo, lo que para otros países significó esa fecha en Cuba. En primer lugar, para España.

El año 1898 fue para España el Desastre a secas. La guerra encendida en Cuba y mantenida durante largos años había venido a significar el colapso de su imperio. Habría que remontarse a 1492 para hallarle otra fecha de más gravidez. Si entonces comenzó a formarse el gran conglomerado humano en cuyos dominios no se ponía el sol, en 1898 el sol se puso de modo brusco y definitivo. Concluía así toda una época, que España fue la primera en capitanear: eso que vagamente llamamos el mundo moderno, no siéndolo ya tanto. La fecha ha servido para dar nombre a una gran generación que, reaccionando frente a las nuevas circunstancias, insistió en abandonar la fanfarria metálica propuesta por los tradicionalistas, y seguir el consejo unamuniano: ¡adentro! ¿Recordamos cómo se debe que la generación del 98 alude a una fecha cubana? Si entonces se inició, según piensa Curtius, un renacimiento español que solo se interrumpiría en 1936, con la infortunada guerra civil, no nos cuesta medir la trascendencia de esta fecha que, si por un costado puede ser llamada el Desastre español, para Hispanoamérica, y para Cuba en particular, tiene otro signo.

¿Y para la otra nación involucrada en la contienda, los Estados Unidos, puede decirse que también el acontecimiento es tan importante como sin duda lo fue para España? Bástenos recordar que fue aquella, la guerra de Cuba contra España en que tercian los Estados Unidos, la primera guerra imperialista, dando a este último término el sentido que va a tener en nuestros días. Vista así, bien puede afirmarse que supone el inicio de una nueva época, la época del imperialismo, que va ya a manifestarse plenamente en el choque de intereses que fue la primera guerra mundial, y que, después, matizará todo el siglo XX. No es exagerado por eso decir que una nueva época se inició en Cuba, en 1898.

Ocaso de un imperio y de una época; alboreo de otro y de otra época; esto tuvo lugar en nuestras tierras, entre nosotros, hace sesenta y un años, en momentos en que Cuba fue convertida en el centro del mundo. No habrá que insistir en que perdimos ese carácter central (que, por un extremo, no nos beneficiaba ni correspondía) y fuimos arrojados otra vez a un mapa pintoresco, donde nos fue hundiendo un creciente sentimiento de minoridad, sacudido a ratos por anhelos que parecían desaforados y esperanzas que encontraban poca tierra para afincarse.

Cuando en 1954 Gustavo Pittaluga, quien sobrellevó entre nosotros un exilio que nos enriqueció con su saber generoso, dio a conocer su libro *Diálogos sobre el destino,* nos encontrábamos a punto de descender al sitio más bajo en nuestra humillación histórica. El libro traía una voz de confianza, asentada en nobles sabidurías, y un programa de vida, un destino, para un pueblo con poca ilusión. Puede decirse que se leyó la obra con azoro, alimentando una esperanza que casi no se atrevía uno a confesar, sorprendido de que un extranjero supiera tanto de nosotros y depositara tanta fe en un pueblo que durante medio siglo había visto entorpecidos sus sueños más altos y casi los medianos. En 1952, con la vuelta de un estado tiránico, habíamos tocado fondo en el desaliento. Cuando mal que bien creíamos estar entrando en un ritmo de vida que nos permitiría hombrearnos con las naciones más estables del continente, se nos recordó bruscamente qué lastres teníamos atados, qué dificultades debíamos vencer. Lo demás no es historia: es vida cercana, desgarradora y enorgullecedora. De la prueba tremenda, verdadera lamedura de fuego, el país ha salido, como en el mito griego de Deméter, más cerca ya de los dioses. Contaban los griegos que Deméter, queriendo beneficiar al niño Demofonte, lo acercaba todos los días al fuego para hacerlo más duro, más afín a los inmortales. Irrumpieron un día sus padres y, confundidos, impidieron a la diosa culminar su rito. No parece sino que hoy, en nuestro país, la ceremonia no fue interrumpida, y la tierra y sus hombres han recibido hasta las ávidas entrañas el fuego que mata pero también purifica, arrecia, decide. Porque lo que vemos ante nosotros nos produce aún más azoro que el que podía proporcionarnos el esperanzador libro de Pittaluga. Aquel destino que sus páginas nos prometían, hoy creemos tocarlo con los dedos, hoy lo consideramos simplemente un deber, incumplir el cual sería una imperdonable deserción. Y más: ¿no es dable imaginar que nuestro país está llamado a ser, otra vez, y esta por méritos absolutamente propios, como el eje de una vasta trama mundial? ¿Que así como aquí concluyó ya una época y se inició otra, esta última está destinada también a embarrancar en nuestras playas, que verán abrirse la nueva unidad de nuestra América, esa unidad que, en Cuba, a finales del siglo pasado, cumplió su etapa primera, al separarse nuestro país de la anterior metrópoli? Eso, no hay que engañarse, es un destino mayúsculo que exige de todos y cada uno de nosotros la mayor tensión vital, el espíritu más generoso y una inacabable vocación de grandeza verdadera y buena, la que no se nutre de los demás, sino se da a ellos. Dejemos a historiadores, a economistas, a hombres de cifra y dato, la cuantificación del suceso desmesurado. La empresa parece la única digna de ser intentada por un pueblo como el nuestro: un nacionalismo que, afirmándose en lo bueno de sí, se abra en busca del bien ajeno, de la órbita mayor, del aire grande de la historia.

El príncipe sombrío del barroco aconsejaba: «Soñemos, alma, soñemos». Y el cauteloso poeta del siglo XX, en un contrapunto justo, dice como coreando: «Realidad, realidad, no me abandones / para soñar mejor el hondo sueño». Para soñar el hondo sueño la realidad no va a abandonarnos. Nosotros somos también esa realidad.

Revolución, *25 de agosto de 1959.*

## De un nacionalismo abierto

Cuando se llegaba a un país como México, entre las cosas que más vivamente impresionaban a los cubanos debemos destacar una: su arraigado y casi belicoso nacionalismo. Era entonces, al establecerse el necesario contraste, cuando comprendíamos qué poco vivo estaba en nosotros ese sentimiento: ese sentimiento que lleva al mexicano del pueblo a decirnos que esa montaña es la más alta del mundo, y si no la más bella; ese edificio, el mayor en su género; aquel pintor, el de más genio. El extranjero es siempre sospechoso de minoridad; y si es *gringo*, la sospecha se evapora, y queda una mal disimulada certidumbre.

Al principio reaccionábamos negativamente frente a esa actitud, tan alejada de la nuestra. No es fácil olvidar palabras como aquellas memorables en que Gorki y Romain Rolland decidían dejar de lado los nacionalismos en aras de una fraternidad universal. Pero pronto se rectificaba, comprendiendo que nuestra carencia de ese sentimiento podía no ser una virtud: podía no ser sino una carencia a secas. Pues en verdad era sospechosa la generosidad nuestra, que nos llevaba no ya a aceptar, sino a preferir lo extranjero. Una bebida, un par de zapatos, un artista, si extranjeros, llevaban por eso solo manifiesta ventaja sobre nuestras cosas. ¿Podría llamarse eso generosidad, aspiración a la fraternidad universal? Desde luego que no: era una evidente desconfianza hacia todo cuanto éramos o hacíamos. Y esto no estaba limitado a sector alguno. Desde la niña tonta que se despezuñaba por el cantante de afuera o el ama de casa que prefería el producto extranjero, hasta el mascavidrios semiletrado que pretendía ignorar cuanto se hubiera hecho entre nosotros, la actitud era una y la misma.

No ha sido ésta conducta permanente ni única, pero sí, con mucho, la que era dable observar más frecuentemente en los últimos años, por las razones de todos sabidas y acaso por otras cuantas. De más está decir que la Revolución ha vuelto de cabeza este criterio. Hasta los más reacios admiten ahora que ser cubanos no es un triste destino gracias al cual nacimos en una islita tropical y no en París o Nueva York; que ser cubanos implica un orgullo, una vocación. Y un orgullo no solo del porvenir —pues no puede fiarse ese sentimiento exclusivamente a la futuridad—, sino del presente y aun del pasado, que no es un montón de escombros: el pasado, según suele suceder en casos así, ha sido alumbrado por el presente, y hoy lo vemos, en sus puntos mejores, como tenso hacia las creaciones actuales.

Pero aunque la magna tarea que ha realizado y está realizando la Revolución haya subvertido el viejo criterio inferiorizante, no podrá decirse que este haya sido cabalmente sustituido por otro de líneas precisas. En primer lugar, desde luego que sobrevive —y a veces donde menos lo esperaríamos— aquella actitud negativa, disfrazada algunas veces con una supuesta preocupación por revalorizar. Revalorizar es imprescindible y se ha hecho siempre; cada época, cada generación, replantean el pasado entero. Pero revalorizar no supone desdén, sino esperanza en descubrir nuevos valores, poniendo viejos y nuevos en su justo sitio. En fin: apreciar.

Y en cuanto a aquellos que se han dado a una confianza enorme en lo nuestro —paisaje, hombres, historia—, ¿puede decirse que han empezado a ejercer un nacionalismo de esos que cierran a los pueblos en torno a sí, demasiado satisfechos de sus cosas? No creo que esto esté ocurriendo, aunque si así fuera, por oposición al despego suicida que sentimos durante tantos años, la experiencia, temporalmente, no dejaría de ser saludable. Sus riesgos, sin embargo, son evidentes; no solo nos estrecharía el ámbito vital, sino además nos limitaría a una realidad que, si en el mundo entero ha mostrado hace ya tiempo su envejecimiento, en Hispanoamérica es particularmente fatal. Pues nuestra órbita histórica inmediata —sean cuales fueren las apariencias— es Hispanoamérica: en sus bordes es que damos la batalla por nuestra sobrevivencia, nos injertamos en el mundo gracias a esa articulación. (Pues ya se sabe que a esa fraternidad universal no se llega sino a través de articulaciones u órbitas sucesivas, de la misma manera que el mundo no se dice sino a través de lenguajes particulares.) Intentar resolver nuestros problemas solo en el área ceñida del país es —quizá por desdicha— imposible: somos parte, pedazo de conglomerados más vastos. El primero de ellos, aquel que ya sí es un todo, Hispanoamérica.

Pero al mismo tiempo no podríamos estar, como estamos, a la vanguardia de ese conglomerado, si no nos impulsara una confianza en nosotros, un orgullo de la circunstancia inmediata, que son la única garantía de que podremos desempeñar el papel que se nos asigne en áreas más dilatadas. En otras palabras: sin probada confianza de la nación en sí misma —confianza que se traduce en la afirmación nacionalista—, ¿cómo imaginar que confiaríamos en lo que, después de todo, es menos tangible? Para un artículo clandestino de *Resistencia* tuve ya ocasión de recordar las grandes palabras de San Juan: «Si a tu hermano, a quien ves, no amas, a Dios, a quien no ves, ¿cómo vas a amar?» Entonces me sirvió para refutar a los que afirmaban que sí hubieran sabido tomar partido entre mambises y españoles, no entre rebeldes y gubernamentales. Hoy el corolario es otro: a pesar de los riesgos de un nacionalismo cerril —que ha servido para enmascarar los peores horrores políticos de este siglo—, un cierto nacionalismo es, inevitablemente, la única garantía de que se sabrá cumplir una tarea que sobrepasa la esfera de la nación. Así como solo será buen patriota quien sea una buena persona, solo será un buen hispanoamericano quien sea buen cubano o buen peruano o buen mexicano. Por esos pasos vamos hacia la humanidad o esta es solo hojarasca y generalidades. Ya Dostoyevski recordaba cómo hay quien prefiere amar la humanidad para no tener que amar al pordiosero que lo molesta todos los días a la puerta de la casa.

Nuestro nacionalismo no será pues el que se vuelca sobre sí, hostil a los demás, a regodearse en las virtudes de «raza», tradición o paisaje: será un nacionalismo abierto, generoso para los otros. ¿Y cómo se traducirá este sentimiento en nuestra expresión? Por lo pronto, no nos llevará, como sí haría el nacionalismo cerrado o el sospechoso de sí, al subrayado tipicista ni, desde luego, al desarraigo. Pudiéramos decir que debe ir acostumbrándonos al arraigo en lo grande. Lo grande, que no será ya lo extranjero ni lo que mendiga la aprobación extranjera. «Toda la humanidad», ha podido decir Mauriac, «cabe dentro de uno de nuestros campesinos, y todos los paisajes del mundo se reducen al horizonte familiar de nuestros ojos de niño.» Y luego: «El genio del novelista consiste precisamente en hacer evidente la universalidad de ese mundo estrecho en que hemos nacido y en el que hemos aprendido a amar y a sufrir.» Verdad de Perogrullo es esta y, por eso mismo, menesterosa de reverdecimiento. Bien atrás han quedado las trampas del localismo maraquero. Si algo debemos agradecer a la generación que lo sufrió, es precisamente habernos dejado saber sus flaquezas, para no incurrir en ellas. Eso, aunque pueda parecer lo contrario, es otra forma del desarraigo: el precipitado arraigo en lo pintoresco da poca base, y acaba por caer y quedar con la raíz al aire lo que en ello pensaba haberse afirmado. Si de veras vamos a construir una gran nación, y más si esa nación ha de ser —como será— plenamente conciente de los lazos que la unen a una comunidad mayor, debemos esperar que se logrará el rasgo cubano en medio de aquello que es propio del hombre todo. El valor no está en mostrar cubanía fácil gracias a guayabera, bohío, palmera y ron: sino en lo que, mal que bien, hay que llamar los grandes temas del hombre. Tampoco hay por qué rehuir aquellos objetos y situaciones, sino tratarlos naturalmente, no sobresaltados por su tipicidad. Ningún verso cubano más postizo que aquel con que comienza el soneto de Manuel Serafín Pichardo «Soy cubano»: «Visto calzón de dril y chamarreta...». En cambio, qué cubanía honda y verdadera la de cualquiera de los versos de Martí, abierto al azar el libro: «Yo he visto al águila herida, / volar al azul sereno...». Es que el poeta débil busca la cubanía evidente, y por ello sospechosa, turística; mientras que el poeta grande ya no busca cubanía alguna: está en él, en su mirada, fatalmente. Cuando se puede decir que sentimos a Cuba en estos poemas no amarrados al localismo, es que Cuba ha dado con una expresión suya. Ni que añadir hay que no se sugiere con esto tratar otras cosas que las nuestras. Todo lo contrario. Pero sí prescindir del ojo turistizante, señal de encogimiento.

Además, muchos escritores (muchos artistas) que hoy pueden parecernos nada cubanos, mañana se habrá visto cómo han incrementado el sentir cubano. De lo contrario, habría que partir de la premisa (verdaderamente melancólica) de que la cubanía preexiste a las obras, y estas no son más que múltiples desarrollos de algo que estaba ya implícito. Y claro que no es así: la cubanía existe, sí, pero también está existiendo, se va haciendo, se incrementa. Nuevas notas se añaden a diario: lo que parecía extraño y aun hostil, es asimilado, enriqueciendo así aquel término.

Un nacionalismo cerrado negaría esto. Habría, de mil modos, que repetir lo hecho. Parecería sospechoso de traición el que manifiestamente se apartara de ello. Mientras allí donde haya bajado el sentimiento nacional como lo hizo en Cuba en los últimos años, ser extranjerizante era casi una gracia, en el sitio en que impere un nacionalismo feroz, ello puede ser visto como lamentable pecado. Para nosotros, una vez que hayamos afincado convenientemente al país, las notas extranjerizantes —como los extranjeros mismos— no serán sino motivos de enriquecimiento. Desde luego, hace falta arraigo bastante como para poder asimilar, incorporar lo de fuera, sin dejarse absorber por ello. Pues la contribución extranjera no beneficia sino allí donde raíces fuertes sostienen la construcción. No es cierto que un aire extranjero logre vitalizar lo que de sí no tiene vigor. El ejemplo de la República Argentina, en el siglo pasado, es decisivo. Pedro Henríquez Ureña ha hecho ver cómo la gran inmigración foránea llega al país y lo fertiliza *después* que la generación fuerte de Sarmiento le ha dado solidez y orden. Entonces es que el país puede recibir extranjeros en gran cantidad, y traducir esa recepción en un acelerado ritmo de progreso. No es cierto, como se ha dicho, que esos países del Sur —Argentina en primer lugar— hayan debido su situación privilegiada a la llegada masiva de emigrantes europeos. Lo contrario es lo cierto: si fue a esos países, a Argentina sobre todo, que se dirigieron los emigrantes, es porque el país les ofrecía la estabilidad y asentamientos requeridos. Fueron esa estabilidad y ese asentamiento los que permitieron, luego, hacer ingresar en su centro a esos gringos —palabra que allí designa a los extranjeros en general y no solo, como aquí, a los norteamericanos— incorporándolos a una nación largamente beneficiada con ellos. Tan beneficiada, que para nadie es secreto que la Argentina llegó a ser el primer país hispanoamericano. Aunque no sabe uno si esta expresión es la justa, considerando que, con prescindencia de Hispanoamérica, comenzó a mirarla por encima del hombro y fue llevada a una envanecimiento fatal. No le han faltado al gran país quienes, como los Profetas a Israel, dedicaran sus vidas a fustigarla por este engaño. Ninguna voz más alta y noble, en este amargo oficio, que la de Ezequiel Martínez Estrada, el autor de *Radiografía de la pampa*, de *La cabeza de Goliath*. En cierta forma, Argentina sufrió —sufre— los males de un nacionalismo cerrado o abierto en dirección equivocada, pues dejó de contar, con aparente o real desdén, con las naciones que al cabo confrontaban problemas similares a los suyos, y vivió pretendiendo ser solo prolongación de Europa en tierra de infieles. Eso explica el rechazo impaciente de Europa a que después se dieron algunos irritados jóvenes argentinos; el del Ortega europeizante por Patricio Canto. En el número que la revista *Sur* dedicó a la caída de Perón, Fryda Schultz apuntó que durante estos años se nos recordó cruelmente de qué manera estamos unidos a esa Hispanoamérica de la que pensábamos habernos separado por crecimiento.

Habíamos aludido a las dos debilidades posibles en torno al nacionalismo en la expresión: el tipicismo turistizante, si nos apegamos torpemente al concepto; y las raíces en el aire —el aire a menudo ajeno— si queremos escapar sin tacto a sus errores. Pero ambas debilidades dejan de ser tales cuando, en vez del subrayado localista, hay un acercamiento confiado y profundo a nuestras cosas, y, a la vez, una voluntad de situarlas dentro de la órbita mayor, a la que pertenecen. Para lo primero no hace falta sino no dejarse trabar por lo pintoresco, atravesándolo, en vez, hasta la osamenta, en busca si se quiere de lo que Unamuno gustaba de llamar la intrahistoria: es lo que, después de todo, han hecho y hacen aquellos cuyas obras alcanzan permanencia. Lo segundo es, bien visto, la consecuencia natural de realizar con fortuna la tarea anterior, pues, yendo más hondo que la superficie chillona, somos remitidos a problemas más generales, a temas más vastos —y, en consecuencia, llevados a una *situación* dentro de la órbita mayor. Se dirá, no sin razón, que esa órbita mayor es simplemente la de la humanidad; que en último extremo todo se resuelve en los asuntos eternos sin localización necesaria: amor y odio, bondad y maldad, belleza y fealdad. Es cierto; pero esa «abertura» se parece demasiado ya a la vacuidad, como los mismos nombres abstractos que nos hemos visto obligados a emplear. Decir que se defiende la justicia puede ser decir poco si ello no es respaldado por una acción concreta: defender, por ejemplo, la justicia en Cuba, en 1959, frente a determinadas acechanzas y maldades específicas. Ello no es una limitación; por el contrario, es una verificación. Lo otro es aire y papel mojado... quizá por la tinta. De la misma manera, esos «asuntos eternos» no los conocemos sino en encarnaciones singulares. Poco sabemos de la Enamorada y del Celoso; mucho de Julieta y de Otelo. Y esas encarnaciones singulares tienen, ellas sí, un sitio, un tiempo, una familia —que, a través de sucesivos círculos, y solo a través de ellos, nos llevan a la generalidad humana. Así, lo que hacemos, se inscribe fatalmente en una familia. ¿Cuál en nuestro caso?

No se insistirá demasiado en ello: contamos con una debilidad que, bien administrada, puede volverse una gran virtud. Esa debilidad es nuestro carácter fragmentario frente a la totalidad hispanoamericana. Pero esa debilidad puede —y debe— volverse virtud por cuanto nos impide enamorarnos demasiado de esa entidad hoy mostrenca que es la nación. Cualquiera de nuestras turbadas repúblicas hispanoamericanas, obligada como está a insertar constantemente sus asuntos dentro de una problemática más amplia, sabe que no hay forma alguna de contentarse con aquella entidad; tiene la obligada costumbre de desbordarla. El único nacionalismo a que puede o debe verse vocada es un nacionalismo abierto —abierto en principio hacia toda Hispanoamérica, y satisfecho de contar, a su través, con el mundo. Cuando, como en el caso de Cuba, ese país tiene la dicha de estar realizando una profunda revolución, tal criterio es particularmente feliz. No hay que olvidar (¿quién puede olvidarlo?) que la Revolución ha puesto en manos de Cuba el liderazgo que ejercieron, o pudieron ejercer, Argentina y México. Estos países de rica historia deben servirnos de pauta en aquello que alcanzaron tanto como en aquello en que fallaron. El intento es uno: la consolidación de nuestros países. Darse a un nacionalismo abierto es, a la postre, manera de buscar nuestra sobrevivencia. O nos vinculamos realmente, o perecemos. En el mejor de los casos, otro país nuestro vendrá a recoger la antorcha dejada caer. Pero ¿por qué dejarla caer? ¿No es llegado el momento de llevarla ya a su meta?

Y regresando a lo nuestro ceñido, ¿cuál puede ser, para coadyuvar a realizar ese intento, la actitud de los que, en tiempos menos ingenuamente maliciosos, eran llamados los hombres de letras? No hay que decir que interesarse vivamente en estas cuestiones, porque ni nuestro patrón Perogrullo soporta que se diga eso, de tan evidente. Otra cosa sí podría decirse, acaso menos perogrullesca: acostumbrarse a sentirse situados en Hispanoamérica. Amado Alonso ha llamado la atención sobre un fenómeno lingüístico resultado de que se escriba para un área mayor que la meramente nacional. Ese fenómeno, caracterizado por la aspiración a un entendimiento más general, ha sido nombrado la «nivelación lingüística». ¿No podría pensarse en una nivelación así para la maltrecha República de las letras, no solo para la lengua? Sería, en primer lugar, resultado de contar con un público extranacional, como el que ahora debe comenzar a tener, y no por excepción, nuestro escritor. Bien es verdad que el escritor cubano, por lo general, no está acostumbrado a contar con público alguno. Ya se ha destacado con honradez y claridad en qué estado precario ha solido vivir el escritor cubano *en cuanto escritor*. Esa nivelación —acaso el término, por equívoco, no es feliz— nos llevará a pensar en hispanoamericanos; como, después de todo, han hecho nuestros buenos escritores desde siempre, especialmente antes de que las roturas de nuestra enteca República nos fueran echando a un universalismo de cartón o a un desesperado localismo. Ambas formas testimoniaban una actitud *provinciana*. La nueva actitud (que es la otra: la de Heredia, la de Varona, la de Martí, la de no pocos en la propia República) dará fe de una conciencia *provincial*, lo que es bien distinto. No prescindirá del orgullo y la confianza en lo nuestro, pero será plenamente conciente de la necesidad de saltar por sobre nuestras fronteras, precisamente para ser fieles a la cubanía. Enfatizar solo una de estas actitudes nos lleva, en un caso, al tradicionalismo tonto no lejos del cual están los estrechos nativismos; en otro, al descoyuntado y sospechoso gesto apátrida de quien pretende ser ciudadano del mundo porque no puede serlo a cabalidad de un sitio. Lejos de un fallo como de otro, estará un nacionalismo abierto.

Revolución, *31 de agosto, 1 y 2 de septiembre de 1959.*

# Elogio de la mentira

Que el mal tiene su razón de ser entre los hombres, lo dijo ya, y defendió lo que decía, el inmenso Leibniz. Después vino la turba de comentadores, desde Voltaire, que le puso al alemán el capirote del doctor Pangloss en su *Cándido*, hasta Berdiaef, que lo acusó de pesimista sin remedio, y hasta Ortega, que hizo ver en libro reciente de qué supuestos hondos partía ese criterio.

Pero no era de esas honduras, visitables hoy en cualquier buen manual, de lo que quería hablar. Quería, más modestamente, elogiar una forma del mal: la mentira, que es el mal en el terreno de la opinión. La mentira, no el error. El error puede también, como la verdad, nacer de la buena fe. Ambos, error y verdad, están de un mismo lado. ¿No hemos vivido todos alguna vez sosteniendo un error, y no es honrado confesar después esa equivocación, que no daña nuestra buena intención? Al contrario: esa confesión nos enaltece, hace ver que entonces éramos equivocados, luego aspirábamos a la verdad. Además, el equivocado piensa que quien está en un error somos nosotros, y del choque de opiniones puede nacer más claridad para todos.

No así con la mentira. Desde luego que mentira no es solo decir A por B. Hay que ver la rica gama de la mentira, de la cual esa suplantación no es más que un caso particular. Mentira es presentar la parte por el todo, mentira es decir lo malo y callar lo bueno, mentira es seguir usando un mismo nombre para designar cosas que sabemos que han cambiado de esencia, mentira es subrayar lo negativo pequeño y dejar en brumas lo positivo grande, mentira es mezclar lo verdadero a lo dudoso para que lo dudoso parezca verdadero también, mentira es dar una opinión pasajera por regla fija de conducta, mentira es... pero ¿quién podría intentar agotar las variedades camaleónicas de entidad tan rica en posibilidades? La verdad es pobre, pues no es más que una; la mentira es millonaria. Mentira es todo lo que sabemos que no es verdad y damos como si lo fuera. En eso estriba la diferencia con el error: el que mantiene un error cree tener una verdad, el que mantiene una mentira sabe que *no* tiene una verdad. El primero actúa de buena fe; el segundo, de mala fe. Los lógicos no nombran una demostración incorrecta igual si en esa incorrección se ha deslizado la mala fe: si es un error de buena fe, es llamado paralogismo; si el error se debe a la maldad del que dice razonar, es llamado sofisma.

Todas estas insistencias en algo que es sabido de todos, iban, desde luego, a un sitio: al bosque de mentiras con que algunos alquilones internacionales de la pluma han querido rodear nuestra Revolución. No pienso ahora en los equivocados. Esos, como nosotros, aspiran a lo correcto, aunque creen que lo correcto está donde no está; pero, a la vez, mantienen que los equivocados somos nosotros, y así el disentimiento, mientras se mantenga dentro de una imprescindible honradez, servirá para hacer más nítidos determinados conceptos. Además, nadie, dentro de la buena fe, puede aspirar a la infabilidad, y esa nitidez mayor puede demostrar que, aquí o allá, la verdad se inclinaba donde quizá no lo esperábamos. No hay que olvidarlo: error y verdad pertenecen a un mismo dominio. Por eso son irreconciliables.

El caso de la mentira es bien distinto. La mentira es totalmente conciliable con la verdad. Es la verdad misma, con una grotesca máscara por encima. Quien miente sabe ya dónde está la verdad; quien miente realiza un homenaje, todo lo extraño que se quiera, a la verdad. Los mentirosos son también heraldos de la verdad. Los equivocados la niegan; los mentirosos proclaman, al echar mano de la mentira, que saben dónde está la verdad. ¿Cómo pues no elogiar la mentira? ¿Cómo no agradecer a las alborotadas plumas babélicas que echen mano de todas las torpes, gastadas y risibles mentiras que se les ocurran cuando de hablar de la Revolución Cubana se trate? Si se ven obligados a recurrir a un arsenal tan endeble, es que hasta ellos, nuestros enemigos —y son enemigos porque ellos lo han escogido así, porque, al parecer, de eso viven—, reconocen que la verdad está de nuestro lado, que a ellos no les han quedado en las alforjas sino unas cuantas (o unas muchas) mentiras oxidadas y romas. Piénsese en la gama de mentiras a que aludíamos unas líneas antes: mentira es, por ejemplo, decir que en Cuba sigue habiendo un ejército numeroso a sabiendas de que la palabra *ejército* no designa ahora lo mismo que designaba hace un año. Mentira es hacer que unos campesinos suban los brazos para presentarlos como manteniendo una ideología de cuya existencia ni siquiera están enterados, pues viven la beatífica realidad en la cual un brazo alzado es, al fin y al cabo, no más que un brazo alzado. Y así todo lo demás. Para no mencionar la mentira burda evidente: llamar A a lo que es B; llamar caos a lo que es fervor, por ejemplo. Cualquiera de nosotros conoce ese copioso coro de mentiras. Aun quienes no ejercemos la política no debemos permanecer silenciosos ante la existencia de esa campaña contra el país mismo, que ha fundido decididamente su suerte con la de la Revolución. Pero al ir a refutar esas imposturas hemos dado con un fenómeno en verdad curioso. Esas mentiras son la prueba palpable de que los que tratan de dañarnos saben, ellos también, que tenemos razón. A través de sus frágiles telas, esas mentiras van proclamando al mundo que no tienen sino mentiras contra nosotros, que la verdad va con nosotros. Loada sea pues la mentira. También ella ha querido, aunque torcidamente, sumar su voz a las voces honradas que en todas partes del mundo saludan el esfuerzo gigantesco de un pueblo pequeño por instaurar en su frontera un régimen de justicia. Aleluya, aleluya a la mentira.

Revolución, *7 de septiembre de 1959.*

## ¿Va a enseñarse la historia de la América nuestra?

Sabemos —es un visitado lugar común— que constituimos una unidad llamada nuestra América; o, para ser más precisos, que es esa la unidad a que debemos tender, que debemos verificar. Y como el tema ha vuelto a cobrar punzante actualidad, conviene refrescar algunas zonas de ese asunto que no por lugar común ha sido muy clarificado. Conviene, por ejemplo, que nos preguntemos qué es lo que efectivamente hacemos para verificar esa unidad. Pues si resultara que, al cabo, nos manifestamos como una disgregada pluralidad, la unidad de marras puede no ser sino una palabreja vacía de sentido. Nadie puede negar, por ejemplo, que en los cónclaves internacionales los señores que representan a los gobiernos que dicen representar a los pueblos de nuestra América andan con frecuencia a las greñas, se alegran del mal del vecino para heredar su pedazo de mercado e incluso llegan a situarse en bandos opuestos por el vértice. ¿Dónde está, pues, la unidad? Sin dudas, apresurémonos a responder, no en ese tenue mundo diplomático de representaciones fantasmales que lo son de intereses apátridas por definición y no de la realidad popular que cuenta. Políticamente —y ello debido en gran parte a los factores que con esa fragmentación salen gananciosos—, nuestra América es una taracea, y no parece, en el futuro inmediato, que se vislumbre unidad política alguna. Más de ciento setenta millones de habitantes —casi nueve millones más de los que hoy tienen los Estados Unidos— con lenguajes, tradiciones, procedencias religiosas, una serie de problemas de ayer y de hoy relativamente comunes; en una tierra una, con una literatura y un pensamiento y una necesidad, constituyen sin embargo, un vergonzoso conjunto de nacioncitas, que por separado son fáciles presas de rapiñas extranjeras, las cuales tienen buen cuidado de agenciarse a los caudillos de turno. Lo que esa aparente pluralidad indica es, en primer lugar, que la vida política al Sur del Río Grande suele ser falsa; suele, en efecto, no ser vida política sino, a lo más, prepolítica. Contadísimos son los países nuestros de los que puede decirse que tienen, como Cuba, un gobierno representativo de su pueblo. Por eso no es realizable por el momento una inmediata unidad política. Entonces, ¿dejaremos de lado esa aspiración, la relegaremos al pasado o al capítulo de los imposibles? Desde luego que no: hay al menos dos unidades realizables, por encima —o por debajo— de la usual torpeza política de nuestro continente. Alguien habló ya, desde las columnas de este periódico, de esas dos uniones: una es la unión económica, la vinculación de intereses por debajo del mosaico seudopolítico; otra es la unidad espiritual, la que se realiza por encima de las fronteras de papel y tinta. Detengámonos en esta última, única en que podemos colaborar con algún grano de arena o de mostaza.

Hay, para empezar, un aspecto al que otorgo importancia nada pequeña. El sentido de continuidad patrio, de vinculación con el pasado y de impulso común al porvenir; la familiaridad con las realidades de toda índole y con las grandes figuras que nos precedieron en el tiempo afrontando, en un terreno que es el nuestro, problemas que fueron —y a menudo siguen siendo— los nuestros; en fin, la entrada efectiva en nuestra historia, la realizaremos sin que se nos pida opinión al respecto; se nos da en el momento en que somos todo recepción y aceptación: en la escuela. Es entonces cuando oímos hablar de José Martí y de Francisco Vicente Aguilera, del Padre Las Casas y de Hatuey, de la larga y abnegada Guerra de Independencia, de Cuba frente a España, de Cuba humillada por los Estados Unidos, de Cuba una, batalladora, sufriente, digna de amor como una madre —Unamuno pedía llamar a la patria, matria. Sin ese aprendizaje escolar, infantil, maravillado, no se nos iría haciendo verdad íntima, de corazón, la realidad del país, de nuestros hombres y mujeres, de nuestra tierra. Y, si admitimos que nuestra patria mayor y necesaria, la patria de cuya unidad depende en última instancia nuestra salvación como pueblo, nuestra sobrevivencia como conglomerado humano, es nuestra América, ¿cómo es que no se enseña en nuestras escuelas elementales la historia de esa América nuestra, de esa patria mayor? Y aún más: ignoro cómo quedará modificado el plan de enseñanza secundaria, pero de acuerdo con el que yo estudié, lo normal era que no solo los niños que salían del sexto grado —educación por muchos conceptos básica— sino aun los médicos, los ingenieros, los arquitectos, los científicos, los contadores, los técnicos de toda naturaleza, terminarán sus estudios más altos sin que en una clase se les hubiera hablado de Simón Bolívar o de José de San Martín; sin saber que entre los padres de nuestra patria están también Louverture y Artigas, Sucre y Morazán; sin saber qué es la Reforma en México, cuánto hizo Hostos por la independencia de Puerto Rico, cuál fue la aspiración política de Bolívar; qué dificultades confrontaron los otros países americanos en su formación. Ignorando la historia de nuestra América, ¿cómo puede decirse que va uno a sentirse integrando unidad alguna con esos otros pueblos maestros? ¿No es imprescindible que esa enseñanza se imparta en la propia escuela primaria? Recuérdese «Nuestra América», de José Martí. Tal enseñanza la reputaba él de básica. ¿Cómo ha podido dársele de lado por tanto tiempo? El momento ha llegado de rectificar, y estamos seguros de que las personas encargadas de ello comprenderán la empresa de inmediato. El asunto es tan importante, que volveremos otra vez sobre él.

Revolución, *22 de septiembre de 1959.*

## De «generales y doctores» a comandantes y licenciados

En 1920 Carlos Loveira, buscándole nombre a una novela suya de ambiente cubano contemporáneo, dio con el título feliz de *Generales y doctores*. Dieciocho años después de inaugurada la República, disminuida en su dignidad por la Enmienda Platt, de un pincelazo rápido y cruel podía pintarse toda una zona de la sociedad cubana: generales de un lado y doctores de otro; parafernalia y habladuría.

El fenómeno siguió en aumento, y cincuenta y seis años después de aquel primer veinte de mayo en Cuba «libre», la República seguía con sus generales, sus doctores y con mucho más lastre en el camino. De los generales, que esta vez no habían conquistado su rango en hazaña militar alguna, no es necesario decir nada que no sea dolorosamente sabido por todos. En cuanto a los doctores, a los que nadie puede confundir en responsabilidad cívica con los generales, sí es cierto que habían perdido el rango intelectual a que eran acreedores por su título. Este proliferó como la verdolaga, y, mientras en cualquier país serio es dignidad que se reserva a aquellos que, concluidos sus estudios, y con frecuencia ejerciendo la carrera, desean coronar con un trabajo científico original sus años de aprendizaje; mientras eso ocurre en cualquier país serio, en Cuba, salvo raras y valiosas excepciones, era el final *obligado* de los estudios universitarios en casi todas las carreras, y no solía exigir nada del otro mundo por encima de lo común. El vendedor de periódicos, el limpiabotas o el conductor, se acercaba a la persona, y si la veía más o menos empacada, le espetaba sin vacilar: —¿qué tal, *dóctor*? Hay toda una estimativa en ese desplazamiento acentual. Es algo así como el doctor de operetas, reservándose el otro, el de acento agudo, para el médico.

Pero si en lo militar —y en mucho más que lo militar, desde luego—, se ha sabido desde el primer momento que el espíritu revolucionario supone rechazo del vano oropel de los grados, limitándose cada cual a aquellos ganados, y bien ganados, con las armas en la mano, ¿qué puede esperarse del lado de los estudios? Por lo pronto, un rápido cese de la proliferación de presuntos doctorados. El país, en vías de comprobar qué penuria experimenta de técnicos, de hombres *de veras* sabedores de lo necesario, en cambio está abrumado de títulos, títulos tan vanos como los de la nobleza de mentirijillas. Que hoy es toda. Confesemos honradamente que los estudios que oficialmente hemos realizado no autorizan a ostentar esos rimbombantes títulos de generales del saber. Nuestra comandancia está en zonas más humildes, pero más veraces, como la licenciatura. Resérvese el doctorado —calidad de docto— para estudios más severos y especializados. Y recuérdese que una reforma de la enseñanza que se disponga a darle al país los hombres mejor formados que el país requiere (de científicos a artistas, de técnicos a críticos), supondrá exigencia, rigor, selección, orientación. Desde luego que para exigir al alumno dedicación profunda a los estudios hay que pensar en que, acaso, sus exiguos medios de fortuna le impiden vivir como hace falta y dedicar su tiempo al aprendizaje. Rigor allá, en los estudios; y atención aquí, en la vida diaria, hacen los polos de una reforma de la enseñanza desde los primeros pasos hasta los más altos. Y que estos últimos dejen definitivamente de verse como privilegio de unos pocos: conságrense a quienes, *por su capacidad*, pueden darlos.

Los estudios superiores en una sociedad bien organizada no son privilegios: son responsabilidades. Si es irritante que los primeros se concedan a unos y a otros no, en cambio las segundas, las responsabilidades, solo pueden echarse sobre quienes sean *capaces de sobrellevarlas*. Y a esos se les deberá exigir más y más, para que sean cada vez mejores, más útiles al país, pues no se separa el mejoramiento individual del servicio social prestable. Somos más útiles mientras mejores somos. Y esta mejoría ha de entenderse en lo de uno: ser más y mejor uno mismo. Lo que supone descubrir vocaciones, seleccionar, orientar. Es decir, descubrir a cada cual su vía verdadera, y exigirle, en esa vía suya, lo más que pueda dar: que es hacerlo mejor personalmente, en cuanto *persona*, uno de los términos nobles del idioma.

Si hoy se quisiera un símbolo rápido del desbarajuste a que ha sido llevada la enseñanza, bastaría con señalar la aparente sobreabundancia de «doctos» en un país con cerca de la mitad de su población en estado de analfabetismo. Comprendamos que eso es ya cosa periclitada. La época de generales y doctores ha pasado en su primera mitad. Ayudemos, por su costado último, a hacerla pasar del todo.

Revolución, *10 de octubre de 1959.*

## Sí a la Revolución

El 8 de enero de 1959, el mismo día en que Fidel Castro entraba a La Habana en medio de las demostraciones de júbilo, casi de deslumbramiento, más grandes que ha visto esta ciudad, aparecía un artículo mío en este periódico *Revolución* bajo el título «Orgullo de ser cubano». Creo que la inmensa mayoría del pueblo cubano sentía las palabras de ese artículo como suyas —no quiero decir que gustaran o siquiera leyeran el trabajo, sino que yo, como uno de ellos, decía lo que ellos—; especialmente ese embriagador orgullo que era, a la verdad, un sentimiento que estrenábamos, acostumbrados como habíamos estado a todas las desilusiones y a todas las amarguras.

Recuerdo ahora aquellas líneas porque va a haber transcurrido un año de su publicación; porque va a cumplirse un año de Gobierno Revolucionario, y nos es necesario confrontar la inmensa esperanza despertada en aquellos días, con la terca realidad. «Soñar no cuesta nada», dice el mascullante Refranero. Pero se trata, no solo de soñar —que ya es un don de los dioses—, sino de que los sueños devengan realidad. Al devenir ellos realidad, ¿han quedado en pie aquellas esperanzas? ¿Se han magullado? O, por el contrario, ¿se han acrecido? Está bien que nos hagamos cargo de estos planteamientos, ahora que el año está al acabarse.

Lo primero que creo que hay que decir es que la Revolución no ha engañado a nadie; que la Revolución no se ha desmentido; y que la Revolución está haciendo, al necesario paso de carga y alegría, lo que había prometido. En 1953, Fidel Castro —la boca por la que habla la Revolución— explicó en su sorprendente alegato *La historia me absolverá* el plan de gobierno de la Revolución. Lo creyeron, en el momento, pocos. Unos, los privilegiados, a quienes ese plan debía lastimar en sus intereses, pensaron que se trataba de un ofrecimiento utópico más. Nuestra historia es un basurero de ofrecimientos incumplidos. Por tanto, aquellos a quienes ese plan estaba lejos de beneficiar materialmente, llegaron a veces a prestar su auxilio a la insurrección, en la confianza de que «con la gloria se olvidan las memorias», y de que todo iba a quedar, a la postre, igual. Por su parte, otros muchos a quienes solo entusiasmaba de verdad una revolución profunda, social y económica, tampoco creyeron entonces en esas palabras, y su apoyo no fue tan ferviente como hubiera sido de desear. Hoy hay que aceptar que aquellas palabras eran un programa absoluto de la Revolución. Los privilegiados de siempre pueden llevarse las manos a la cabeza, pueden gritar que la Revolución ha desbordado lo que ellos esperaban (ellos esperaban una Revolución «con su permiso»), pero lo cierto es que todo se les dijo, y se les dijo clara y lúcidamente. Además, cuando arguyen que algunos de entre ellos prestaron su colaboración, puede y debe respondérseles que la prestaron para que se echara del país a la sangrienta tiranía que a todos nos oprimía; en ese sentido, deben sentirse satisfechos, porque se les ha dado lo que esperaban: una transformación política que ha llevado al poder a hombres limpios, de honestidad total. Pero también hay que dar lo suyo a las grandes masas, de campesinos sobre todo, que demandan una Revolución que, en efecto, lo sea; que no se limite a ser una transformación política, sino que remueva la estructura neofeudal que nos asfixiaba, que cambie la osamenta misma del país. Para ellos, por ellos, se está llevando a vías de hecho lo prometido en *La historia me absolverá*.

El día 2 de enero de 1959, escuchamos a Fidel Castro decir al pueblo, desde la ciudad heroica de Santiago de Cuba, que la insurrección había terminado, y que la Revolución comenzaba entonces. Y pocos días después, a propósito de las primeras defecciones, el propio Fidel Castro anunció que, a medida que las leyes de la Revolución comenzaran a surtir efecto, nuevos vacilantes, nuevos débiles, nuevos confundidos, nuevos ambiciosos y nuevos traidores —que de todo hay, y no siempre mezclado— irían desertando de las filas exigentes y leales de la Revolución. «No se puede servir a dos amos», se lee en el Evangelio. No se puede estar con la Revolución, y esperar que la Revolución no se haga. Y se hace hacia adelante, hacia el cumplimiento de sus planes, de sus promesas. A nadie puede sorprender, por tanto, que se hayan producido bajas en las filas de la Revolución. Más se producirán. Y cuanto más pronto lo hagan, mejor. A eso llama Fidel Castro «sacudir la mata». No puede decirse que no lo previó, que no lo anunció. La Revolución exige una temperatura alta, y no todo el mundo está preparado para ese crisol. Hay quien antepone sus intereses a los del país, su comodidad al bienestar del país, sus temores a las exigencias del país. Esos, desde luego, no pueden estar con la Revolución. Los que creen que las leyes revolucionarias se hacen contra ellos, y no entienden que se hacen en favor del inmenso pueblo desposeído («no se puede servir a dos amos»); los que prefieren la tiranía a la libertad; los que ayer mancillaron el nombre de los mambises y hoy el de los rebeldes; los que se beneficiaron siempre del vicio, la prostitución, la hipocresía y la mentira: todos esos, legión confusa que va del egoísta a la morralla profesional, tienen que separarse de la Revolución, tienen que verla —¡por suerte!— como su enemiga.

Por eso nos impresiona, hoy, la lucidez con que se han visto los problemas a surgir, el coraje con que se han enfrentado, y la fidelidad a las normas trazadas desde el principio de la lucha.

Es en vano que los grandes intereses financieros aúllen como lobos porque se les va definitivamente de las manos lo que un norteamericano honesto, opuesto a ese hecho humillante, llamó «nuestra colonia de Cuba». Es en vano que los inescrupulosos sin conciencia intenten azuzar la religión contra la Revolución, porque nada hay en el Evangelio que no pueda suscribir un revolucionario, desde el Sermón de la Montaña hasta la lección de morir por los otros. Es en vano que una prensa (nacional y extranjera) hecha al triste hábito de mentir a sueldo, se dé golpes de poco pecho. Toda las maniobras son en vano: la Revolución, que surgió invasora después de una insurrección grandiosa, ha sido espléndidamente leal a su programa; a unos les dice: ya no hay tiranía; a otros, la inmensa mayoría, les dice: pronto no habrá tampoco explotación ni miseria; a todos les dice: Cuba es ahora, al fin, cubana. El despojo de nuestra tierra hace cuatro siglos y medio ha encontrado una compensación al devolverse la tierra a quienes eran, en sufrimiento y nobleza, herederos no de los despojadores, aunque fueran de su lengua, sino de los débiles despojados. El negro arrancado de su gran continente ha encontrado aquí para siempre su patria, pues no podemos prolongar una injusticia haciéndonos tácitamente solidarios de ella. Quienes no supieron, en su momento, sino mimetizarse frente al intruso extranjero; quienes copiaron sus ropas, sus casas, sus vidas, quienes dejaron corromper la lengua, falsear la fe, arrancar los bienes públicos, esos no pueden hoy reclamar lo que no supieron conservar: la historia pertenece a quien alimentó nuestra tradición de libertad, de pueblo distinto y real. La historia está en esas manos en nuestro país. Aquel orgullo de cubanía que sentimos al alborear este año, se ha asentado en hechos fuertes y definitivos. Cuba es hoy invencible. Hoy más que nunca debemos decir: sí a la Revolución.

Lunes de Revolución, *4 de enero de 1960.*

# Lectura de José Martí

Los enamorados lo han sabido siempre, y así, para los extraños, los nombres y las expresiones que entre sí se prodigan suelen parecer inapropiados, absurdos, a veces insultantes: ¿no chisporrotean allí rarísimas locuciones, de las que no están ausentes animales feroces o tontos, insectos y objetos? Sin embargo, *ellos* comprenden. Incluso los amigos lo saben, y cierto afecto recatado se manifiesta en formas que pueden parecer ásperas, en insultos cordiales, en atrocidades fraternas. Pues no solo las palabras no bastan para expresarnos, y hace falta verlas en su contexto específico para que acaben de cobrar sentido, sino que a veces ese sentido aparece como completamente alterado. Así, después de haber agotado la flora gentil, el enamorado la emprende con los seres foscos, y siente que quizá entonces expresa mejor su ternura.

    Esto es uno de los riesgos permanentes que corre la relación escritor-lector. El texto queda inmutable (lo cual ha horrorizado a muchos escritores y sobre todo a los consecuentes no-escritores, como Sócrates); pero el contexto cambia constantemente, y toda vez que este hace posible la comprensión de aquel, tal comprensión se dificulta cada vez más. Un espectador contemporáneo de Esquilo estaba perfectamente *al tanto* de todo el magma mitológico e histórico al cual se estaba refiriendo el trágico, y aún más: al tanto de todo el mundo en el cual tenía pleno sentido la obra en cuestión. A medida que ha ido cambiando ese mundo, la obra ha comenzado a ser ininteligible, y hemos segregado incontables especulaciones que nos permiten rencontrar la actitud del espectador original. De no dar con ella, conocemos la obra *como otra*, de acuerdo con las condiciones en que nos hallemos.

Eso, en efecto, ha ocurrido, ocurre, con todas las creaciones del hombre: arrancadas de su contexto, devienen ininteligibles, o parecen adquirir otros sentidos. Sin embargo, aun sin esas humildes tareas colaterales que persiguen recrear idealmente la atmósfera en que estuvo inscrita una obra, a veces esta parece como alumbrarse de nuevo con su propia verdad. Es cuando otra época muestra necesidades, urgencias, a las cuales la obra de antes viene a satisfacer.

Y, mientras no llega ese momento parejo, ese momento en que volverá a cobrar todo su sentido una obra alejada, ¿cuál es el destino de esta? Si va resistiendo las embestidas del tiempo, ese destino no puede ser otro que un malentendido mayor o menor. A medida que se van apagando los rescoldos de su momento, ese malentendido comienza a aparecer, y no se disipará hasta que otro momento equivalente vuelva a ofrecerle contexto aclarador.

Ningún escritor nuestro nos ofrece ejemplo mejor de esto que José Martí. Constantemente, y sobre todo llegado el tiempo de los aniversarios, nos hemos visto movidos a dedicarle comentarios, alabanzas, estudios, ditirambos, laberintos, trabajos, tesis. La suma de estos textos —algunos de los cuales ha recogido el año pasado Manuel Pedro González en su útil *Antología crítica de José Martí*— es una magnífica construcción babélica, en que la exaltación multicolor no ayuda mucho al lector, aunque probablemente expresa fielmente a los comentadores. Lo sorprendente es que en algo más de medio siglo haya podido producirse en muchos este deslizamiento, este desenfoque en la apreciación de Martí. Desde luego, ello no es sino la verificación de que una obra desgajada de su tiempo pierde sentido o parece adquirir otro —que es lo que sospechan no pocos escoliastas de Martí. Aparte de los portentosos dones verbales de Martí, que lo hacen el único escritor hispanoamericano de rango verdaderamente universal, y que todos los críticos están de acuerdo en reconocerle, hay en él, para nosotros, un aspecto que no podemos sino considerar central: Martí no solo está «diciendo» muy bien, sino sobre todo está diciendo «cosas». ¿Cuáles? ¿Qué está diciendo José Martí? ¿Cuál es, como decían los antiguos, su *secreto*? Aquí aparecen las discrepancias, unas veces enriquecedoras y otras menos.

Ezequiel Martínez Estrada, gran conocedor de las cosas nuestras, me decía hace unos días, hablando de Martí, que se había tergiversado mucho su figura, al presentárnoslo como tantas cosas pintorescas. «Martí era esencialmente un revolucionario, un espadachín». Martí fue sí, esencialmente, un revolucionario, y lo demás le fue dado por añadidura. Esto solo puede escandalizar a quienes, aun a estas alturas, se hagan una idea pobre y empobrecedora de lo que sea un revolucionario; de quienes limiten este término al realizador de unas cuantas rectificaciones en la estructura material de un país. Pero, desde luego, un revolucionario no es un burócrata endomingado, un funcionario audaz. Es un hombre que quiere hacer un mundo nuevo para que sea habitado por un hombre nuevo. Decir que Martí fue esencialmente un revolucionario es afirmar que quiso sobre todo transformar la realidad profundamente, para hacerla más acorde con lo justo; y que para ello utilizó todas las armas que tuvo a su mano, y no quiso sino las armas mejores porque su tarea era grande, y lo mezquino no se avenía a ella. No ha tenido nuestro continente otra conjunción igual de pureza humana y grandeza literaria; pero en cambio, siempre que nos ha nacido un revolucionario de veras, ha querido utilizar para su empresa los instrumentos de calidad más alta. Nada extraño por eso que nuestro gran revolucionario sea nuestro escritor mayor. Las dos virtudes no tienen que andar unidas, pero cuando lo están, es natural que se estimulen mutuamente. Sin embargo, esto solo puede comprenderse, *sentirse*, en medio del fervor revolucionario.

Cuba conoció ese fervor en torno al José Martí vivo. Su tarea consistió precisamente en desencadenar en Cuba, de nuevo, lo que él llamó no la guerra sino «la Revolución de independencia». Agradecería él que lo llamáramos, si algo, revolucionario. Sin embargo, una vez que el gran fuego de la Revolución que él había encendido se vio frustrado por el imperialismo naciente, dejando un cuarto de millón de hombres muertos en el campo de batalla y una gran desilusión en el país, el aire natural donde Martí había querido vivir empezó a faltar cada vez más; y así, en vez de verlo como un revolucionario, lo vimos como orador, como escritor, como periodista, como pedagogo, como mago, como enmascarado, como todas las cosas imaginables que hizo —y algunas de las que no hizo— en pos de la realización de su tarea de revolucionario. Es decir, su figura se había como descuartizado: no le veíamos la unidad; y, como consecuencia, lo habíamos hecho otro.

La primera de estas incomprensiones proviene de un grande: de Rubén Darío. Contemporáneo, pero alejado del fervor revolucionario, ya Darío está distanciado lo bastante como para no percibir del todo el sentido de la palabra de Martí. Y se inician esos dolidos reproches porque el escritor excepcional haya quemado su vida en una tarea política que acaso otro hubiera podido realizar en su lugar. No es cuestión ahora, a nuestra vez, de reprocharle a Darío esta opinión: simplemente de verificar cómo, fuera de la especial circunstancia en que vivió Martí —la entrega a la Revolución—, no es dable llegar a entender del todo o en absoluto su obra.

Desde luego, el tiempo de Martí ha llegado de nuevo. El tiempo en que sus palabras vuelven a alcanzar toda su resonancia, en que los textos y la realidad se alumbran mutuamente. La Revolución ha hecho esto posible. Martí el evaporado, el soñoliento, el extraño, se ha convertido en Martí el evidente, el recio. No era en absoluto un soñador sino un visionario. Pero, al perder de vista sus visiones, sus comentarios nos parecieron los de un delirante, y era un fiel comentador. Martí leído en la desesperanza que fue Cuba hasta el advenimiento de la Revolución, y Martí leído hoy, difieren entre sí como dos escritores. No podía ser de otra manera. Esto es precisamente la prueba de su genuinidad. Había algo de frenesí o de desvarío que solo podía entrar en su centro cuando la misma realidad a la que estaba aludiendo lo hiciera posible. Esa fiebre de iluminado que está constantemente en Martí es, hoy, la fiebre de iluminado que ostenta la propia vida: fiebre de creación, de esperanza, de justicia. El lector era obligado a un constante desajuste, a una verificación imposible, cuando leía a Martí. ¿De qué país hablaba este hombre, cuál era el *cubano* que mencionaba con unción? ¿Cuál fue esa vida de riesgo y gloria por la que podía, por la que debía echarse al aire el don mayor de escritor de nuestras tierras? Este es el país, este es el hombre, esta es la vida de riesgo y gloria. Al cabo, la lectura de José Martí es completamente posible: al fin estamos leyendo *realmente* el inmenso documento textual que es la obra de José Martí.

Lunes de Revolución, *30 de enero de 1961.*

# El lugar y la lección de la guerra

Hace unos dos años, pocos meses después de iniciada la gestión revolucionaria, conocí la Ciénaga de Zapata. Estaba ella entonces a cargo del poeta Rolando Escardó. En parte para visitarlo, y en parte para conocer la región, que estaba destinada a transformarse profundamente, organizamos una visita, entonces más difícil de realizar que algún tiempo después, en que se haría fácilmente asequible la zona. Éramos un grupo de escritores y amigos: Fayad Jamís, Pedro de Oraá, César Leante y su hermano Ricardo, Agustín Pi y yo. Escardó debía esperarnos en el Central Australia. No quisiera ahora demorarme en las menudencias de aquel espléndido viaje. No solo nos pareció de una impresionante y áspera hermosura la región, sino también el ser humano que allí vivía, acorralado por una sociedad injusta y una naturaleza violenta, y aun así batallador, laborioso y esperanzado. No olvidará ninguno de nosotros cuando Escardó, caminando a zancadas, reunió en una escuelita a los carboneros de la zona para comunicarles que la explotación había terminado, que ellos eran los dueños de su trabajo y sus tierras. Los meses siguientes iban a verificar aquellas palabras, y los otros iban a arrancarnos al gran amigo y gran poeta, muerto en absurdo accidente. Aquella visita, aquellos discursos, aquellos paseos, iban a convertirse, sin que desde luego nosotros pudiéramos preverlo entonces, en un recuerdo extraño y algo alucinado. En una tarde de bromas planeamos algo que siento muchísimo no haber llevado a cabo. Se comenzaba entonces a editar la *Nueva Revista Cubana*, y propusimos buscarle a la revista, un tanto grave, su contrapunto risueño. Se acordó publicar un boletín burlón llamado *El Caimán*, que se editara en la Ciénaga, y que quedaría al cuidado de Rolando Escardó y de Agustín Pi. Los nombres de los pequeños pueblecitos de la zona servirían para titular las distintas secciones de la revista. Así, por ejemplo, la sección de actualidad se llamaría «Pálpite»; la de crítica se llamaría «Soplillar». Desgraciadamente, como la mayoría de los planes que hemos elaborado para publicar una revista, se desbarataron al poco tiempo, e idea tan excelente —tanto más que otras realizadas— se esfumó. Las ideas pasaron a ser ruinas en la conversación.

Pero si la profunda transformación que la Revolución ha llevado a todo el país —y especialmente a la Ciénaga— y luego la muerte de Rolando, iban a convertir en extraños aquellos recuerdos, ¿qué diremos de las últimas noticias, qué diremos de la impresión que causó en mí, e imagino que en todos los viajeros de esos días, el saber que la anunciada invasión de asesinos, mercenarios y privilegiados, había escogido para herir nuestra patria precisamente aquella zona, en que nosotros no podíamos separar la amistad, la poesía, el paisaje, la obra inmensa de la Revolución? A la escuela universitaria donde estábamos acuartelados, nos llegó la noticia de que se peleaba bravamente en la Ciénaga, de que allí se derramaba la sangre generosa de los nuestros y la sangre revuelta y rapaz de las hordas invasoras. No sabíamos entonces, en aquellas horas de tensión y esperanza que compartimos con alumnos y compañeros, si se producirían otras invasiones u otros ataques. Pero nos impresionó conocer que se guerreaba ya en un pedazo de la patria que no nos era en absoluto desconocido. Nos impresionó repasar aquellos nombres —Pálpite, Soplillar—, vinculados ayer a la alegría y el buen humor, y hoy a la destrucción y a la muerte. Aquellos caseríos humildes, ardiendo en las llamas de las bombas; aquellos hombres silenciosos, obstinados y puros, aquellas mujeres cuya hermosura vencía a la miseria, aquellos niños a los que la Revolución abría una nueva vida —asesinados, martirizados. Pues si es siempre terrible saber que hombres inocentes están muriendo en un instante, lo es aún más cuando hemos conocido a esos hombres, cuando son para nosotros una realidad entrañablemente vinculada a nuestra vida. Nos parecía que se nos daba la trágica oportunidad de contemplar en toda su crudeza el contraste entre lo que es la Revolución y lo que es el régimen de explotación e ignominia que los invasores traían en la punta de sus armas mercenarias. De una parte, un poeta larguirucho y bonachón, que avanzaba a grandes pasos en su ropa de soldado del Ejército Rebelde, y que reunía en su torno, en una escuela, a los trabajadores de la región, para anunciarles el fin de la explotación del hombre por el hombre; para anunciarles que eran, en lo adelante, los dueños de sus propios destinos: y ello en medio de amigos sonrientes, entre nombres fragantes como flores. De otro lado, un grupo de asesinos, privilegiados y ladrones, que llegaban a la misma región sembrando la muerte, incendiando la escuela donde se reuniera Escardó con los carboneros, haciendo arder los niños, las mujeres y los hombres, matando con armas que puso en sus manos el extranjero, en nombre de la explotación del hombre por el hombre, que llaman cínicamente *libre empresa y anticomunismo*. No podía imaginar yo contraste más vívido. Ni tampoco el pueblo de Cuba. Si el precio pagado ha sido muy alto —vidas trabajadoras segadas por la furia de hordas mercenarias sin más patria que el dinero ni más bandera que el deshonor—, en cambio la enseñanza ha sido definitiva: de aquella región inhóspita la Revolución había hecho, en solo dos años, una tierra fértil y un lugar de recreo; pero en tiempo todavía más breve, en menos de setenta y dos horas, los ladrones y asesinos desandaron el camino y volvieron a hacer de la región lugar de esterilidad y luto. Es un precio alto, pero es una lección más alta todavía. El 19 de abril no solo se selló el acta de defunción de la nefasta burguesía cubana, sino se vieron, iluminados por las llamas, dos rostros que no olvidaremos: el de una clase que sucumbe traicionando a su patria y su honor, y el de otra que irrumpe vencedora, defendiendo su país, la humanidad, la justicia. No olvidaremos.

Lunes de Revolución, *mayo de 1961.*

## 1961: cultura cubana en *Marcha*

Es descubrir el Mediterráneo decir que Cuba ha sido uno de los países que ha atraído más la atención mundial en el año que acaba de concluir. La profunda revolución americana que viene teniendo lugar en ella, realizó ese año hazañas singulares. Recordemos dos: la relampagueante victoria, en sesenta y seis horas, contra la agresión imperialista en Playa Girón; y la no menos importante victoria en un año sobre el analfabetismo, que quedó reducido a un 3.9% de la población total, es decir, con mucho el índice más bajo del Continente. Y ello dentro del marco de una nueva etapa de la Revolución. Esta nueva etapa fue anunciada el 2 de septiembre de 1960 en la *Declaración de La Habana*, comenzó a hacerse efectiva cerca de un mes después, con la nacionalización de las grandes empresas del país y la ley de Reforma Urbana, y recibió bautizo el 16 de abril de 1961, al día siguiente del bombardeo de tres localidades de la isla por aviones norteamericanos, y en vísperas de la invasión: la Revolución Cubana, cumplidos sus propósitos iniciales, era ya una revolución socialista. Y no era una revolución de carácter socialista —o más concretamente: marxista-leninista— solo porque lo dijera el comandante Fidel Castro, sino porque la índole de sus nuevas tareas y metas así lo atestiguaba. Por cierto que acaso no esté de más recordar aquí, por innecesario que pueda ser para muchos, que la condición americana de esta gran revolución está lejos de ser negada por su adhesión al marxismo-leninismo, del mismo modo que no es menos americano Bolívar porque sepamos que la Independencia de nuestras patrias se realizara a la luz del pensamiento de los enciclopedistas. No ha nacido en América el marxismo, es cierto, pero tampoco el cristianismo, el aristotelismo, el freudismo o la teoría de la relatividad, lo que no nos ha arredrado en el caso de apropiarnos tales ideas «extracontinentales». Nuestra es la problemática (aunque no necesariamente los instrumentos intelectuales para entenderla), y nuestras las maneras concretas y el estilo de abordarla y resolverla.

Dentro de este contexto general de la Revolución Cubana, ¿qué papel asignar a lo específicamente cultural? Digamos de entrada que «lo específicamente cultural» nos lleva aquí más lejos de lo que cabría esperar. Sin caer en las distinciones escolares de un Rickert, por ejemplo, que nos obligarían a demorarnos en la construcción de casas o el uso de zapatos, sí debemos tener presente que en Cuba se ha aminorado la separación entre la cultura como creación minoritaria, y la propagación de la enseñanza como tarea paralela cuando no ajena. Lo cual no debe entenderse en el sentido de caída en la trampa del populismo, sino todo lo contrario, según veremos luego. Pero lo cierto es que la creación de obras mayores del espíritu no puede ser ajena en Cuba al acceso de las grandes masas del país al poder y, consecuentemente, al conocimiento, creación y disfrute por ellas de los bienes de la cultura. Esto debemos entenderlo en varios sentidos. Uno es evidente, pero no pertenece a 1961, sino a los años venideros: los escritores y artistas que provengan, mañana, de obreros y campesinos, ¿no habrán de diferir profundamente de los de hoy? Quién lo duda, pero no hay por qué ajetrear el futuro con profecías que casi nunca dan en el blanco.

Otro sentido es casi tan evidente, pero sí requiere que nos demoremos en él: el *público* de los actuales escritores y artistas, ¿no ha de estar constituido mayoritariamente por ese conglomerado humano de reciente acceso a la vida cultural? Debemos tener presente que la burguesía cubana nutrida a la sombra del imperialismo en estos últimos sesenta años, y en vías hoy de reintegro a Miami, ha sido una de las más boecias del Continente. Se entretenía en humillantes caricaturas del estilo norteamericano de vida, y en desprecios (por lo demás fáciles para ella) de una cultura y una tradición de que carecía. De modo que nuestros escritores y artistas, salvo muy contadas excepciones, han estado obligados a una incómoda autofagia apenas aliviada por la presencia de zonas exiguas, sobre todo estudiantiles, de la pequeña burguesía. La Revolución ha dado un cambio brusco a esta situación. Baste con decir que en un país en que no se editaban libros salvo los de textos o los que corrieran por cuenta del autor, las ediciones son hoy de decenas de millares. Es verdad que la mayor parte de los libros es, como no podía menos de ser, de naturaleza política; pero un lector despertado a esta voracidad es ya un hombre ganado para nuevas lecturas, como lo comprobamos con las multitudinarias ediciones de Cervantes y Defoe, de Sarmiento y Güiraldes, de Simonov y Lu Sin, de Tagore y Roumain.

La más urgente tarea cultural, pues, consistía (va consistiendo) en llevar las realizaciones de la cultura a un público vasto, y en hacer a ese público apto para acceder al disfrute de tales realizaciones. Lo primero lo logran no solo copiosas ediciones, sino también organismos que, como el Teatro Nacional, el Instituto Cubano de Cine o la Orquesta Sinfónica, por mencionar algunos, llevan a toda la isla obras de la más alta calidad en sus áreas respectivas. Sin caer jamás —y esto es necesario subrayarlo— en la obra vulgar, deshuesada, de la mal llamada cultura de masas, impuesta desde arriba por la decadente burguesía. Para hacer frente a esas tareas, nos hemos visto precisados a contar con amigos extranjeros. El Teatro Nacional tiene en sus filas, por ejemplo, al uruguayo Ugo Ulive (cuya dirección de *El círculo de tiza caucasiano*, de Brecht, cuenta entre lo mejor que se haya hecho aquí en teatro), el argentino Osvaldo Dragún y la mexicana Rosaura Revueltas. El Instituto de

Cine, en que se forman los jóvenes cineastas, ha traído al país a Zavattini, a Joris Ivens, a Kalatasov. Esta última institución, que cuenta ya con largometrajes notables, como *Realengo 18* y con excelentes documentales y cartones humorísticos, tiene ante sí la responsabilidad de comenzar la cinematografía en Cuba. El Teatro Nacional, mientras presenta los clásicos añosos y los clásicos recientes —Brecht, Lorca, por ejemplo— ofrece desde luego lugar para los autores cubanos e hispanoamericanos, y cuenta también con una sala de teatro experimental destinada a un público necesariamente minoritario. Los convenios culturales firmados con países socialistas han hecho que la isla conozca, de un extremo a otro, a excelentes conjuntos de danza, teatro o coros, provenientes de la Unión Soviética, Checoeslovaquia, Polonia, China y otros países socialistas.

Pero la mención de esta febril tarea —conciertos y obras de teatro que recorren la Isla, bibliotecas que se multiplican, ediciones numerosas— nos vuelve a llevar a la cuestión urgente: si se dirige en gran medida al público cuantioso formado por obreros y campesinos, ¿cómo garantizar que sea apreciada debidamente por ellos? Esto se va logrando, no solo gracias a la apasionante campaña de alfabetización en que ha colaborado todo el pueblo lector, de ancianos a niños, sino también, de manera más específica, con la creación de escuelas que tienen como fin adiestrar millares de *instructores* y *brigadistas de arte*: estos instructores y brigadistas, escogidos en cooperativas, granjas del pueblo y zonas populares en general, estudian durante algunos años en la capital y regresan después a sus lugares de origen para enseñar allí la *apreciación de las artes* (musicales, literarias, dramáticas, plásticas) y la formación de grupos de aficionados. De este modo ese público futuro, que va siendo ya un público presente, no lo es solo de la mera lectura, sino también de la tarea artística valiosa.

Ahora bien: ¿*qué* se enseña a estos instructores y *quién* los enseña? Aquí debemos ya deslizarnos al otro y esencial factor dentro de la creación artística: es decir, del consumidor debemos pasar al productor, para decirlo con Valéry. Los instructores de arte no pueden ser enseñados, directa o indirectamente, sino por aquellos que a su vez son artistas. Estos, por su parte, suponen un criterio, una actitud frente al arte en general. Partiendo de ellos iremos pues a parar finalmente a la formación de las amplias masas del público. ¿Y con qué artistas cuenta la Revolución Cubana para esta labor? Es decir, para plantear la cuestión de manera más general, que abarque junto a éstas otras tareas similares: ¿cuáles son los escritores y artistas que dan la norma dentro de la política cultural de la Revolución Cubana? Pregunta tanto más importante cuando recordamos que no solo para los detractores sino incluso para algunos simpatizantes de la Revolución, el arte que debe avenirse con las grandes masas es el arte *pompier*, el arte académico, el arte fácil a fuerza de no serlo. Pero ha corrido mucha agua debajo de los puentes para que la Revolución Cubana, en este como en tantos otros órdenes, venga a incurrir en traspiés hace tiempo salvados. Digámoslo con esta cómoda tautología de Perogrullo: la Revolución Cubana considera que el arte bueno es… el arte bueno.

Los grandes escritores de la Revolución cubana, hoy, son Nicolás Guillén, Alejo Carpentier, Enrique Labrador Ruiz, Juan Marinello, José Antonio Portuondo, Samuel Feijoo, Onelio Jorge Cardoso, Félix Pita Rodríguez… Su grandes pintores, Wifredo Lam, René Portocarrero, Mariano… Su gran bailarina, Alicia Alonso. Se me dirá que esos eran ya grandes artistas ayer, aunque no pocos de ellos tuvieron que vivir en el extranjero o marginados en su propio país. Claro que la Revolución, en dos o tres años, no puede pretender fundar grandes artistas. Auspicia, eso sí, el surgimiento de creadores jóvenes que ya existen en el país y que irán apareciendo con frecuencia y calidad cada vez mayores. Sin embargo, consideramos un triunfo de la Revolución el que la inmensa mayoría de nuestros escritores y artistas haya adherido fervientemente a la gestión revolucionaria y dé la pauta de la actitud artística de la Revolución. Es cierto además que la Revolución habrá de producir un cambio considerable en la creación artística, como lo vamos viendo ya en los más jóvenes. Pero ello no puede llevarnos, sin más, ni a esperar los artistas futuros que no pertenecen a estos días, sino precisamente al futuro; ni a decretar alegremente la transformación de los actuales artistas en otros, a la real o supuesta medida de la Revolución; ni mucho menos a desviarnos hacia la aceptación de la prolífica mediocridad aunque esgrima hoy la temática revolucionaria. Estos puntos quedaron bien aclarados en las reuniones, para nosotros memorables, tenidas entre los escritores y artistas cubanos y altos dirigentes revolucionarios —el comandante Fidel Castro y el Presidente de la República entre ellos— en el mes de junio de 1961. Allí expusieron sus opiniones y esperanzas, sus fervores y sus interrogantes, los escritores y artistas cubanos de importancia. Pintores abstractos y escritores militantes, comprometidos y herméticos tuvieron ocasión de hablar de casi todo lo divino y humano. El propio Fidel intervino varias veces, y al final se dirigió a los concurrentes en un discurso publicado con el título *Palabras a los intelectuales*, en verdad una «conversación con escritores y artistas». Se trata sin duda de un texto de gran importancia dentro del delineamiento de la política cultural de la primera revolución socialista de América. La más amplia libertad expresiva quedó firmemente establecida en esas palabras. ¿Quiere esto decir que a la Revolución le es indiferente el que se halle o no una expresión adecuada para su realidad tan rica y dramática? Desde luego que no. Pero su propia experiencia tanto como importantes experiencias ajenas (y el mero sentido común, por otra parte), muestran que ello no puede ser sino un resultado de una evolución del artista, en forma alguna de cualquier intervención exterior.

Lo que en Cuba ocurre es esto: la casi totalidad de nuestros escritores y artistas está fervientemente al lado de la Revolución, pero en lo que toca a sus obras respectivas hay que establecer un distingo inicial entre aquellos que ya poseían una amplia conciencia política y aquellos que carecían de un desarrollo igual. Los primeros no han hecho sino proseguir con nuevos bríos su obra. Los segundos, a su vez, parecen casi insensiblemente escindidos en dos vertientes. En una están los que, sacudidos profundamente por la conmoción revolucionaria, buscan, a menudo con éxito, una forma de alta calidad artística con la cual expresar la Revolución; en otra se hallan los que, recelosos acaso de aparecer como oportunistas si hacen esto, se detienen y empecinan en sus viejas maneras, quizá si para demostrar a los demás y a sí mismos fidelidad a sus formas y la libertad expresiva de que es dable gozar en una revolución socialista, a pesar de las calumnias en contrario. Así cumplen una función saludable, pero su actitud no deja de ser curiosa, sobre todo si se tiene en cuenta la gran movilidad de formas de que ha dado testimonio el arte moderno, incluso en momentos más reposados. De todos modos, este deseado cambio en la obra solo puede ser resultado de evolución y decisión personales. Todo apresuramiento por parte del autor, o toda presión del exterior, no lograrán sino falsear el resultado, hecho lamentable, aunque se realice con la voluntad de ofrecer rápidamente muestras del arte nuevo de la primera revolución socialista de América.

Hay en el continente cierta expectativa sobre este arte de la Cuba nueva. Dos actitudes parecen sobresalir entre algunos amigos impacientes. Mientras unos están urgidos porque se les muestre el arte nuevo de la Cuba socialista (y no faltan quienes nos sugieran volver a hacer los murales mexicanos, por ejemplo, lo que para nosotros, hoy, es una manera entre otras de hacer arte viejo, por espléndido que haya sido en su tiempo el muralismo mexicano); otros andan sobresaltados por el destino del arte que se hacía antes, y no bien ponen pie en tierra cubana se dirigen al vista de aduana y le preguntan: ¿qué pasa con el arte abstracto? A los primeros debemos recordarles que la celeridad de una transformación política y económica no es ni puede ser la misma que la de una transformación artística. El propio muralismo mexicano tantas veces mentado ¿no comenzó a surgir doce años después de brotada la Revolución Mexicana, y algo así puede decirse de la novela mexicana de la Revolución? A los segundos nos basta con recordar las palabras de Fidel a los escritores y artistas. Y más: los hechos mismos. Hoy hay en el Palacio de Bellas Artes una exposición de ocho artistas abstractos. Verdaderamente abstractos, que no hay que confundir desde luego con otros pintores como Lam, Portocarrero, Amelia Peláez o Mariano, que están lejos de ser manos reproductores de la realidad, pero no son abstractos en absoluto.

Estos criterios guiaron la realización del Primer Congreso Nacional de Escritores y Artistas de Cuba, que tuvo lugar en el mes de agosto de 1961. Allí quedó establecida la adhesión de nuestros creadores al proceso revolucionario, la necesidad de que nuestros artistas cuenten con una amplia lucidez política, la absoluta libertad formal de que goza el artista en nuestro país, y el rechazo a las formas degradadas del arte, aunque vengan enmascaradas con asuntos políticamente positivos. Sobre estas bases se ha organizado la Unión de Escritores y Artistas de Cuba, a cuya presidencia fue llevado el poeta Nicolás Guillén, y cuya directiva está integrada, entre otros, por hombres como Alejo Carpentier, José Lezama Lima, René Portocarrero y Argeliers León. Ella reúne a los creadores importantes del país. Las tareas concretas a realizar no corresponden, desde luego, al año 1961. Pero sin duda la reforma cultural en que se halla comprometido el país tiene para estos trabajadores responsabilidades y bondades. No sabemos cuáles de las dos sorprenden más a quienes casi empezaban a acostumbrarse a salir sobrando.

Marcha, *Montevideo, 26 de enero de 1962.*

# 2

# Cuba hasta Fidel*

## Ser cubano

Van a perdonarme una anécdota personal, intrascendente. Estoy en Francia por primera vez en 1955, queriendo estudiar, en la Universidad de París, lingüística (de la que algo aprenderé gracias al profesor André Martinet, cuyo peor alumno soy), e intentando (también vanamente, como ven, como oyen) hablar francés sin sobresaltar demasiado al interlocutor. En una clase práctica en el Instituto de Fonética, se pide a cada alumno que diga algo del lugar de donde viene. Hay japoneses, canadienses, turcos, ingleses y un italiano que es el único ser en la Tierra con un abrigo igual al que en Roma me aseguraron, al vendérmelo, que era usado por todo el mundo en París. Cuando me levanto a hablar, digo: «soy americano». «¿De qué parte de América?», me pregunta el profe-

---

\* Esta es una de las conferencias que en julio de 1969, junto a Alejo Carpentier, ofrecí (en francés) en la Casa de la Cultura de Grenoble, dentro de las llamadas *Semanas cubanas de Grenoble*. El tema y el título fueron sugeridos por los organizadores de las *Semanas*. Aproveché para retomar una brevísima historia de Cuba que conoció distintos avatares y se remonta a 1960. Ese año, siendo yo consejero cultural de Cuba en París, muchas personas iban por la Embajada queriendo conocer nuestra historia. Yo les recomendaba gruesos volúmenes sabios; pero los visitantes, o por ignorar el español o por carecer de tiempo, volvían con frecuencia en busca de un trabajo introductorio más ligero. Después de tratar en vano de dar con ese trabajo, terminé realizándolo yo mismo, pensando que una circunstancia similar debió haber llevado a Alfonso Reyes a escribir su «México en una nuez». De entonces a la fecha, hice algunos retoques a aquella redacción inicial.

sor, que sabe algo. «De Cuba», respondo. Mis compañeros se ríen. El profesor también. El alumno que se levantó a hablar, más turbado aún que hoy, no logra convencerlos de que es americano, de que los cubanos tenemos el derecho —y el deber— de considerarnos americanos, y de que es un error reservar ese nombre para los estadunidenses, para los habitantes de esa «América europea» de que habló Martí. Nosotros somos «nuestra América mestiza», y ser cubano, como ser mexicano, argentino, brasileño o haitiano, no es sino ser ciudadano de un fragmento de ella.

De entonces a la fecha, después de haber sentido la fascinación —hoy tan a la moda— de Saussure, de Trubetzkoy, de Jakobson, de Hjemslev, de Chomsky, y de haber escrito algún libro sobre la materia, dejé de aspirar —por razones que no vienen al caso— a ser el lingüista que pretendí cuando vine por primera vez a Francia; y tampoco pude prestar demasiada atención a mi acento francés. Les agradezco particularmente, por tanto, que me dejen salvar de aquel pasado una explicación fallida de algunos minutos, y desarrollarla casi quince años después, en el suelo de la Francia a la que amo, y con la cual peleo en mi corazón como solo sabe hacerlo un colonizado descolonizado. Por supuesto, comprendo que mi tarea es ahora mucho más fácil: después del triunfo de la Revolución Cubana, es visible que cualquiera de nuestros países debe explicarse en una relación dinámica entre su precaria individualidad y la totalidad latinoamericana y caribeña que le da sentido en la historia. Ese es el caso de Cuba, y quizá de modo especial, por agudizar ciertas contradicciones, como trataré de hacer ver.

## Primeros tiempos

Se cree que hace unos tres mil años llegaron los primeros hombres a Cuba, sin que se haya podido precisar su punto de partida.

Los llamarán luego guanajatabeyes. No llegaron a sobrepasar las condiciones más rudimentarias de vida: no conocieron la cerámica ni construyeron viviendas. Se guarecían en cuevas y llevaban una vida nómada en la mitad occidental del país.

Aproximadamente al inicio de nuestra era, llegaron otros hombres a Cuba. Al parecer, provenían esta vez de la hoya del Orinoco, en la América del Sur, y eran de la vasta familia de los arauacos. Los llamarían ciboneyes. Unos ocho siglos después, empieza a arribar una segunda oleada de arauacos, más evolucionados que los anteriores. Se les llamaría taínos. Trabajan la piedra pulimentada y la cerámica. Construyen viviendas espaciosas y pulcras. Practican la caza, la pesca y la agricultura. Están organizados en castas, siendo sus jefes los caciques. Su religión es relativamente compleja e incluye un culto a los antepasados, ceremonias con danzas (areítos) y adoración a deidades (cemíes).

Una nueva oleada de hombres viene avanzando, desde la América del Sur, por el arco de las islas. Son orgullosos y fieros. Su grito de guerra asegura que «solo el caribe es hombre». Parece que los taínos temían la llegada de estos seres humanos, que consideraban a los demás con un desdén comparable al de los griegos cuando hablaban de los bárbaros. Pero unos cincuenta años antes de la fecha en que, según se supone, sus rudimentarias canoas los hubieran traído a Cuba, llegan otros hombres a la Isla. Su arribo va a ser conocido luego con el inaceptable término de «Descubrimiento». En nombre de España, el audaz genovés Cristóbal Colón pone pie en tierra cubana el 27 de octubre de 1492, quince días después de haber llegado a esa Asia apócrifa que resultó ser América. Es difícil saber lo que hubiera ocurrido con los habitantes de Cuba, de haber llegado los caribes antes que los españoles. Así como de los espartanos sabemos lo que los atenienses nos contaron —y no al revés—, conocemos la versión europea de los caribes, pero no la versión caribe de los europeos. La filología nos recuerda que de la deformación española de la voz *caribe* se formó la palabra *caníbal*. En 1580, Montaigne publicará su memorable ensayo «De los caníbales», lleno de intuiciones prerroussonianas; pero ya en 1611, el anagrama de esta palabra dará, en *La tempestad*, de Shakespeare, Caliban, «esclavo salvaje y deforme», genio del mal. Así, como caníbales, como antropófagos, como encarnaciones del mal van a entrar en la historia europea los más valientes de los habitantes de nuestras islas, los que más tenaz resistencia opusieron al invasor. Por su parte, la historia europea entrará en las Antillas con menos sutileza filológica. Cincuenta años después de la llegada de los «civilizadores» blancos a Cuba, los indígenas, sometidos a trabajos terribles, masacrados o contagiados por enfermedades para ellos mortales, han sido prácticamente exterminados, haciéndose caso omiso de defensas como la del padre Bartolomé de Las Casas, quien impugnó la barbarie colonialista. Quedarán de esos hombres (torpemente llamados «indios») costumbres como la del tabaco y objetos como la hamaca y la canoa; un cúmulo de palabras: desde el nombre del propio país y de muchísimos pueblos, hasta nombres comunes que fueron los primeros y serán los más numerosos de este Continente en pasar a otras lenguas; y una serie de circunstancias ligadas al campesino pobre cubano, aunque este, étnicamente, no estuviera vinculado al aborigen.

Para suplir en los trabajos la ausencia del indio exterminado, se trajeron desde principios del siglo XVI esclavos negros de África, los que iban a seguir llegando hasta la segunda mitad del siglo XIX, y constituirían un componente esencial de la nacionalidad cubana. Desde el primer momento se inició la mezcla de razas, lo que patentizan no solo los visibles rasgos somáticos, sino sobre todo el peculiar sincretismo cultural de un país mestizo.

Y sin embargo, pasarán muchos años antes de que este hecho sea realmente asumido. La guerra de 1868 iniciará una verdadera fusión, y por ello un verdadero espíritu nacional. Como escribió

Martí, «en la guerra, ante la muerte, descalzos todos y desnudos todos, se igualaron los negros y los blancos; se abrazaron y no se han vuelto a separar». Pero solo con la actual Revolución llegará a sentirse como principio fundamental de la nación el apotegma del propio Martí: «Cubano, es más que blanco, más que mulato, más que negro.»

## Factoría

El primer centro de la América española estuvo situado en las Antillas, en la vecina isla de Santo Domingo. El conocimiento y la conquista de los extraordinarios imperios del Continente desplazaron hacia este el centro del Nuevo Mundo. Las Antillas, pobres culturalmente, y sobre todo carentes de grandes yacimientos de metales preciosos, en busca de los cuales iba el conquistador, dejaron su sitio a México y el Perú, ricos en plata y oro. Después de la conquista, hacia 1510, y la fundación de las siete primeras villas, Cuba perdió su pasajera preminencia: fue de Cuba que partieron, entre muchos aventureros que casi la dejaron despoblada, Hernán Cortés a la conquista de México (1519), y Hernando de Soto hacia la Florida (1539). Solo entre 1516 y 1520, salieron de Cuba no menos de dos mil españoles en esas expediciones. A mediados de siglo, el número de personas libres se estimaba en seiscientos o setecientos. Los indios, cerca de cien mil al empezar la conquista, no pasaban de cinco mil. Los negros sumaban ya más de setecientos. La población tenía ya, pues, los caracteres de toda factoría colonial, prevaleciendo los siervos y los esclavos. Aunque siguió trasvasando y adaptando formas españolas, el país quedó en efecto como menguada factoría, en que el sistema monopolista que España impuso a sus colonias era roto por la piratería internacional y el frecuente contrabando. Un historiador pudo decir que la

Isla vivía de una economía pirática. Precisamente el primer poema épico escrito en Cuba, *Espejo de paciencia*, del canario Silvestre de Balboa, que data de 1608, trata de un encuentro no de españoles e indios, como en *La araucana*, de Alonso de Ercilla, sino de nativos y piratas. En aquel texto aparece por vez primera en las letras de Cuba el término «criollo» para designar al nacido en el país.

La Isla solo es reavivada con la confluencia de las Flotas españolas que, de regreso a España, cargadas de metales preciosos, hacían escala en La Habana. Para poder defenderlas, la ciudad es provista con grandes fortificaciones, como La Punta, La Fuerza y El Morro. Cuba suple así su carencia de oro y plata con su ubicación geográfica excepcional, a la que pronto sumará los frutos de su agricultura. La estancia de las Flotas y la construcción de fortalezas significan dinero y esclavos, que se van traduciendo en el incremento de industrias incipientes: ganadería, azúcar, tabaco, madera. Una clase formada por propietarios agrícolas nativos empieza a desarrollarse, se levantan residencias e iglesias de un suave barroquismo, se introduce la imprenta (1720) y se funda una universidad, en La Habana (1728).

En 1762, los ingleses, en guerra contra España, tomaron La Habana. Allí permanecieron un año, durante el cual el tráfico comercial inglés fue muy intenso. El acontecimiento puso a los cubanos en contacto estrecho con otras formas de vida, al mismo tiempo que los hizo concientes de su importancia, y obligó a España a prestar más atención a Cuba.

## La colonia más rica del mundo

A la devolución en 1763 de La Habana, que España cambió a Inglaterra por la Florida, va a sucederse una serie de hechos directa o indirectamente relacionados con Cuba, y causantes de su súbita transformación. Así, las modificaciones de la política colonial española (reflejo del despotismo ilustrado de Carlos III), especialmente las debidas al conde de Aranda; la independencia de los que serían los Estados Unidos, a la que colabora la propia España (lo que no suele recordarse como debiera); la Revolución Francesa, cuya repercusión en Saint Domingue (antes y después llamado Haití), y el bloqueo a que varias metrópolis someten al primer país independizado de nuestra América, y el primero en el mundo en abolir la esclavitud, arruinan sus industrias azucarera y cafetalera, y permiten a Cuba asumir su papel; la sublevación de las colonias hispanoamericanas continentales, y la emancipación de los esclavos en las Antillas británicas. Impulsado por esos hechos, entre el último cuarto del siglo XVIII y el primer tercio del siglo XIX se transforma el país. La circunstancia de contar con gobiernos alerta, como el de don Luis de Las Casas (1790-1796), permitió propiciar los cambios necesarios, especialmente en cuanto a la importación de esclavos, para estar en condición de asumir el papel de productor dejado vacante por Haití. De ese modo, mientras por una parte la Isla recibía familias adineradas que huían de la guerra en Haití, y que construirían sus nuevos hogares sobre todo en la región oriental, donde en nombres y costumbres ha quedado su rastro francés; por otra parte, el país se preparaba a suplantar, en la producción de azúcar y de café, y sobre todo de la primera, a su vecina Haití. Además, el auge creciente de los Estados Unidos ofrecía a los productores de la Isla un mercado importante, que pronto (primero entre 1779 y 1783, y luego a partir de 1793) fue oficialmente tolerado por el gobierno español, enzarzado en nuevas guerras con Inglaterra y Francia. Así, en esa época, cuando Cuba todavía está lejos de obtener su independencia, contribuyen a su rápido progreso los mismos factores contra los que tendrá que luchar a lo largo del siglo XX: el predominio de la industria azucarera, el cual prepara el camino al latifundio, que ya había dañado a muchas de las otras Antillas; y la dependencia económica a los Estados Unidos, que se irá acentuando durante el siglo XIX.

Arrastrada al mercado capitalista mundial, Cuba fomentó su riqueza sobre bases deplorables: la esclavitud, que se multiplicó para poder hacer frente al trabajo de la industria azucarera; y la concentración de tierras, que, aunque no llegó a los desastres del latifundio moderno —este no fue posible sino hasta el arribo de grandes capitales estadunidenses—, preparó su camino. Aunque siguieron existiendo industrias como la cafetalera y la tabacalera, la primera, que enriqueció ciudades del interior de la Isla donde hoy se alzan ruinas de palacios, fue destruida por un alza de tarifas aduanales en los Estados Unidos, de los que dependía; y la segunda, que ha llevado por el planeta el nombre de La Habana, fue echada a segundo sitio con el predominio del azúcar. La sacarocracia iniciaba su reinado. Sometida al régimen de plantaciones, Cuba se convertiría en «la azucarera del mundo», incrementando la mano de obra esclava.

Sobre esta base, los criollos dueños de plantaciones, que de «españoles de Ultramar» empiezan a sentirse cubanos, alcanzaron un estadio superior de existencia, que ha quedado cristalizado en la imagen que algunos europeos suelen hacerse de la vida en una rica colonia del trópico. Se crearon grandes colegios e instituciones artísticas. El ferrocarril fue introducido en 1837, antes que en España, y vinculado desde luego a las exigencias de la industria azucarera. Se construyeron teatros, avenidas y suntuosas residencias. «Durante este período», ha podido decir el norteamericano Leland H. Jenks, «fue Cuba la colonia más rica del mundo. En muchos aspectos de cultura material y artística llegó a sobrepasar a España.» Una de las empresas intelectuales de la época, la *Revista Bimestre Cubana* (1831-1834), es, a los ojos del dominicano Pedro Henríquez Ureña, «la mejor revista literaria, por entonces, de todos los países de habla española, sin excluir a España». Hay un testigo excepcional de este momento: el sabio barón Alejandro de Humboldt, cuyo libro *Ensayo político sobre la Isla de Cuba*, que recoge observaciones de principios del siglo, fue publicado en francés en 1826. Y como el contrapunto femenino de este sabio testimonio, existen los tres tomos de *La Habana* (1844), crónica de viaje de la escritora franco-cubana Condesa de Merlin. Pero si esta es la colonia tal como la viven los propietarios blancos, muy otra es la realidad para los negros que sostienen esa riqueza. En *El capital*, recuerda Marx esta cita de Cairnes:

> En los países tropicales, en que las ganancias anuales igualan con frecuencia el capital global de las plantaciones, es precisamente donde en forma más despiadada se sacrifica la vida de los negros. La agricultura de las Indias Occidentales, cuna de riquezas fabulosas desde hace varios siglos, ha devorado millones de hombres de la raza africana, y hoy es en Cuba, cuyas rentas se cuentan por millones y cuyos plantadores son verdaderos príncipes, donde vemos a la clase esclava sometida a la alimentación más rudimentaria y a los trabajos más agotadores e incesantes, y donde vemos también cómo se destruye lisa y llanamente todos los años una buena parte de esclavos, víctimas de esa lenta tortura, del exceso de trabajo y de la falta de descanso y sueño.

No es extraño, por ello, que al estallar la revolución hispanoamericana a partir de 1810 —en general, una revolución del patriciado criollo frente a España—, Cuba no se sumara al proceso secesionista. La contradicción entre cubanos y españoles es en este instante secundaria, frente a la contradicción principal, que opone a los esclavistas más enriquecidos y los esclavos más explotados de la Tierra. Las altas clases de criollos blancos, aunque desean el poder político, tienen fundados temores de que una rebelión pudiera arrastrar tras sí las grandes dotaciones de esclavos, incrementadas por esos años, y transformar profundamente el sentido de la guerra. El cercano ejemplo de Haití y de su grandiosa revolución de esclavos pesó con fuerza decisiva en la falta de audacia que manifestaron los pariguales cubanos de los hispanoamericanos que, en ese momento, empezaron a independizarse de España. Cuba permanecerá unida a España durante el siglo XIX, si bien es verdad que, después de varias tentativas, desde 1868 se compromete en una larga guerra de treinta años en pos de su independencia. En las primeras décadas del siglo XIX, algunas figuras aisladas simbolizan el esfuerzo minoritario en favor de la independencia, como el prebístero Félix Varela y el poeta José María Heredia, primo de su homónimo que, nacido en Cuba, hizo vida francesa. Varela y Heredia, significativamente, mueren en el exilio. También significativamente encarnan, uno, al primer pensador serio nacido en el país; y otro, a su primer poeta verdadero. Pero el ideario de Varela y el sentimiento expresado por Heredia, cifras ambas del separatismo insular, no encuentran respaldo entre los dirigentes criollos. Numerosas revueltas de esclavos y negros libres contribuyen a atemorizarlos aún más. Un ejemplo de la crueldad con que eran reprimidas estas revueltas es la manera despiadada en que se dio muerte, entre 1843 y 1844, a los sospechosos de haber integrado la llamada Conspiración de la Escalera —por la escalera en que sufrían martirio.

## Primera parte de la Guerra de los Treinta Años (1868-1878)

La independencia obtenida por la mayoría de los países hispanoamericanos llevó a España a recrudecer los vínculos con las Antillas que aún quedaban en sus manos. Pronto se echó de ver que ello no significaría sino un recrudecimiento de los males que impulsaron a las tierras continentales a largas guerras para lograr su libertad.

Lejos de modificar la política que le había hecho perder un continente, los gobernantes españoles arreciaron, o por lo menos concentraron sus errores, cuando fueron unos pocos los países hispanoamericanos que poseían. Los diputados cubanos no fueron admitidos en las cortes españolas de 1836, las que declararon que las provincias de Ultramar serían gobernadas por leyes especiales. Los cubanos, impedidos sistemáticamente en lo adelante de participar en su propio gobierno, fueron manejados por un capitán general con prerrogativas de jefe de plaza sitiada, y abrumados con un sistema aduanero y con impuestos inconsiderados.

A mediados del siglo XIX, ya se había hecho evidente para el patriciado cubano que era imprescindible una modificación de la realidad política. Los más conservadores propusieron dos fórmulas: o un régimen de reformas dentro de la órbita española, o la anexión a los Estados Unidos. En ambos casos, y especialmente en el de la anexión, se garantizaba la pervivencia de la esclavitud, sin la cual no veían cómo mantener su riqueza, que identificaban con la del país. Pero mientras unos (cuyo principal ideólogo fue José Antonio Saco) aspiraban a preservar la herencia española, que querían rectificar, no anular; otros pretendían garantizarse en la fusión con la república del Norte, aunque fuera al precio de la nacionalidad, una estabilidad política y un ritmo de crecimiento que por entonces eran pasmo del mundo. Los más radicales (que eran los más realistas) señalaban como única salida la independencia, aconsejada por Félix Varela con sólidas razones, convencidos de que España nunca concedería las reformas que se demandaban; y de que en los Estados Unidos Cuba solo encontraría (como así fue luego en efecto) otra metrópoli como España, con menos vínculos y responsabilidades que esta. Además, no los asustaba el «peligro negro» una y otra vez agitado por los conservadores a lo largo del siglo, y hábilmente manipulado por España, que vio en la persistencia y crecimiento de la esclavitud el más seguro dogal para Cuba.

Estas tres posiciones, que por otra parte han quedado, con las variantes del caso, como tres constantes de la política cubana, se disputaban la primacía al mediar el siglo. La guerra de secesión en los Estados Unidos (1861-1865), con la victoria del Norte y la consiguiente abolición de la esclavitud, hizo perder su argumento principal a los anexionistas. Por otra parte, las gestiones realizadas por los reformistas en una Junta de Información, convocada por España, fracasaron lamentablemente en 1867. En esas condiciones, una crisis económica de los Estados Unidos, que repercutió en Cuba y fue agravada torpemente con nuevos impuestos por el gobierno español, preparó el terreno para la única solución viable. El 10 de octubre de 1868, en el ingenio La Demajagua, cerca del poblado de Yara, provincia de Oriente, estalló lo que sería la primera parte de la larga guerra de independencia cubana, a la que pronto se sumarían elementos de procedencia reformista y anexionista.

Sus dirigentes son en principio, como en toda Hispanoamérica, propietarios agrícolas y profesionales criollos blancos, aunque no de los más enriquecidos (para estos últimos, de las provincias occidentales, seguía siendo preferible la avenencia con España antes que lo que consideraban el riesgo negro), sino de las regiones orientales, donde el régimen de plantaciones no llegó a los excesos de la otra parte de la Isla, y la contradicción con España era mayor, hasta llegar a anteponerse a cualquier otra.

Además, la guerra, al ir avanzando, no solo radicaliza a los más consecuentes de aquellos hombres, sino que incorpora a la jefatura militar a sectores populares, con frecuencia multados y negros (que constituyeron el grueso de los soldados en esta como en la guerra de 1895), y cambia de signo. Esos elementos populares se habían manifestado durante todo el siglo, y aun desde antes, en las numerosas revueltas de esclavos y negros libres. Incluso el nombre con que se designa al insurrecto, *mambí*, es de origen africano, y fue dado peyorativamente por los colonialistas españoles a los cubanos en armas, quienes lo hicieron suyo con orgullo. Las contradicciones en el propio campo independentista se ponen pronto de manifiesto en las discusiones a propósito de la esclavitud. No todos los que quieren la independencia quieren igualmente la libertad de los esclavos, aunque el iniciador de la guerra, Carlos Manuel de Céspedes, había libertado simbólicamente a sus esclavos el mismo día del alzamiento. Esta discusión toca un punto fundamental, pues la abolición de la esclavitud, que al cabo se impone, es imprescindible para que llegue a constituirse la verdadera nación cubana. Si solo hubiera logrado esto, ello bastaría para justificar la Guerra de los Diez Años, y darle una superior importancia americana. Nuevas disensiones —entre independentistas verdaderos y anexionistas más o menos encubiertos, entre defensores de los grandes propietarios y elementos populares— entorpecen la guerra, e impiden su avance hasta las regiones central y occidental de la Isla.

Al cabo, la larga guerra, en que los cubanos opusieron al numeroso ejército regular español las guerrillas y la sangrienta carga al machete, queda detenida en un pacto de paz: el Pacto del Zanjón. Un general independentista, Antonio Maceo, expresa en la Protesta de Baraguá su desacuerdo con esa paz. Es un símbolo de cómo la guerra se había ido radicalizando en su transcurso. La guerra la iniciaron patricios como Carlos Manuel de Céspedes, Francisco Vicente Aguilera e Ignacio Agramonte, que no sobrevivieron a la contienda; al terminarse esta primera etapa, protesta contra el pacto de paz un general como Maceo, mulato e hijo de campesinos medios.

Un fenómeno de otra naturaleza ha ido produciéndose por esos años: la creciente dependencia económica a los Estados Unidos. En 1859, el 41% de las exportaciones cubanas iba hacia los Estados Unidos; en 1877, esta cifra había aumentado hasta el 82%.

## Segunda parte de la Guerra de los Treinta Años (1895-1898)

Tras una pausa (1878-1895) en que se abolió al fin la esclavitud oficialmente (1886) —los revolucionarios la habían abolido en el territorio a su mando durante la guerra—, en que hubo varios intentos bélicos (el más importante de los cuales fue la Guerra Chiquita, capitaneada por Calixto García), y en que algunos propietarios moderados intentaron, mediante un movimiento autonomista, llegar a un acuerdo imposible con España, la guerra estalla de nuevo el 24 de febrero de 1895. Esta vez, organizada y dirigida por el radical José Martí, y comandada militarmente por hombres de extracción popular, como el dominicano Máximo Gómez y Antonio Maceo, ambos provenientes de la anterior etapa de la guerra, la situación es bien distinta: no es un movimiento de secesión a cuyo frente se halle el patriciado, sino una guerra de liberación nacional y popular, con la colaboración de esclavos liberados, obreros como los de la industria tabacalera, con una tradición de rebeldía, profesionales, pequeña y mediana burguesía en general, en un magnífico esfuerzo no solo de independencia política frente a España, sino de integración nacional. Más que limitarse a continuar la gesta de 1810, esta guerra organizada por Martí anuncia revoluciones populares como la mexicana de 1910. Pero —rasgo excepcional— cuenta con un partido político, forjado en el exilio (1892), de hondo contenido revolucionario: el Partido Revolucionario Cubano, cuyo fundamento ideológico ha sido establecido por José Martí, el pensador más original de la América Latina y el Caribe, el primer hombre en adquirir conciencia de la existencia y naturaleza de lo que hoy se llama Tercer Mundo, y en asumir desde él una consecuente actitud antimperialista.

Un manifiesto fechado en Montecristi, República Dominicana, el 25 de marzo de 1895, anuncia al mundo, en la prosa sorprendentemente rica de Martí, las razones y la naturaleza de la guerra, que Martí veía en diseño mayor:

> La revolución de independencia, iniciada en Yara después de preparación gloriosa y cruenta, ha entrado en Cuba en un nuevo período de guerra, en virtud del orden y acuerdos del Partido Revolucionario Cubano en el extranjero y en la Isla, y de la ejemplar congregación en él de todos los elementos consagrados al saneamiento y emancipación del país […] La guerra de independencia de Cuba, nudo del haz de islas donde se ha de cruzar, en plazo de pocos años, el comercio de los continentes, es suceso de gran alcance humano y servicio oportuno que el heroísmo juicioso de las Antillas presta a la firmeza y trato justo de las naciones americanas y al equilibrio aún vacilante del mundo.

Martí y Maceo mueren a comienzos de la guerra, pero no sin que el primero haya dotado al país del más recio cuerpo ideológico con que cuente un país hispanoamericano, y el segundo haya logrado lo que había sido la gran ambición militar de la Guerra de los Diez Años: llevar, gracias a una invasión, la guerra al Occidente.

En estas condiciones, en pie de guerra todo el país como no lo había estado en la década de 1868-1878, con un respaldo de las masas populares que no pudo ser sofocado por un ejército español más numeroso que el que se opuso en toda la América del Sur a las fuerzas independentistas, ni por las crueles medidas concentracionarias del general español Valeriano Weyler, y a punto de llegarse a una solución favorable para los cubanos (España había concedido ya una farsa de gobierno autonómico, rechazado por los insurrectos), los Estados Unidos, por propia decisión, acuerdan intervenir en la guerra. Martí había dejado dicho en carta a su amigo mexicano Manuel Mercado, escrita en la víspera de su muerte, carta que vino a adquirir carácter testamentario, que su tarea había consistido en

> impedir a tiempo, con la independencia de Cuba, que se extiendan por las Antillas los Estados Unidos y caigan, con esa fuerza más, sobre nuestras tierras de América. Cuanto hice hasta hoy, y haré, es para eso. En silencio ha tenido que ser y como indirectamente, porque hay cosas que para lograrlas han de andar ocultas, y de proclamarse en lo que son, levantarían dificultades demasiado recias para alcanzar sobre ellas el fin [...]. Viví en el monstruo y le conozco las entrañas, y mi honda es la de David.

Si la propia política expansionista de los Estados Unidos, que devoró la mitad del territorio mexicano (1846-1848), no fuera ejemplo bastante para justificar los temores de Martí —quien, además, vivió en los Estados Unidos entre 1880 y 1895, años en que se transformaban en potencia imperialista—, bastaría con recorrer las declaraciones concretas de gobernantes y entidades de la Unión con referencia específica a Cuba. En 1823, cuando aún eran relativamente débiles los nexos económicos con el país norteño, escribía John Quincy Adams al embajador norteamericano en España, desarrollando una idea esbozada en 1805 por el presidente Jefferson:

> Hay leyes que rigen la política, como las hay de gravitación universal; y si una manzana, desprendida de un árbol por el vendaval, tiene forzosamente que caer al suelo, Cuba, separada de España e incapaz de subsistir por sí sola, sólo puede dirigirse hacia la Unión Norteamericana que, por la misma ley natural, no puede expulsarla de su seno.

En 1881, cuando ya los nexos económicos eran fortísimos, confesaba un reporte consular de los Estados Unidos: «Comercialmente,

Cuba se ha convertido en una dependencia de los Estados Unidos, aunque políticamente continúe dependiendo de España».

Como resultado de esa actitud, a lo largo del siglo XIX los Estados Unidos intentarán varias veces comprar Cuba a España —o anexársela con el concurso de movimientos armados, como los de Narciso López—, y nunca reconocerán la beligerancia de los rebeldes cubanos, ni en 1868 ni en 1895, con la voluntad confesada de que la Isla permaneciera en manos de España hasta que pasara a las de los Estados Unidos. La doctrina Monroe («América para los americanos»), emitida en 1823 contra la amenaza de la Santa Alianza —e increíblemente blandida de nuevo en 1960 y 1962— prevenía además contra la intervención de cualquier potencia europea en América: España era defendida en sus derechos, hasta 1898 por lo menos, precisamente porque su estado de decadencia anunciaba un más fácil traspaso de dueño.

A principios de 1895, los Estados Unidos, consecuentes con su conducta anterior, habían capturado en el puerto floridano de Fernandina o en camino a él tres barcos colmados de armas obtenidas por Martí con destino a reiniciar la guerra en Cuba. Tres años después, los Estados Unidos decidían «liberar» a los cubanos, cuya beligerancia nunca habían reconocido, y cuya independencia habían entorpecido con aquella captura reciente. Como el pueblo norteamericano simpatizaba sinceramente con la lucha de liberación que mantenían los cubanos, el gobierno estadunidense solo necesitaba una coyuntura favorable para declarar la guerra a España. La halló en la voladura del barco norteamericano *Maine* (febrero de 1898), fondeado en la bahía de La Habana, hecho del cual acusaron a España, a pesar de no haberse probado nada en ese sentido, y de las excusas ofrecidas por el gobierno español. El gobierno de los Estados Unidos, después de una hábil campaña de la naciente «prensa amarilla», declaró la guerra a España en abril. La Resolución Conjunta del Congreso, de 19 de ese mes, que autorizaba al presidente McKinley a dar tal paso, estipulaba «que la isla de Cuba es, y de derecho debe ser, libre e independiente».

Mientras las tropas cubanas precipitaban la ya inevitable derrota de España, las tropas norteamericanas participaron en algunos combates, y destruyeron la Armada española. A mediados de agosto, la guerra estaba terminada. En el Tratado de París, de 10 de diciembre de 1898, que puso oficialmente fin a las hostilidades, ni siquiera se permitió a Cuba, sin embargo, estar representada. Los Estados Unidos conservaron como botín de guerra Puerto Rico, Filipinas y Guam, que nada tenían que ver con la guerra de Cuba, aunque en Filipinas también se desarrollaba una guerra de liberación utilizada con igual perfidia por los norteamericanos.

Hasta 1902 gobernaron los Estados Unidos directamente en Cuba, período en el cual aumentaron la sujeción económica de la Isla a la Unión. Así, después de haber luchado durante treinta años por su independencia, Cuba se vio transformada, en unos meses, en peculiar colonia de una nueva metrópoli.

El carácter internacional que el *Manifiesto de Montecristi* había previsto para la guerra de Cuba fue confirmado, pero en un sentido distinto: fue en Cuba, en 1898, donde vino a terminarse el primer imperio del mundo moderno, el imperio español, y donde se hizo manifiesto el imperialismo de nuestros días, ya que la participación de los Estados Unidos en la guerra de independencia que Cuba mantenía contra España, es la primera contienda imperialista que registra la historia moderna, como Lenin proclamaría al frente de *El imperialismo, fase superior del capitalismo.*

En 1901, una Asamblea Constituyente se encargó de redactar la Constitución que regiría en la República mediatizada. Obligadamente, dicha constitución debió resignarse a llevar un apéndice humillante que ratificaba el carácter anormal que tendría la República naciente. La Enmienda Platt —tal es su nombre— estipulaba, por ejemplo, en uno de sus ocho artículos:

El gobierno de Cuba consiente que los Estados Unidos puedan ejercer el derecho a intervenir para la preservación de la independencia y el sostenimiento de un gobierno adecuado a la protección de la vida, la propiedad y la libertad individual.

## La República neocolonial

Lo que constituirá la peculiaridad de la República cubana surgida el 20 de mayo de 1902 es que en ella ensayan los Estados Unidos, por vez primera, el régimen que después difundirán por el Continente y por el llamado Tercer Mundo, y será conocido con el nombre de neocolonialismo: a diferencia del gobierno tradicional, este que se experimenta en Cuba tolera los atributos aparentes de la soberanía política (bandera, escudo, himno, elecciones), pero no los de la soberanía económica ni el gobierno efectivo. El éxito de la empresa los animará después a llevar esa música a otras partes.

Ejemplo de cómo funcionaría la República, a pocos meses de inaugurada, el 11 de diciembre de 1902, se firmaba el llamado Tratado de Reciprocidad Comercial entre los Estados Unidos y Cuba. A cambio de ciertas concesiones arancelarias para el azúcar y algunos productos cubanos, los Estados Unidos recibían un margen preferencial general del 20% en los derechos de aduana imponibles a sus mercancías al entrar en Cuba, y márgenes preferenciales del 25%, 30% y 40% en otras. Gracias a tan singular «reciprocidad», en 1917 el 74% de las importaciones cubanas provenía de los Estados Unidos.

El primer presidente de la República, Tomás Estrada Palma, es electo en elecciones en que el otro contrincante (Bartolomé Masó) se ha retirado ante la manifiesta mala fe del proceso. Es el propio Estrada Palma quien en 1906, ante el rechazo violento a su reelección, impone la intervención norteamericana, de acuerdo con la Enmienda Platt. De 1906 a 1909 gobiernan de nuevo los norteamericanos en Cuba. Se atribuye a esta época el inicio de la corrupción administrativa en la República, debido a que el procónsul norteamericano, Charles E. Magoon, a fin de ganarse la voluntad de los grupos cubanos en pugna, optó por satisfacer a unos y a otros otorgándoles imaginarios cargos públicos. Si alguna confianza quedaba entre los cubanos en la seriedad del gobierno republicano, estos años bastan para volatizarla. Hasta el triunfo de la Revolución, con raras excepciones, el ejercicio del poder será en Cuba solo un medio de fácil enriquecimiento. Pues la política, entendida en ese sentido mezquino, era la única empresa que iba quedando en manos cubanas. A partir de 1898, y sobre todo a partir de la llamada Primera Guerra Mundial, en que Cuba conoció las más alucinantes variaciones en el precio del azúcar —lo que enriqueció primero y arruinó después a productores y banqueros cubanos, obligados a vender a los estadunidenses—, la propiedad física del suelo y las cosas de Cuba había ido pasando a manos norteamericanas. Ya no se trataba de que los Estados Unidos fueran un mercado preferencial, ni de que ejercieran a través de intermediarios su poder. Se trataba de que habían ido adquiriendo, a precios irrisorios, el suelo del país, como luego sus industrias. En vano un hombre como Manuel Sanguily propuso al Senado cubano votar una ley que prohibiera la propiedad del suelo a extranjeros. Su proyecto no fue tomado en cuenta, y la industria azucarera se hizo en su gran mayoría norteamericana, incluyendo los inmensos latifundios que abarcaba. Si a eso se suma la propiedad por los monopolios norteamericanos de los servicios públicos del país, de las refinerías petroleras, de la mayor parte de la banca y de no pocas pequeñas industrias, además del control del comercio, comprendemos la veracidad de las palabras del historiador norteamericano Harold U. Faulkner:

A mediados de la década del 20, poco había de valor en Cuba que no hubiera ido a parar a las manos de los intereses financieros norteamericanos, y esta posición estaba en gran medida concentrada en el National City Bank of New York, que controlaba directamente la General Sugar Company, los Ferrocarriles Consolidados, las inmensas propiedades azucareras de la Compañía Cuba y muchas otras corporaciones cubanas, y a través de sus veinticuatro bancos sucursales financiaba a los sembradores nativos de azúcar […]. Bajo el ímpetu de las inversiones norteamericanas, Cuba se había convertido en una tierra de grandes plantaciones de azúcar y tabaco que eran poseídas por dueños extranjeros y trabajadas por un proletariado cubano carente de tierras […]. Por esto es evidente que la riqueza cubana ha caído bajo el control norteamericano y que la vida política cubana desde 1898 hasta 1934, y hasta cierto punto de ahí en adelante [publicado antes de la Revolución] ha sido en gran medida dirigida desde Washington. «Cuba» —dijo un historiador— «no es más independiente que Long Island».

## Una revolución frustrada

En la década de 1920 a 1930, en que el fenómeno se ofrece en toda su crudeza, el «caso Cuba» conmueve a no pocos pensadores del país y extranjeros. En Cuba, una agitación política cada vez más lúcida comienza a tomar cuerpo, el proletariado adquiere conciencia clara de su situación y sus tareas (en 1925 se fundan nuestro primer Partido Comunista y la Confederación Nacional Obrera de Cuba), e intelectuales de variados matices se hacen cargo del asunto: desde una juventud inquieta que practica los ismos estéticos y políticos, hasta escritores conservadores, como el poeta Agustín Acosta, que publica en 1926 su poema *La zafra*, y Ramiro Guerra, cuyo libro *Azúcar y población en las Antillas* (1927) es una piedra militar en estos estudios. En el extranjero, el español Luis Araquistain publica *La agonía antillana* (1928), y el norteamericano Leland H. Jenks *Nuestra colonia de Cuba* (1928). El dramatismo de la situación se echa de ver al comprender que Cuba ha sido empujada, gracias al latifundio, por un camino que ha arruinado ya a la mayor parte de las Antillas, como lo demuestra Guerra. Si la falta de capital suficiente impidió a la industria azucarera, hasta el siglo XIX, entregarse en Cuba a un latifundio devorador, la llegada del capital norteamericano hizo cambiar bruscamente el panorama en el siglo XX.

La industria azucarera cubana, de la que dependía el país, prácticamente monocultor, había ido moviéndose hacia nuevas formas desde finales del siglo XIX, en una evolución precipitada por la guerra de independencia, la cual arruinó a no pocos productores. Los pequeños ingenios de comienzos de siglo eran sustituidos por un número menor de centrales cuyas tierras colindantes, en manos de otros propietarios, se les hacían tributarias de cañas. Con el capital norteamericano, se levantaron unos cuantos colosales centrales que, por razón de competencia, empezaron a acaparar tierras no solo en su torno, sino tan lejos como el ferrocarril privado lo permitía. El pequeño propietario cubano, incapaz de competir, debía vender e irse, o quedar como colono. Los dueños cubanos dejaban el sitio a los escasos y ausentes dueños norteamericanos. La proletarización del cubano avanzaba. Pronto, cuando la mano de obra no se estimó lo bastante barata para los voraces monopolios, se decidió, violando las leyes de inmigración, importar braceros dispuestos a trabajar a sueldos ínfimos. Jamaicanos y haitianos se prestaron a ello y fueron comprometidos en una variedad de esclavitud que el siglo XX conocerá en Cuba, para proporcionar ganancias cada vez mayores al capital monopolista. La importación de estos braceros trajo necesariamente consigo el abaratamiento de la mano de obra nativa, y la miseria consiguiente. La evolución parecía indetenible, y la ruina del país inminente, a pesar de las señales dadas por cubanos y extranjeros de varios matices ideológicos, cuando estalló la gran crisis financiera de 1929. Solo ella paralizó, por el momento, el proceso canceroso. Al mismo tiempo, llevando súbitamente más miseria a la Isla, precipitó a Cuba en una tensa situación económica. La lucha contra el presidente Gerardo Machado, convertido en dictador, fue en verdad una revolución abortada contra la situación semicolonial del país. Puede decirse que esta revolución se había anunciado diez años atrás, bajo la presidencia de Alfredo Zayas, y había producido figuras como Julio Antonio Mella, hecho asesinar por Machado en México, en 1929, y Rubén Martínez Villena, muerto en 1934.

El 12 de agosto de 1933 fue derrocado Machado, pero los norteamericanos intervinieron en lo que se llama en Cuba la Mediación por excelencia, e impidieron el desarrollo de una verdadera revolución. Para ello le sirvieron hombres como el sargento Fulgencio Batista, que el 4 de septiembre de ese año se apoderó del mando militar con el apoyo de grupos estudiantiles revolucionarios, a los que traicionaría a comienzos de 1934.

Un fugaz gobierno de cien días, alentado por Antonio Guiteras entre 1933 y 1934, es el solo oasis de gobierno de actitud revolucionaria que conocerá la República desde su fundación hasta 1959. Después de él, se suceden gobiernos títeres de Batista, que a su vez lo es de los Estados Unidos, hasta 1940. En esos siete años no se ahorran dolores al país. Por ejemplo, una huelga general revolucionaria contra el gobierno, en marzo de 1935, es ahogada en sangre por el inescrupuloso Batista, quien hace asesinar ese año a Guiteras. Quedan, sin embargo, como logros positivos de esta revolución frustrada, la abrogación de la Enmienda Platt (1934), algunas conquistas obreras, como la ley de ocho horas de trabajo y la del 50% de nativos, y la autonomía de la única Universidad entonces existente en Cuba. Pero los Estados Unidos, a través de hechos como el sistema de cuotas para la compra del azúcar, que determinan unilateralmente y a su conveniencia a partir de 1934 (y suspenderán brusca y arbitrariamente en 1960); de la estructura económica del país, que no fue alterada, e incluso de una gran base militar que impusieron a Cuba durante el gobierno de Estrada Palma, y conservan al sur de la Isla (cerca de Guantánamo), siguen ejerciendo presión decisiva sobre Cuba.

Lo que parece una relativa liberalización de la política cubana hacia 1940, no es sino un nuevo reflejo de la política norteamericana: esta vez, tratándose de la administración reformista roosveltiana, implica una mejoría en las condiciones de vida y una cierta estabilidad política. Las organizaciones obreras adquieren más relieve, y se convoca a una Asamblea Constituyente de la que sale la flamante Constitución de 1940. Se reanudan las elecciones a partir de ese año, hasta 1952, y el primer presidente electo es el propio Batista. Los otros dos presidentes que le suceden, Grau y Prío, responden igualmente a la política norteamericana. El último, a pocos meses de unas elecciones que parecen favorables a tendencia más liberal, encarnada en el Partido Ortodoxo, es arrojado por la fuerza del poder el 10 de marzo de 1952. No son fuerzas roosveltianas las que determinan en ese momento la política de los Estados Unidos, sino fuerzas macartistas. El hombre que sirve para detener el proceso democrático en Cuba es, de nuevo, Fulgencio Batista, que ya se había mostrado dócil instrumento norteamericano durante once años, y que conservaba cierta ascendencia sobre una parte de las fuerzas armadas. En los seis años y medio de su nueva dictadura, la penetración norteamericana llega a su cumbre en Cuba. Incluso el subsuelo del país es cedido a empresas norteamericanas. El juego, que como la prostitución es incrementado hasta hacer de La Habana la capital americana del vicio, es manejado en buena parte por gánsteres de la mafia estadunidense. Cuando la tiranía sea derrocada, la misión militar norteamericana que adiestraba a los soldados de Batista para pelear contra los rebeldes, deberá abandonar el país: el cual, por su parte, se halla al borde de la ruina, con los más violentos contrastes de su historia. Cuba es una colonia hambrienta y superficial. La Habana se norteamericaniza hasta parecer una ciudad de los Estados Unidos, con letreros en inglés, grandes barrios para ricos, rascacielos y millares de autos, mientras enfermedades como la tuberculosis son endémicas en el país; los feraces campos cubanos —el 47% de la tierra arable pertenece a unas cuantas compañías norteamericanas— cobijan guajiros raquíticos que solo tienen trabajo unos tres meses al año, como cortadores de caña; la ruinosa escuela pública no puede impedir que prácticamente el 40% de la población sea analfabeta; los cubanos no poseen la mitad de su tierra, ni sus servicios públicos, ni sus escasas industrias, ni sus minas, y, humillados en sus costumbres y tradiciones, deben trabajar para enriquecer amos extraños que cuentan con la complicidad de una capa de privilegiados del país.

Cuando hace su entrada en la escena política Fidel Castro, esta es la situación de Cuba: el país que había sido la colonia más rica y más despiadadamente explotada del mundo; el país cuyo pueblo mestizo había peleado treinta años por su independencia para verse convertido en la primera presa del imperialismo y en el primer ensayo del neocolonialismo norteamericano; el país en que veinte años antes había abortado una valiente revolución, y cuya capital se veía ahora anunciada en la prensa yanqui como «Las Vegas del Caribe». Contra esa situación límite, no solo contra la criminal dictadura de Batista, que entonces comenzaba de nuevo, inicia Fidel la lucha armada el 26 de julio de 1953. Fracasado el primer intento, responde a quienes querían saber quién era el autor intelectual del ataque: «Es José Martí.» Van a volver a flamear el ideario martiano, la lucha en las ciudades y en los campos, las guerrillas, las barbas mambisas. Y va a comenzar un nuevo —y definitivo— proceso independentista americano, que en Fidel y el Che tendrá figuras equivalentes a Bolívar. Pero aquí debo ya detenerme, porque, como dijo el florentino, «empieza la Vida Nueva».

# 1898 y el nuevo pensamiento independentista cubano*

El año 1898 obliga a echar un vistazo al nuevo pensamiento independentista cubano. Y si la circunstancia inclina al recuento, dado que conmemoramos una centuria del 1898 desastroso, es menester comenzar antes de ese año en que Cuba cambió de amo. Pues la explosión del acorazado *Maine* en la bahía de La Habana fue solo un pretexto para un hecho que ya estaba decidido. Las raíces de ese hecho se remontan al menos a 1805, cuando el presidente estadunidense Thomas Jefferson reveló la voluntad de su país de devorar a Cuba, entonces todavía colonia española, como lo era el resto de Hispanoamérica. Ahorrémonos los muchos pasos intermedios, que incluyeron doctrinas y maniobras diplomáticas, intentos de compra, invasiones, conciliábulos de todo tipo. Pero es imprescindible recordar al menos algunas de las observaciones de José Martí. Por lo pronto, detengámonos en dos días de 1889. El 16 de noviembre de ese año, mientras tenía lugar en Wáshington la primera conferencia panamericana, que mostró a las claras los proyectos imperialistas de los Estados Unidos en relación con sus vecinos del Sur, Martí, quien tan vigorosamente analizó y combatió dicha conferencia, escribió a un amigo: «Llegó ciertamente para este país [los Estados Unidos...], la hora de sacar a plaza su

---

\* Presentado en julio de 1998, en el Curso Internacional Iberoamericano *De la idea de Imperio a la idea de comunidad*, que se realizó en Jarandilla de la Vera, Extremadura.

agresión latente, y como ni sobre México ni sobre Canadá se atreve a poner los ojos, los pone sobre las islas del Pacífico, y sobre las Antillas, sobre nosotros.» A esta aguda previsión, Martí la complementó en carta a otro amigo, el 14 de diciembre de aquel año:

> Sobre nuestra tierra [...], hay otro plan más tenebroso que lo que hasta ahora conocemos, y es el inicuo de forzar a la Isla, de precipitarla a la guerra, —para tener pretexto de intervenir en ella, y con el crédito de mediador y de garantizador, quedarse con ella. Cosa más cobarde no hay en los anales de los pueblos libres —ni maldad más fría.

Movido por estas preocupaciones, Martí fundó en 1892 el Partido Revolucionario Cubano, no solo para libertar a Cuba y Puerto Rico de España, sino para frenar la expansión del naciente imperialismo estadunidense. En su periódico *Patria* dijo en 1894:

> En el fiel de América están las Antillas, que serían, si esclavas, mero pontón de la guerra de una república imperial contra el mundo celoso y superior que se prepara ya a negarle el poder, —mero fortín de la Roma americana;— y si libres [...] serían en el continente la garantía del equilibrio, la de la independencia para la América española aún amenazada y la del honor para la gran República del Norte, que en el desarrollo de su territorio —por desdicha, feudal ya, y repartido en secciones hostiles— hallará más segura grandeza que en la innoble conquista de sus vecinos menores, y en la pelea inhumana que con la posesión de ellas abriría contra las potencias del orbe por el predominio del mundo.

Y el 18 de mayo de 1895, la víspera de morir en combate, escribió a su fraterno amigo mexicano Manuel Mercado:

> Ya estoy todos los días en peligro de dar mi vida por mi país y por mi deber […] de impedir a tiempo con la independencia de Cuba que se extiendan por las Antillas los Estados Unidos y caigan, con esa fuerza más, sobre nuestras tierras de América. Cuando hice hasta hoy, y haré, es para eso.

Visto lo que ocurrió en 1898, es obvio, para glosar el título famoso, que mucho antes de la fecha el crimen había sido anunciado por Martí. A tres años de su muerte apenas reiniciada la guerra independentista, y cuando tal guerra había sido llevada de un extremo a otro de la Isla, el gobierno español, después de haber perdido decenas de millares de hombres y aplicado medidas como la implacable reconcentración de Weyler, ante su evidente fracaso cambia de giro y pretende otorgar a Cuba, el primero de enero de 1898, un régimen autonómico que es rechazado de plano por los revolucionarios en armas. Cercana ya la victoria de estos, tiene lugar la voladura del *Maine*, el 15 de febrero; tras ella, la conocida alharaca de la prensa amarilla de los Estados Unidos, nacida entonces, y poco después la aprobación por el Congreso de ese país de la Resolución Conjunta (aparentemente en favor de la independencia de Cuba) sancionada por el presidente MacKinley que precipitó la contienda con España. Los Estados Unidos, que en ningún momento, desde 1868, habían reconocido la beligerancia de los cubanos, entendieron que había llegado la ocasión de intervenir directamente, con palabras farisaicas y actos militares, a fin de ayudar a que «la fruta madura» cayera en su seno, según la imagen que en 1823 empleara John Quincy Adams. En lo que llamaron su «espléndida guerrita» contra España, los Estados Unidos contaron con el apoyo de las tropas cubanas, de acuerdo con el principio de que los enemigos de mis enemigos son mis amigos. Pero en realidad no era así. Se trataba, simplemente, de nuevos enemigos, como había previsto con claridad Martí. Ello se hizo evidente al producirse la toma de Santiago de Cuba (que prácticamente implicó el colapso de las fuerzas españolas) por el Ejército estadunidense, con el imprescindible auxilio de los cubanos. Estos últimos fueron entonces marginados por vez primera, impidiéndoseles entrar en la ciudad, lo que ocasionó una memorable carta, fechada el 12 de julio, del Lugarteniente Calixto García, donde, tras impugnar la arbitraria decisión, anunció la renuncia a su cargo. Pero la humillación denunciada con tanta altivez por Calixto García no era sino la primera de una larga lista. A finales de aquel año 1898 se reunirían en París representantes de España y los Estados Unidos, con exclusión de los de Cuba, para acordar el tratado sobre cuyas bases se pondría fin a la guerra. Cuba, sencillamente (al igual que otras tierras que habían sido propiedad de España), pasó a manos de los Estados Unidos, que el primero de enero de 1899 ocuparon oficialmente la Isla. Se cumplía lo temido por Martí, tal como lo analizó el historiador Ramón de Armas en su libro *La revolución pospuesta. Contenido y alcance de la revolución martiana por la independencia* (1975). «[L]a *insurrección*», afirmó allí este autor, era «contra la metrópoli, la *revolución* [...], contra la estructura colonial, contra el ordenamiento y espíritu coloniales —en una palabra: contra la colonia.» Y entre 1898 y 1958 Cuba dejó de ser colonia de una metrópoli para pasar a serlo de otra. La revolución diseñada por Martí, independentista y de justicia social, quedó pospuesta, exactamente, durante seis décadas: hasta el primero de enero de 1959.

En las anotaciones de enero de 1899 en su *Diario de campaña*, el Mayor General Máximo Gómez escribió que «[l]a actitud del Gobierno Americano [...] no revela más que un gran negocio». Y añadió:

> Tristes se han ido ellos [los españoles] y tristes hemos quedado nosotros; porque un poder extranjero los ha sustituido. Yo soñaba con la Paz con España, yo esperaba despedir con respeto a los valientes soldados españoles, con los cuales nos encontramos siempre frente a frente en los campos de batalla [...]

Pero los americanos han amargado con su tutela impuesta por la fuerza la alegría de los cubanos vencedores; y no supieron endulzar la pena de los vencidos.

Al fin, tras no pocos forcejeos, en julio de 1900 el Gobernador Militar estadunidense de la Isla convocó a una Asamblea para elaborar la Constitución por la cual se regiría la proyectada República. En febrero de 1901 la Constitución estuvo redactada. Pero ese mismo mes el gobierno de los Estados Unidos aprobó la Enmienda Platt, que al permitir oficialmente la intervención yanqui, imponer determinadas limitaciones y obligar a la Isla a ceder a los Estados Unidos parte de su territorio (que al cabo sería, hasta hoy, la base naval situada cerca de Guantánamo), hizo de la Isla un abierto protectorado, y fue dada a conocer de inmediato a los constituyentes, haciéndoseles saber que de no añadirse a la flamante Constitución, no cesaría la ocupación yanqui. A pesar de que contra la Enmienda se alzaron los enérgicos votos particulares de los próceres Salvador Cisneros Betancourt y Juan Gualberto Gómez, no lograron impedir la aceptación del ominoso engendro, cuyo rechazo implicaría la permanencia *sine die* del gobierno estadunidense. Concluida la votación, el general Lacret exclamó, interpretando el sentir de los constituyentes:

> Tres fechas tiene Cuba. El 10 de octubre de 1868 aprendimos a morir por la patria. El 24 de febrero de 1895 aprendimos a matar por la independencia. Hoy, 28 de mayo de 1901, día para mí de luto, nos hemos esclavizado para siempre por férreas y gruesas cadenas.

Con tales cadenas surgió el 20 de mayo de 1902 la mediatizada República de Cuba. De tales cadenas iba a formar parte también el leonino Tratado de Reciprocidad Comercial entre Cuba y los Estados Unidos, impuesto a principios de 1903. Otro prócer,

Manuel Sanguily, se opuso a dicho Tratado en dos fogosos y argumentados discursos que no lograron su cometido, así como tampoco fue aceptado su proyecto de ley para impedir que tierras cubanas fueran vendidas a extranjeros. La desnacionalización del país no haría sino agravarse cuando una nueva intervención de los Estados Unidos en Cuba, entre 1906 y 1909, entronizó la corrupción administrativa. La destartalada República era el escarnio de aquella por la que habían peleado los insurrectos, y en particular su principal vocero, José Martí. Una difundida canción de la época expresó con intensidad el clamor popular. Se trató de la «Clave a Martí», atribuida a Emilio Villillo:

> *Aquí falta, señores, ay, una voz [...]*
> *de ese sinsonte cubano,*
> *de ese mártir hermano*
> *que Martí se llamó, ay, se llamó.*
> *Aquí falta el clarín de mi Cuba,*
> *aquí falta su voz que se apagó.*
> *Martí no debió de morir, ay, de morir.*
> *Si fuera el maestro y el guía*
> *otro gallo cantaría,*
> *la patria se salvaría*
> *y Cuba sería feliz, ay que feliz.*

En 1913 apareció un libro del joven Julio César Gandarilla que se hizo eco del anhelo con violencia panfletaria: *Contra el yanqui*, cuyo subtítulo no puede ser más revelador: *Obra de protesta contra la Enmienda Platt y contra la absorción y el maquiavelismo norteamericanos*. En su capítulo «Resucita, Martí», el autor exclama: «¡Oh Martí, resucita! Levanta tu pueblo a la rebeldía contra el tirano. Pon tu cara a morir de cara al sol en esta pelea con el Hipócrita del Norte, que engañó [a] tus compatriotas con el villano elogio de la zorra al pobre cuervo de la fábula.» Pero en su momento el libro contrastó con la forma por lo general prudente en que la gran mayoría de los pensadores cubanos solía abordar el ígneo problema.

Hubo que esperar a la tercera década, y a la irrupción de una nueva generación, para que la contradicción pueblo-imperialismo se presentara en toda su crudeza y fuera asumida por un equipo de creciente radicalismo. Contribuyeron a ello una intensa crisis económica al iniciarse la década, y el inocultable desbarajuste político del país. Cuando no se padecía la ocupación directa, los embajadores de los Estados Unidos se comportaban como verdaderos procónsules. En esas condiciones, aquellos jóvenes descubren, deslumbrados, a Martí y a su prédica antimperialista, la cual fue subrayada por un hombre de la anterior generación que se vinculó a esta: Emilio Roig de Leuchsenring. El año decisivo de la eclosión fue 1923, cuando se produjo la Protesta de los Trece, en la que un grupo de intelectuales encabezados por Rubén Martínez Villena denunció una maniobra corrupta del gobierno de turno y expresó su total desacuerdo con el régimen imperante. Aquel año 1923, también, Julio Antonio Mella encabezó la Reforma Universitaria; comenzó a reunirse el que sería conocido como Grupo Minorista, formado por intelectuales de orientación de izquierda; se crearon la Falange de Acción Cubana y el Movimiento de Veteranos y Patriotas, con la voluntad de adecentar y liberar al país, y la Universidad Popular José Martí, volcada hacia el proletariado. Dos años después, Mella, de intenso dinamismo y análisis drásticos (según lo muestran ensayos suyos como «Cuba, un país que jamás ha sido libre»), quien ya había impulsado la Liga Antimperialista, estuvo entre los fundadores del Primer Partido Comunista Cubano, tras de lo cual fue obligado al destierro, y se creó la Confederación Nacional Obrera de Cuba. En 1927, en el número inicial de la revista de Rubén *América Libre*, apareció el primer análisis marxista sobre Martí, debido a Mella. A partir de ese texto fundador, en el movimiento comunista cubano el marxismo genuino aparecerá constantemente permeado del ideario martiano. Ese año ingresó en el Partido Comunista el propio Rubén, y contribuyó a escribir «Cuba, factoría yanqui» (que Mella llevaría al Congreso Antimperialista de Bruselas) y la «Declaración del Grupo Minorista», donde se planteó que entre otros fines el Grupo laboraba «por la independencia económica de Cuba y contra el imperialismo yanqui». Pero tal «Declaración», motivada por la traición de un miembro del Grupo, fue también su canto de cisne. El país, intensamente politizado, iba a intentar «la revolución pospuesta», en principio contra la tiranía de Gerardo Machado, pero más allá de esta meta, con orientaciones antimperialistas y de justicia social, como correspondía a la auténtica herencia martiana, lo que dividió las aguas. En 1929 fue asesinado Mella en México por sicarios de Machado. El 30 de septiembre de 1930 los estudiantes universitarios, que ya habían mostrado su insurgencia en varias ocasiones después de 1923, sobre todo en 1927, salieron en manifestación de protesta en la que cayó abatido uno de ellos, y fue encarcelado el profesor Juan Marinello, brillante ensayista y futuro presidente del partido de los comunistas. Raúl Roa será el cronista mayor de la jornada, que años después iba a ser evocada por uno de los manifestantes, José Lezama Lima, en su novela *Paradiso*. A la agitación obrera se sumaba la estudiantil. Numerosos documentos, y sobre todo cuantiosas acciones daban fe de la efervescencia que se experimentaba, a la cual el gobierno respondía con medidas cada vez más sanguinarias. El creciente enfrentamiento anunciaba la inminente caída del régimen.

Ante esta realidad, el gobierno de los Estados Unidos envió en mayo de 1933 como embajador a Benjamin Sumner Welles, con la finalidad de impedir el estallido de un brote revolucionario. Se trató de lo que se conoce en Cuba como «la Mediación» por excelencia, bien estudiada en «La misión Welles» por Carlos Rafael

Rodríguez en 1957, cuando se temía que algo similar pudiera repetirse. Welles maniobró astutamente, y si no pudo impedir que una huelga general auspiciada por los comunistas obligara a Machado a abandonar el país el 12 de agosto de aquel año 1933, logró que de momento se implantara un gobierno fantoche. Pero el 4 de septiembre una revuelta de sargentos y grupos estudiantiles lo derrocó y, después de algunos tanteos, estableció durante cien días el único gobierno cubano que hasta 1959 intentara remover la estructura colonial de la República. Ese gobierno lo presidía el nacional reformista Ramón Grau San Martín, pero tenía como fuerza impulsora al nacional revolucionario Antonio Guiteras. Los Estados Unidos retiraron a Welles, negaron su reconocimiento y rodearon la Isla de buques de guerra. Por desgracia, aquel gobierno, el cual tomó medidas indudablemente progresistas, como la nacionalización de empresas estadunidenses, e hizo posible la abrogación de la Enmienda Platt, no contó con el apoyo de la mayoría de los grupos revolucionarios del país, que no comprendieron la naturaleza del nuevo régimen. Mientras tanto, «un sargento llamado Batista», según lo nombrara Welles, surgido a la historia el 4 de septiembre de 1933, y hecho hombre fuerte del ejército, se entregó a los yanquis, traicionó el movimiento y lo hizo abortar en enero de 1934. Un nuevo Tratado de Reciprocidad Comercial acordado con los Estados Unidos en agosto de ese año volvió a uncir a Cuba a aquellos, aunque no existiera la Enmienda Platt. Ya había advertido Enrique José Varona que la Doctrina Monroe hacía innecesaria tal Enmienda, como tantos países de la zona experimentaron. Batista no solo nombró, en connivencia con Wáshington, sucesivos gobiernos títeres, sino que implantó el terror, aplastó en sangre una huelga en marzo de 1935 e hizo asesinar a Guiteras, quien en 1934 había fundado el movimiento Joven Cuba, cuyo programa sostenía como «idea polar de *nuestra orientación: para que la ordenación orgánica de Cuba en Nación, alcance estabilidad, precisa que el Estado cubano se estructure conforme a los postulados del Socialismo.* Mientras, Cuba estará abierta a la voracidad del imperialismo financiero». Se había clausurado un ciclo revolucionario, sobre el cual en 1995 Lionel Soto daría una visión de conjunto en *La revolución precursora de 1933. Un momento trascendental en la continuidad revolucionaria de José Martí.*

En la época inmediatamente posterior, usufructuando con malicia el nombre del partido martiano y el recuerdo de la gestión revolucionaria de Guiteras, creció el Partido Revolucionario Cubano, que se decía Auténtico. Por otra parte, influidos por la solidaridad con la República Española, y en general el movimiento antifascista mundial (que también se manifestaba en zonas del gobierno de Roosevelt), se desarrollaron en el país fuerzas de izquierda, incluso comunistas. Hechos así viabilizaron una Asamblea Constituyente que en 1940 acordó una Constitución de rasgos progresistas. Ese año, dentro del criterio de los Frentes Populares, Batista fue electo presidente con el apoyo de partidos muy diversos y hasta antagónicos. En 1944, también en elecciones, llegaron al poder los auténticos, quienes pronto se revelaron tan corruptos como Batista, lo que llevó al prestigioso líder Eduardo Chibás a romper con ellos y crear el Partido del Pueblo Cubano, llamado Ortodoxo. Su lema «Vergüenza contra dinero» podría parecer un programa escueto, pero la desaforada corrupción le daba fuerza particular, y atrajo a las masas. Además, el nuevo partido albergaba, entre varias tendencias, una izquierda independiente que se hacía sentir sobre todo en su Juventud, a la cual pertenecía Fidel Castro. Chibás, un dirigente carismático como el colombiano Gaitán, se suicidó en 1951 ante el micrófono de su hora radial para despertar, con lo que llamó su «último aldabonazo», la conciencia de la nación. En 1952 se produjo un golpe de Estado proimperialista de Batista, dirigido sobre todo contra el triunfo electoral, que se daba por seguro, de la Ortodoxia en las elecciones convocadas para ese año.

Se abrían condiciones para intentar de nuevo «la revolución pospuesta». El 26 de julio de 1953, jóvenes en su casi totalidad ortodoxos, encabezados por Fidel, asaltaron dos cuarteles en Oriente. Detenido, Fidel proclamó que el autor intelectual era José Martí, lo que reiteró en su autodefensa, devenida programa de la revolución naciente: *La historia me absolverá*. Su Movimiento 26 de Julio, unido a otras fuerzas como el Directorio Revolucionario 13 de Marzo y el Partido Socialista Popular (comunista), tras años de luchas en la Sierra y el Llano, lograron derrocar la tiranía el primero de enero de 1959.

La hostilidad del gobierno de los Estados Unidos no se hizo esperar, y alcanzó violencia particular cuando se emitió, en mayo de ese año, la ley de Reforma Agraria, que inevitablemente afectó intereses norteamericanos. A las iniciales campañas de prensa las siguieron una guerra económica que pronto asumió forma de bloqueo, maniobras diplomáticas, agresiones varias. Cuba respondió en numerosos discursos apasionados y razonadores de sus dirigentes, sobre todo Fidel, y notas vibrantes como las que redactó su canciller, Roa. Empujada por la brutal presión yanqui y movida por su voluntad de liberación verdadera, la Revolución, según lo había previsto Guiteras, fue moviéndose hacia posiciones socialistas. Al dirigirse al Congreso de Juventudes reunido en La Habana, el Che Guevara explicó el 28 de julio de 1960: «si a mí me preguntaran si esta revolución que está ante los ojos de ustedes es una revolución comunista [...] vendríamos a caer en que esta revolución, en caso de ser marxista [...] será porque descubrió también, por sus métodos, los caminos que señalara Marx».

Consecuente con este descubrimiento (y con las transformaciones estructurales que en respuesta a la hostilidad estadunidense el país había ido realizando, como las nacionalizaciones de las grandes empresas), Fidel leyó al pueblo el 2 de septiembre de ese año 1960 la que vendría a ser primera *Declaración de La Habana*, donde estaba virtualmente expresado el carácter socialista que había asumido la Revolución. Algo más de un mes después, el 8 de octubre, el Che publicó sus «Notas para el estudio de la ideología de la Revolución Cubana», aun más explícitas. Y el 16 de abril de 1961, en el entierro de las víctimas de los bombardeos estadunidenses a la Isla que preludiaron la invasión mercenaria del 17 de abril, Fidel proclamó en dramático discurso: «Eso es lo que no pueden perdonarnos: [...] ¡que hayamos hecho una revolución socialista en las mismas narices de los Estados Unidos! [...] Compañeros obreros y campesinos: esta es la revolución socialista y democrática de los humildes, con los humildes y para los humildes.» Cuando, aduciéndose el carácter marxista de su régimen, Cuba fue expulsada de la Organización de Estados Americanos en 1962, respondió con la *Segunda Declaración de La Habana*, más radical que la primera.

Lejos de escarmentar por la derrota que se les infligiera en Playa Girón (ellos prefieren hablar de Bahía de Cochinos), los Estados Unidos urdieron nuevas maniobras agresivas ese mismo año 1962, lo que obligó a Cuba a aceptar la proposición soviética de instalar cohetes atómicos en la Isla para su defensa. El resultado fue la conocida Crisis de Octubre de 1962, que puso al mundo al borde de la colisión nuclear. Cuando los soviéticos decidieron unilateralmente retirar los cohetes y aceptar la inspección demandada por los Estados Unidos (y terminantemente rechazada por Cuba), la respuesta cubana fue el plan de cinco puntos planteados por Fidel como única solución verdadera a la Crisis y sus causas. (Sobre el desarrollo de la Revolución Cubana, en 1966 Carlos Rafael Rodríguez escribiría «Cuba en el tránsito al socialismo, 1959-1963».) En marzo de 1965 apareció *El socialismo y el hombre en Cuba*, del Che, y en octubre de ese año, al dar a conocer la composición del Comité Central del nuevo Partido Comunista de Cuba, Fidel leyó la carta de despedida que le había dejado el Che, quien había salido a pelear a «otras tierras del mundo». Pero se tardaría un tiempo en hacerse pública su actuación guerrillera fuera de Cuba, primero en el Congo y luego en Bolivia, donde sería asesinado en octubre de 1967. Aunque fueron muchísimos los cubanos que participaron en tareas similares, la del Che quedaría como la figura emblemática del internacionalismo de la Revolución Cubana, internacionalismo cuyas raíces también se remontan a Martí, quien había planteado: «Patria es humanidad»; y se reiteraría en las conductas de Mella, Rubén, Guiteras o el millar de voluntarios cubanos que, como Pablo de la Torriente, fueron a defender la agredida República Española. Ante el feroz comportamiento del imperialismo estadunidense y sus cómplices en numerosos países latinoamericanos, Cuba favoreció el entrenamiento y envío de guerrillas, que serían aplastadas implacablemente por el nuevo imperio (como también lo fue el gobierno del socialista Allende en Chile, que había llegado al poder en elecciones convencionales). En África, sin embargo, donde había antecedentes como el del Che en el Congo, la presencia cubana hizo posible ayudar a Angola, favorecer la independencia de Namibia, contribuir a la extinción del *apartheid* en África del Sur (esto último lo ha proclamado noble y valientemente Nelson Mandela), además de proveer de muchísimos médicos, maestros y otros trabajadores.

Percibiendo en los países europeos que se decían socialistas deformaciones sobre las que había advertido el Che, y su influencia negativa en el país, a mediados de los años ochenta Cuba inició un proceso de rectificación. Pero los hechos se precipitaron, y aquellas deformaciones, como se sabe de sobra, hicieron extinguir al llamado campo socialista europeo, con el cual, debido al bloqueo, mantenía abundantes nexos económicos Cuba, que estableció entonces un «período especial en tiempo de paz», para hacer frente a la grave situación. La misión internacionalista de Cuba, afirma Fidel, es ahora salvar su Revolución. Por su parte, los Estados Unidos han recrudecido su bloqueo (abrumadoramente rechazado por la

Asamblea General de las Naciones Unidas) con hechos aberrantes, como la Ley Helms Burton, que pretende obligar al mundo entero a someterse a su política de hostigamiento bárbaro contra Cuba. Ricardo Alarcón ha desenmascarado esta heredera particularmente sañuda de la Enmienda Platt y otras medidas agresivas. Cuba bracea por afirmarse en medio de un ambiente hostil, que no le ha impedido restablecer relaciones diplomáticas con casi todos los países americanos, multiplicar sus nexos económicos, salvaguardar su independencia, sus conquistas, su dignidad. El 14 de mayo de este año, a un siglo de aquel 1898 infausto, al hablar en Ginebra con motivo del quincuagésimo aniversario de la Organización Mundial de la Salud, dijo Fidel:

> Cuba, con una mortalidad infantil de 7,2 por mil nacidos vivos en el primer año de vida; un médico cada ciento setenta y seis habitantes, que es el más elevado índice del mundo, y una perspectiva de vida que rebasa los setenta y cinco años, cumplió ya desde 1983 el Programa de Salud para todos en el Año 2000. A pesar del cruel bloqueo que sufre desde hace casi cuarenta años, a pesar de ser un país pobre del Tercer Mundo. El intento de practicar el genocidio contra nuestro pueblo nos hizo multiplicar nuestras fuerzas y nuestra voluntad de vivir. ¡El mundo también puede luchar y vencer!

3

# Haydee entre el fuego y la luz*

*A las compañeras Vilma Espín y Melba Hernández*
*y al compañero Julio Martínez Páez, que tanto amaron a Haydee*
*y que me honraron asistiendo a la lectura de estas páginas.*

*A las compañeras y los compañeros de la Casa de las Américas.*

«Las grandes ideas y las grandes acciones son la familia natural de un hombre grande». Estas palabras las escribió el Maestro de Haydee Santamaría y de todos nosotros, José Martí, y las citó un sabio que a veces llamó hija a Haydee y a quien Haydee a veces llamó padre: Ezequiel Martínez Estrada. Y ahora que tengo el honor de decir de nuevo algunas cosas sobre Haydee, la sentencia martiana surge ante mí como un estandarte. Desde luego, cuando en esas palabras Martí escribe «hombre», se está refiriendo al ser humano en general, por lo que su juicio, en este caso particular, puede, o mejor debe leerse así: Las grandes ideas y las grandes acciones son la familia natural de una mujer grande. Y no cabe la más remota duda de que el ser humano de excepción cuya memoria nos convoca esta tarde fue una mujer grande, digna de que la mano sola y trágica de José Clemente Orozco la hubiera pintado ardiendo junto al hombre en llamas bajo el cual, en el Hospicio Cabañas de Guadalajara, los mandatarios iberoamericanos acaban de

---

\* Palabras leídas en el Museo de la Revolución, La Habana, el 24 de julio de 1991.

tener un encuentro fértil, en el que la gallarda presencia de Fidel hubiera llenado a Haydee una vez más de amoroso orgullo.

Como durante años tuve uno de los mayores privilegios de mi vida al trabajar bajo la orientación directa de Haydee, estrechamente unido a ella; y como incluso mientras vivía escribí la breve introducción (sin firma) de su testimonio sobre el Moncada publicado en 1967, y una semblanza suya, y le dediqué uno de mis libros (otro, que conoció inédito, y que nos llevaría a viajar a Nicaragua a ella, a Silvia Gil y a mí en febrero de 1980, lo dedicaría, a raíz de su muerte, a su «clara y apasionada memoria»), no tiene ningún sentido que busque decirle cosas distintas. Lo que durante su vida despertó en mí es lo que hoy despierta. Cuando empecé a frecuentarla, no obstante sus «relámpagos de risa», tenía ya la majestad de una gran muerta; y esta tarde en que no puede escucharnos, me parece (perdónenme ustedes) no menos sino más viviente que nosotros.

Un día, conversando de cosas triviales (al menos eso creía yo), Haydee me pidió de repente que alguna vez hablara ante su tumba. Me turbó, claro, como solía hacer. Durante un momento yo había olvidado que, por debajo o por encima de las palabras que cruzaba con nosotros, ella andaba siempre dialogando con sus muertos, que llevaba dentro, con la muerte. Ignoro si entre las tantísimas lecturas silvestres que hizo (con frecuencia de claro en claro, como el señor de La Mancha) leyó a Unamuno: sé que hubiera encontrado natural la agónica meditación sobre la muerte del atormentado vasco; pero también sé que sin duda se hubiera encontrado más a gusto con otra gran mujer, de talante similar al de ella, que también junto a un hermano leyó de hazañas justicieras y soñadoras, y pretendió acometerlas, y en su tiempo hizo lo que para su tiempo era renovador y valiente, y como la cubana amando tanto la vida anheló la muerte, y en el siglo se llamó Teresa de Ahumada, y se la conoce como Santa Teresa de Jesús. De Martí se sabe que leyó a la madraza de Ávila fervorosamente: el padre de la crítica hispanoamericana de este siglo, Pedro Henríquez Ureña, afirmó en 1905, con apenas veintiún años, que el estilo martiano «en ocasiones tiene la intensidad emocional de Teresa de Jesús», y un cuarto de siglo más tarde añadió que Martí escribía «con el candor de Santa Teresa, de quien aprendió que no tiene por qué refrenarse el que siente como debe»; en 1930 otra madraza, Gabriela Mistral, dijo a propósito de Martí: «Pensemos, aunque la comparación nos parezca a primera vista absurda, en un Víctor Hugo corregido de su exageración y de su garganta trompetera por un trato diario y enseñador de la Santa Teresa doméstica y voluntariamente vulgar»; y en 1941 Juan Marinello, el inolvidable maestro comunista, desarrollando tales observaciones dedicó páginas profundas a lo que llamó «lo teresiano» en Martí, subrayando similitudes entre la española y el cubano en aspectos como el misticismo, «el placer de sufrir», «el querer de la muerte» y la «íntima tragedia del amor vestido de uniforme».

Este indudable costado martiano fue una nueva razón, una nueva razón del corazón, para que Haydee se sintiera tan identificada con el Maestro. No todos los que lo admiran, incluyendo compañeros de muchísimos quilates, han compartido algunas facetas de nuestro Apóstol, como ese «querer de la muerte» que revela no solo en páginas íntimas (así algunos de sus apuntes y algunas de sus cartas a Mercado, sus impresionantes cartas últimas a Carmen Mantilla y sus hijos, ciertos pasajes de su diario de campaña), sino en numerosos textos públicos escritos o dichos a lo largo de su vida breve y electrizante. Martí desde su más temprana edad anduvo «requebrando a la muerte», como según Antonio Machado hiciera Federico camino del martirio. Los ejemplos se agolpan. Cómo no recordar aquella estrofa de los *Versos sencillos*: «Gocé una vez, de tal suerte, / Que gocé cual nunca: —cuando / La sentencia de mi muerte / Leyó el alcaide llorando»: estrofa que de inmediato trae a la memoria el conocido poema teresiano en el cual va repitiéndose a modo de campanadas el verso «Que muero porque no muero». O aquella exclamación «cerca del final presentido», como dijo Marinello: «La muerte es júbilo, reanudación, tarea nueva. ¡Muerte! ¡Muerte generosa! ¡Muerte amiga!» (Al evocar estas citas martianas, recuerdo que Marinello mismo había escrito en uno de sus hermosos poemas: «La muerte debe tener / miel ignorada.»)

Y bien: estas son lo más cercano que hoy puedo dar a las palabras que Haydee, sobresaltándome, me pidiera para ser dichas ante su tumba, y que como se oirá voy a enriquecer con palabras de otros. Es verdad que no estamos ante su tumba. Pero en este Museo de la Revolución se guardan fielmente recuerdos de numerosísimos hermanas y hermanos que la han hecho posible, y en consecuencia este es también, en cierto sentido, el lugar actual de ella, aunque no se encuentre en estas salas (cuya noble función, según hace el fuego, las ha saneado de las miasmas de ayer) el «polvo enamorado» de la linda y fiera muchacha de Encrucijada.

Creo que nunca, y mucho menos en circunstancias como esta, he querido ser original en el sentido de novelero: lo que he querido, lo que quiero es ser fiel a los orígenes, que es cosa bien distinta. Y en el caso de Haydee, sus orígenes remiten a los del alma misma de la patria: la patria chica, Cuba, y la patria grande, «nuestra América», como nos la nombró Martí.

De hecho, la vida de Haydee arranca de un pequeño lugar del centro de Cuba, y marcha hacia el centro de la historia: los asaltos del 26 de julio de 1953, aquellos acontecimientos que hicieron buenas las palabras de Fidel cuando en *La historia me absolverá* dijera:

> En Oriente se respira todavía el aire de la epopeya gloriosa, y al amanecer, cuando los gallos cantan como clarines que tocan diana llamando a los soldados y el sol se levanta radiante sobre

las empinadas montañas, cada día parece que va a ser otra vez el de Yara o el de Baire.

En una dedicatoria que ella me mostró una tarde iluminada, el poeta Cintio Vitier, quien la comprendió en lo hondo como ha comprendido tantas cosas de Cuba, le dijo que a Haydee la veía «siempre en la madrugada fundadora». Así, en ese instante de gloria y dolor supremos en que volvieron a arder Yara y Baire, vivió el resto de su vida. Y al conocerse hechos de su existencia anterior a esa fecha, por ejemplo algunos de su infancia que evidentemente contó a su hermana de lucha y esperanza Melba Hernández (acaso en los días y noches de la cárcel), y que Melba conservó y trasmitió como los tesoros que son, comprendemos que de alguna manera, aparentemente a ciegas pero en realidad guiada por una rara brújula, Haydee se había ido preparando para ese encuentro terrible y fulgurante con la historia.

Aunque no pretendo evocar de nuevo todos los detalles de su vida, bien conocida por los presentes, e incluso por incontables mujeres y hombres a lo largo del Continente y del planeta, no puedo dejar de evocar algunas cosas. Como que la niña que quiso ser mamá al igual que una de las gallinas de su casa y afrontó por ello los picotazos airados del animalito, y la que años más tarde, siendo hija de españoles, se inventó un abuelo mambí, una vez que en la escuelita de su batey un maestro de verdad le enseñara cómo se había hecho nuestra patria; la adolescente que rechazó sin contemplaciones las maniobras del cacique local; la muchacha que padeció por el asesinato del gran dirigente obrero de la zona, el comunista Jesús Menéndez, y, asqueada de la sentina que era la seudorrepública y atraída por la denuncia implacable que de ella hacía Eddy Chibás y por su consigna «Vergüenza contra dinero», militó junto a su hermano Abel en las filas de la Juventud Ortodoxa, estaba creciendo hacia la llamarada de la que surgiría la etapa decisiva de un proceso liberador que ya tiene más de cien años.

De la lucha contra el golpe militar del 10 de marzo de 1952, de su encuentro con Fidel, de los preparativos de lo que iba a ser el 26 de julio, de la «madrugada fundadora», conversó varias veces ella misma; de la conducta de Haydee a raíz del asalto y la masacre, habló en primer lugar y para siempre, con la autoridad moral que tiene para ello, el compañero Fidel, en aquellas líneas imborrables de *La historia me absolverá*:

> Con un ojo humano ensangrentado en las manos se presentaron un sargento y varios hombres en el calabozo donde se encontraban las compañeras Melba Hernández y Haydee Santamaría, y dirigiéndose a esta última, mostrándole el ojo, le dijeron: «Este es de tu hermano, si tú no dices lo que él no quiso decir, le arrancaremos el otro.» Ella, que quería a su valiente hermano por encima de todas las cosas, les contestó llena de dignidad: «Si ustedes le arrancaron un ojo y él no lo dijo, mucho menos lo diré yo.» Más tarde volvieron y las quemaron en los brazos con colillas encendidas, hasta que por último, llenos de despecho, le dijeron nuevamente a la joven Haydee Santamaría: «Ya no tienes novio porque te lo hemos matado también.» Y ella les contestó imperturbable otra vez: «Él no está muerto, porque morir por la patria es vivir.» Nunca fue puesto en un lugar tan alto de heroísmo y dignidad el nombre de la mujer cubana.

En aquellos instantes, Haydee no solo sabe que ha perdido de modo espantoso a su hermano del alma y a su novio, sino que ignora aún si el propio Fidel vive. Está sola, con Melba, ante el horror, obligada a sacar las fuerzas de sus entrañas. Las sacará, como si en un parto descomunal naciera de sí misma. Aquella muchacha ya no volverá a ser la de antes, y, sin embargo, se ha vuelto ella de manera única.

Pero el Moncada, como se sabe, no fue solo una batalla militar: fue también una batalla jurídica, y —sobre todo— una batalla política. Si la primera, a la que siguió una atroz carnicería, terminó en derrota para los atacantes, en cambio las otras dos, estrechamente unidas en un momento, les significaron triunfos definitivos. El revés de las armas empezó a mostrar en ellas un rostro de victoria. Por eso se ha destacado con razón la enorme importancia que tuvo el juicio contra los asaltantes, gracias al cual estos últimos, de acusados, se convirtieron en valientes e implacables acusadores del régimen. En este combate, que culminó soberanamente con *La historia me absolverá*, desempeñó un papel fundamental Haydee. Sobreviviente de las masacres, testigo de las torturas que le arrancaron de manera horrible a los seres más queridos, su declaración sería definitiva. Marta Rojas, que asistió como periodista al juicio, ha contado cómo, al gritar el alguacil «¡Haydee Santamaría Cuadrado!»,

> el enunciado de ese nombre provocó en la Sala una intensa emoción, toda vez que ella era considerada por todos los miembros del Tribunal como el principal testigo de descargo, después de Fidel; y para Chaviano y su gavilla constituía un verdadero peligro, ya que Haydee había sido testigo presencial de las peores infamias cometidas por los guardias el 26 de julio.

«Haydee, vestida de negro, seria, muy seria, sin estar tensa», dirá después Marta, dio fe de los hechos atroces, serena y firmemente, ante los jueces.

Al terminar el juicio, que daría a conocer los ideales y el temple de «la generación del Centenario» de Martí, Haydee y Melba fueron condenadas a siete meses de prisión en la cárcel de Guanajay. Dura les fue, desde luego, la cárcel. Ya antes de la condena formal las habían situado un tiempo entre presos comunes, con el propósito de que estos las agraviaran. Pero esos delincuentes fueron con ellas más cuidadosos y tiernos que los otros, los delincuentes sanguinarios que detentaban el poder. Y ahora, con la formidable intervención de todos los compañeros en el juicio, había cobrado mayor aliento aún el proceso insurreccional, y ellas tenían nuevas tareas asignadas para la salida. Lecturas numerosas llenarían las horas de esa «universidad del revolucionario» que es la cárcel. Mientras Fidel hace otro tanto en su prisión de la Isla de Pinos, Haydee, en la cárcel de Guanajay donde al cabo se las traslada, lee de nuevo y comenta las obras completas de Martí: se conservan los tomos escritos en los márgenes con su letra de muchachita.

En 1954 están en la calle. Su primera misión es divulgar clandestinamente el *Mensaje a Cuba que sufre*, manifiesto en que Fidel explica al pueblo cómo fueron bestialmente asesinados sus hermanos. Y pronto, la misión más trascendente: editar y distribuir *La historia me absolverá*, que Fidel ha reconstruido y hecho salir de la cárcel hoja a hoja. Millares de ejemplares recorren el país, y aun van al extranjero, con el impresionante material.

Al otro año llegará la libertad para Fidel, Raúl, Almeida, Ramiro, Montané y los demás sobrevivientes. «Fue vivir otra vez», dirá Haydee. Una foto dramática recoge el encuentro conmovedor: Haydee apoya en el pecho de Fidel la cabeza, después que los desesperados ojos ávidos han buscado, entre los rostros radiantes de los que salen, los rostros ya imposibles de Abel y de Boris.

Con Fidel en la calle, el proceso será indetenible. Así como aquella vanguardia tenía un orientador —Martí— y un guía —Fidel—, tiene ya un nombre, que es una consigna: Movimiento 26 de Julio, en cuya Dirección Nacional figurará Haydee. Cuando Fidel parte a México, a organizar lo que al cabo será la expedición del *Granma*, Haydee pasa a la vida clandestina, con el nombre de *María*.

A finales de 1956, en espera de la inminente llegada del *Granma*, Haydee viaja a Santiago de Cuba. El 30 de noviembre está entre los organizadores del alzamiento en aquella ciudad, que precede por breve tiempo al desembarco, y estremece a la Isla. Replegados en una casona, cuando ya el tiroteo llega a su fin, Haydee recuerda las horas fatídicas del hospital junto al Moncada, donde fue detenida con Abel, Melba, Raúl Gómez García y otros compañeros el

26 de julio de 1953. No hay que permanecer allí, sino intentar por todos los medios escapar. Así lo hacen. Con ella están compañeros nuevos, como dos magníficos muchachos de Santiago: Frank País (*David*) y Vilma Espín (*Débora*); y también un inquieto abogado que conoció en el clandestinaje y con quien hace unos meses se ha casado: le dicen *Jacinto*, y es Armando Hart.

La vida del matrimonio será por supuesto azarosa. Hart, que ha protagonizado una espectacular fuga en la Audiencia de La Habana, es tan buscado por la policía como ella. En las ciudades tendrán que verse apenas unos días de una casa en otra, entre una y otra misión. También coincidirán alguna vez en la Sierra Maestra, donde Haydee rencontrará compañeros entrañables, como Fidel y Celia Sánchez, y conocerá otros: entre ellos, a aquel con quien intercambia las salidas zumbonas y la medicina contra el asma: el Che. Una de esas veces, al bajar de la Sierra con una misión, Hart es detenido y encarcelado, después de una peligrosa odisea, en la Isla de Pinos. Poco después, la Dirección del Movimiento envía a Haydee al extranjero, con tareas arduas que también realizará con éxito.

Cuando el primero de enero de 1959 la Revolución llega al poder, Haydee, de vuelta a Cuba, es nombrada directora de la recién creada Casa de las Américas. Al fin puede tener, además, un hogar, donde le nacerán dos hijos, y donde otros niños de nuestra América serán acogidos como tales.

Quien fuera miembro de la Dirección Nacional del 26 de Julio, lo será luego, al fusionarse las organizaciones revolucionarias, de la Dirección Nacional del Partido Unido de la Revolución Socialista; y el 3 de octubre de 1965, aquella noche inolvidable en que Fidel hizo pública en su voz la carta de despedida que le dejara el Che cuando partió hacia «otras tierras del mundo», después de haberse anunciado la constitución del Comité Central del Partido Comunista de Cuba, el nombre de Haydee estaba por supuesto allí, y tal condición le sería ratificada hasta su muerte, como también sería hasta entonces miembro del Consejo de Estado.

Cuando dije que los orígenes de Haydee remiten igualmente a los del alma misma de la patria grande, «nuestra América», pensaba, como es de suponer, en el hecho de que a la seguidora sin vacilaciones de José Martí, a la compañera fraternal de Fidel y el Che (todos, ciudadanos raigales del Continente), la Revolución le encomendó importantísimas responsabilidades latinoamericanas. Es harto sabido que hizo la Casa de las Américas y trazó los que hasta hoy son sus lineamientos básicos. Siguiendo sus apasionadas y lúcidas orientaciones, la Casa ha cumplido una tarea esencial de afirmación, defensa y difusión de los genuinos valores de nuestra América. Y con espíritu similar Haydee presidió la conferencia de la Organización Latinoamericana de Solidaridad (OLAS), que tuvo lugar en La Habana entre el 31 de julio y el 10 de agosto de 1967. Quienes tuvimos el honor de participar en ella no olvidaremos la dinámica y febril actividad de Haydee antes y a lo largo de esa conferencia; ni olvidaremos que al abrirse el telón el día inaugural aparecía al fondo una enorme efigie del Libertador Simón Bolívar, y que al ocurrir otro tanto el día de la clausura, la efigie era del Che, quien en esos momentos combatía al frente del que se proponía llegar a ser un nuevo ejército bolivariano.

Cuántos recuerdos se amontonan al evocar los años compartidos con Haydee. Qué maravilla (lo he dicho ya antes, como muchas de estas cosas) haber visto y oído a aquella mujer toda pueblo dialogar con numerosísimos escritores y artistas de nuestra América, para quienes fue siempre como el espejo de la fábula china: los mediocres no podían reconocer su grandeza, pues tal reconocimiento le estaba reservado a los grandes: grandes de alma, por supuesto. Me limitaré a un ejemplo, entre los incontables que podría aducir. Pocos seres he conocido tan refinados, talentosos, honestos y buenos como Julio Cortázar. Y qué espectáculo haber asistido al diálogo entre la deslumbrante Haydee y aquel argentino deslumbrante. Un diálogo, por cierto, que a menudo parecía más un monólogo, porque el dueño de las palabras fascinantes prefería escuchar, fascinado, sobrecogido, el fluir de la conversación inagotable que brotaba de aquella mujer, una conversación donde las piedras de todos los días se cruzaban con centellas de sibila. (El número que la revista *Casa* dedicó a Julio a raíz de su muerte trae no pocas páginas admirables que él enviara a Haydee.)

Y ya que hace unas líneas evoqué el congreso de OLAS y la gesta del Che en Bolivia, también quiero traer aquí una tarde de octubre de 1967. Me había reunido con Haydee en la Casa de las Américas para conversarle de algunas cuestiones de la revista. Cuando agotamos esos temas, le pregunté sobre la posible veracidad de los cables que en el mundo entero hablaban de la caída del Che. Yo suponía, le dije, que la noticia debería ser falsa, como tantas referidas a nosotros a lo largo de tantos años. Haydee no me respondió. Como si fuera una niña, la niña que nunca dejó de ser, rompió a llorar sin parar. Ni se tomó el trabajo de llevarse las manos a la cara. Tuve que ponerle yo mismo mi pañuelo. Y al cabo de un rato empezó a musitar: «Abel, Frank, Che: ya no puedo más.» Pero cómo tratar de rehacer con mis palabras desdibujadas lo que ella supo fijar en líneas que parecen manar de la abulense. Me refiero, es natural, a la carta que ese mismo mes dirigió a una sombra, a una luz, y apareció al frente del número que la revista *Casa* dedicó al héroe:

> Che: ¿dónde te puedo escribir? Me dirás que a cualquier parte, a un minero boliviano, a una madre peruana, al guerrillero que está o no está pero estará. Todo esto lo sé, Che, tú mismo me lo enseñaste, y además esta carta no sería para ti. Cómo decirte que nunca había llorado tanto desde la noche en que mataron a Frank, y eso que esta vez no lo creía. Todos estaban seguros, y yo decía: no es posible, una bala no puede terminar el infinito, Fidel y tú tienen que vivir, si ustedes no viven, cómo vivir. Hace catorce años veo morir a seres tan inmensamente

queridos, que hoy me siento cansada de vivir, creo que ya he vivido demasiado, el sol no lo veo tan bello, la palma, no siento placer en verla; a veces, como ahora, a pesar de gustarme tanto la vida, que por esas dos cosas vale la pena abrir los ojos cada mañana, siento deseos de tenerlos cerrados como ellos, como tú. // Cómo puede ser cierto, este continente no merece eso; con tus ojos abiertos, América Latina tenía su camino pronto. Che, lo único que pudo consolarme es haber ido, pero no fui, junto a Fidel estoy, he hecho siempre lo que él desee que yo haga. ¿Te acuerdas?, me lo prometiste en la Sierra, me dijiste: no extrañarás el café, tendremos mate. No tenías fronteras, pero me prometiste que me llamarías cuando fuera en tu Argentina, y cómo lo esperaba, sabía bien que lo cumplirías. Ya no puede ser, no pudiste, no pude. Fidel lo dijo, tiene que ser verdad, qué tristeza. No podía decir «Che», tomaba fuerzas y decía «Ernesto Guevara», así se lo comunicaba al pueblo, a tu pueblo. Qué tristeza tan profunda, lloraba por el pueblo, por Fidel, por ti, porque ya no puedo. Después, en la velada, este gran pueblo no sabía qué grados te pondría Fidel. Te los puso: *artista*. Yo pensaba que todos los grados eran pocos, chicos, y Fidel, como siempre, encontró los verdaderos: todo lo que creaste fue perfecto, pero hiciste una creación única, te hiciste a ti mismo, demostraste cómo es posible ese hombre nuevo, todos veríamos así que ese hombre nuevo es una realidad, porque existe, eres tú. Qué más puedo decirte, Che. Si supiera, como tú, decir las cosas. De todas maneras, una vez me escribiste: «Veo que te has convertido en una literata con dominio de la síntesis, pero te confieso que como más me gustas es en un día de año nuevo, con todos los fusibles disparados y tirando cañonazos a la redonda. Esa imagen y la de la Sierra (hasta nuestras peleas de aquellos días me son gratas en el recuerdo) son las que llevaré de ti para uso propio.» Por eso no podré escribir nunca nada de ti y tendrás siempre ese recuerdo. // Hasta la victoria siempre, Che querido. // Haydee

En lo adelante, como ya he empezado a hacer, pasaré la palabra a otros, aunque entre esos otros alguna vez esté también un hilo de mi voz.

Me es inevitable, por razones de tiempo, dar un gran salto y llegar a la interminable noche que empezó en la tarde del 28 de julio de 1980 y terminó en la tarde del día siguiente. Cuando aquella noche entré desolado en la funeraria donde el cadáver de Haydee estaba tendido, encontré a las trabajadoras y los trabajadores de la Casa de las Américas, encabezados por esa bandada de muchachas que he visto encanecer, y a muchísimos otros compañeras y compañeros, perplejos, vacíos. Entre quienes trabajábamos entonces en la Casa había uno que era sin duda aquel por quien Haydee sentía más afecto: un día me dijo que le recordaba a su padre. Ese compañero, quien no solo era un notable artista plástico que había acompañado a José Lezama Lima en su faena cultural de resistencia y creación, sino que también estaba orgulloso de su vida de revolucionario comunista que se remontaba a la adolescencia, era bronco en su exterior, lo que acaso se debía, pensábamos, a su recia ascendencia isleña: ese compañero, por supuesto Mariano, estaba anegado en lágrimas, cosa que impresionaba más por tratarse de un roble, y anegado en lágrimas estuvo hasta el último momento. «Nada más triste que un titán que llora», escribió Rubén Darío. Pero ¿quién de nosotros no lloró esa noche? A uno lo palmeó el queridísimo Arquímides, para consolarlo, quizá sin darse cuenta de que también él estaba llorando; y a otro el poeta Eliseo Diego, casi de su misma edad, lo abrazó musitándole: «Hijo». Varias manos hicieron aquella madrugada esta «Declaración del Consejo de Dirección de la Casa de las Américas»:

> Escribimos estas palabras en medio de una de las mayores pesadumbres de nuestra vida; estas palabras que, por primera vez en muchos años, Haydee Santamaría no podrá leer, antes de

que vayan a la imprenta, opinando sobre esta o aquella idea, pidiendo suavizar una palabra que podría lastimar a un amigo, observando con ojo de extraña luz la grieta o el error que había escapado a otros. Como en todos los casos así, nos parece inconcebible que su nombre, tan fragante y hermoso, no sea ya el de una persona viva. Pero, como en rarísimos casos, tenemos la certidumbre de que su tránsito por la existencia fue el de una criatura excepcional, que tenía de volcán y de flor, la belleza de un ciclón o de un amanecer en el monte, la insólita capacidad de combatir amando, de amar con la terrible intensidad del combate. Otros conocieron el privilegio de estar junto a ella en el Moncada, en la Sierra o en la lucha clandestina. Ya era una figura sagrada de nuestra historia cuando la Revolución le encomendó hacer la Casa de las Américas. Y con la misma pasión, el mismo fuego y la misma ternura que puso en todo, hizo la Casa de las Américas, de la que fue la cabeza y el corazón. Cuando ya no podía ser la guerrillera que en cierta forma no dejó nunca de ser, se hizo respetar y querer por los escritores y artistas de toda nuestra América. Los más creadores entre ellos, los más imaginativos y más fieles la entendieron: entendieron y escucharon con devoción a aquella campesina que no fue a universidades ni institutos, y se sabía acompañada por pinturas, traspasada por músicas, porque era toda sensibilidad. Esa sensibilidad la llevó a la Revolución, y ella llevó a la Revolución a centenares, a millares de hombres y mujeres. Como en unos versos desgarradores de la Mistral, que en su caso adquieren nuevas razones, «tenía el corazón entero a flor de pecho». Solo estando fuera de sí pudo haber segado su propia vida. Haydee más que nadie sabía que no le pertenecía. Que pertenecía a la Revolución, al pueblo de esa América nuestra cuya evocación le nublaba los ojos y le encendía el alma. Es necesario decir que estará con nosotros, en nosotros. Así es. Pero desde ahora somos más pobres, aunque nos acompaña para siempre el honor de haber trabajado bajo su guía, bajo su aliento, que seguimos sintiendo, orgullosos y entrañablemente conmovidos, a nuestro lado.

Y al día siguiente el Comandante de la Revolución Juan Almeida, tan cercano a ella, ante los más altos dirigentes de la Revolución y una enorme cantidad de pueblo que se había ido sumando al cortejo mientras caminábamos tras el féretro, dijo ante su tumba palabras tan justas, dolorosas y bellas como estas:

> Queridos compañeros: // Ningún deber más penoso y más triste que el que nos corresponde cumplir en la tarde de hoy. // Aquí hemos venido a despedir a quien fue una apasionada combatiente de nuestra Revolución desde los días más lejanos y difíciles; a una compañera entrañable y querida para todos nosotros y para todo el pueblo; a una figura de incalculable prestigio internacional, que se convirtió por sus méritos y por su tesonera labor en una destacada representante del heroísmo, la historia, el espíritu de lucha y el sentimiento de solidaridad de Cuba revolucionaria. // Haydee Santamaría ocupa por derecho propio un lugar imborrable en la Revolución Cubana. Por eso son doblemente amargas estas circunstancias en que se ha producido su desaparición. // Haydee fue uno de aquellos jóvenes que desde el mismo golpe del 10 de marzo comenzamos a buscar un camino nuevo para la redención de Cuba, y lo encontramos al lado de Fidel. Cuando no teníamos nada todavía, ni armas, ni dinero, ni renombre público; cuando no contábamos prácticamente con otra cosa que no fueran nuestros sueños y nuestros deseos de luchar, ya ella se convirtió, junto a su hermano Abel, en un puntal del movimiento revolucionario que nacía. [...] // Los que la conocimos de cerca sabíamos que las heridas del Moncada nunca acabaron de cicatrizar en ella. Pero sobre todo, en los años más recientes, la compañera Haydee venía sufriendo un progresivo deterioro de su salud. En adición a esto, hace algunos meses sufrió un accidente automovilístico que casi le cuesta la vida, lo

que agravó aún más su estado, tanto físico como psíquico. Solo estas circunstancias, que la llevaron sin duda al extremo de perder el dominio sobre sí misma, pueden explicar que una figura de su jerarquía histórica y revolucionaria, con tan altos méritos ante la Patria y el socialismo, cuyo temple se puso a prueba en los más difíciles y heroicos momentos de nuestra lucha, haya podido consumar la trágica determinación de privarse de la vida. // Por eso, este doloroso final no podrá empalidecer sus virtudes, ni la fuerza de su ejemplo revolucionario, ni el legado que deja a nuestras nuevas generaciones y, en especial, a la mujer cubana. // No la recordamos en su trágico minuto final. La recordaremos junto a Abel y a Fidel en la preparación del movimiento revolucionario. La recordaremos como combatiente de la Sierra y del Llano. La recordaremos como constructora de nuestra nueva Patria. La recordaremos en su ejemplo de combatividad, de laboriosidad, de sencillez y de entrega total a la causa del socialismo y del internacionalismo. Y en ese ejemplo renovaremos nuestras energías los que debemos continuar adelante, cumpliendo el deber con la Patria y con la Revolución. [...]

Cinco años después, la revista *Casa* volvió a dedicar a Haydee un editorial del que tomo estas líneas:

El 28 de julio de 1980, el último de los revolucionarios torturados a raíz del asalto al cuartel Moncada, veintisiete años atrás, falleció de resultas de esas torturas. Aquel día acabó de entregar lo que le quedaba de vida Haydee Santamaría. Así lo han visto grandes compañeros suyos. En julio de 1953 la habían herido de muerte: no con bala, sino con maldad, para glosar a su amadísimo Martí. ¿Será necesario volver a evocar ahora aquella maldad, aquellos «golpes como del odio de Dios» que diría Vallejo? [...] Pero «las heridas del Moncada», como expresó el compañero Almeida, «nunca acabaron de cicatrizar en ella». Por el contrario: aun en medio de la victoria, de la alegría, de la creación, de nuevas batallas estimulantes, siguieron abriéndose como una grieta que al cabo la devoró, arrastrándola a una enfermedad síquica de la que también se muere, como se muere en el combate de las armas o comido por otras enfermedades, físicas, que tampoco le escasearon a Haydee. De las sombras a que empezó a ser arrojada en 1953 salió la mano que la asesinó en 1980. ¿Era la suya? ¿O no era más bien una de aquellas manos bestiales que castraban novios y arrancaban ojos de hermanos, vivos, y sembraron en una muchacha valiente y pura y fuerte y frágil una semilla que enturbiaría luego su razón? // Los que en sus últimos tiempos, día a día, la vimos marchar sin saberlo, como un personaje de tragedia, hacia un patíbulo que la esperaba inexorable en el pasado; sus compañeros de tantos frentes, y entre ellos de la Casa que dio a luz como a otro hijo, orgullosos y agradecidos por cuanto nos enseñó, inconsolables por cuanto la enfermedad —no ella, que para entonces prácticamente no existía ya— nos quitó, le rendimos hoy, de nuevo, nuestro homenaje conmovido, trayendo aquí páginas de ella, o sobre ella, hechas con verdad y belleza por algunos de sus incontables compañeros de lucha y por algunos de los no menos incontables soñadores que tuvieron el privilegio de su cercanía.

Incluso durante su vida, pero sobre todo desde su muerte, se han venido publicando textos espléndidos sobre Haydee, dando razón a las palabras de quien más identificada estuvo con ella en la Casa, Marcia Leiseca, quien al hablar en el vigésimo aniversario de la revista *Casa de las Américas* dijo:

> Haydee: no habrá reunión, evento o aniversario de esta, tu Casa, en que no esté presente con nosotros tu imagen luminosa. Tu vida de guerrillera indomable del Moncada, de la Sierra, del llano y del exilio es parte de nuestra historia. Tu personalidad será recreada por los artistas y se convertirá para nuestros hijos y las generaciones futuras en una hermosa leyenda, uno de esos

mitos deslumbrantes que los pueblos enriquecen en su imaginación. // Para nosotros [siguió diciendo Marcia], Haydee era parte de nuestra vida cotidiana. Nos parecían naturales su paso ligero y veloz, sus monólogos, su permanente rebeldía, su hablar a veces vago y reposado, su mirada perdida en un horizonte al que no alcanzábamos, su imaginación desbordada, su infinita ternura, y la exuberancia de su pensamiento y su lenguaje. En estos y otros rasgos vislumbrábamos que nada en ella era gratuito, porque al desbrozar el camino siempre aprendíamos una profunda verdad o un hecho de la más genuina justicia. Tuvimos el privilegio de conocerla íntimamente, de quererla, de compartir una etapa en la vida de este ser excepcional hecho para las grandes cosas, para las más puras y nobles pasiones, para crecerse ante las más difíciles situaciones o los más delicados y complejos problemas. // De su extraordinaria sensibilidad surgió espontáneamente su pasión por el arte, y de su formación y fervor martianos su amor por nuestra América. Tuvo el don del verdadero dirigente: ser capaz de sacar de cada cual sus mejores cualidades. Eso le permitió integrar un equipo de trabajo donde nunca afloró la mediocridad y sí, por el contrario, lo mejor de la condición humana. Unió esa fuerza y con ella se hizo día a día esta Casa, lentamente, sedimentando logros y rectificando errores.

Es totalmente imposible, en el escaso tiempo de que disponemos, transcribir todo lo que de ella se ha dicho: tarea que, ciertamente, es menester hacer pronto. De cuánto texto hermoso tendremos que prescindir aquí: que, además de las que ya se han citado, los representen (no hay otra alternativa) unas cuantas líneas. Por ejemplo, estas de Mario Benedetti, caliente todavía la noticia tremenda:

> Muchos escribirán, ahora y después, y con todo derecho, sobre su gesta heroica, sobre su función de dirigente, sobre su estilo de trabajo. Pero en estas horas, que pesadamente continúan la

escueta noticia de su muerte, quiero destacar por fin el rasgo suyo que, a través de tantos años de convivencia, camaradería y trabajo compartido, me impresionó más hondamente: su bondad, que era tan invencible como su coraje. Vaya a saber por qué extrañas conexiones, ese atributo es el que hoy más me conmueve en relación con esta muerte. A fin de cuentas, ya lo había dicho su admirado Martí: «¡Duele mucho en la tierra un alma buena!».

Y estas de Carlos Rafael Rodríguez, cinco años después:

Recordar a Haydee es contemplar el paso de un relámpago, escuchar la crepitación de bosques incendiados. Así quedó su imagen en nosotros. No la de estéril serenidad sino la del bullir quemante. Fuego y luz. // La empezamos a conocer un día de 1957, en que sus ojos se mojaron al hablarnos de Jesús Menéndez, el negro trabajador de su juventud temprana en la Encrucijada natal. Años más tarde, la vi expresarse con idéntico ardor, ahora acrecido, cuando perdimos al Che. Y una noche de julio 25 descubrí, a los veinte años del Moncada, que la alegría de las realizaciones evidentes que justifican la muerte de los héroes no había sido capaz de curarle aquella socarradura que aún la desgarraba. // Llevó su pasión ardida a todo lo que hizo, en el Moncada, en el Partido y en la Casa, su obra perdurable. Se lanzaba a hablar como quien desata un torbellino, como si la palabra no le surtiera de la mente —que tan bien sabía usar— sino le brotara de los «redaños del alma» unamunescos. Lo suyo no fue nunca argumento —aunque sí razonaba con lucidez— sino pelea. Al oírla hablar de literatura, de arte, disintiendo más de una vez de sus juicios, se recordaba aquella designación tan acertada de la cultura no como un cúmulo de datos sino como expresión interna de un modo de ver las cosas. No requirió ni de la Universidad ni de la Academia —de las que no renegamos nunca, pese a sus frutos con frecuencia infértiles— para hablar de los griegos, de Miguel Ángel o de

Picasso. Los manejaba con sabia, intuitiva comprensión, la misma que generó muchos de sus vivaces criterios políticos sobre los complejos problemas de la creación revolucionaria que la tuvo como protagonista excepcional. //Permanece entre nosotros, sentimos siempre su fuego y su luz. Escuchamos el crepitar de troncos y el suave rumor de sus palabras de ternura.

Ya que es necesario concluir, voy a hacerlo leyendo directamente al corazón de cada una, de cada uno de ustedes el que me parece el poema más hermoso que hasta ahora se le haya escrito a Haydee, habiendo entre ellos textos excelentes. Quizá no es extraño que sea de otra mujer, que a su manera es otra gran mujer: Fina García Marruz, quien a pocos días del 28 de julio de 1980 escribió «En la muerte de una heroína de la Patria», cuyos versos Sara González (en la línea de esos otros hijos de Haydee que son artistas como Silvio Rodríguez, Pablo Milanés, los del Grupo Moncada y tantísimos más) convertiría en canción íntima y multitudinaria como fue, como es Haydee Santamaría:

*Pónganle a la suicida una hoja en la sien.*
*Una siempreviva en el hueco del cuello.*
*Cúbranla con flores, como a Ofelia.*
*Los que la amaron, se han quedado huérfanos.*
*Cúbranla con la ternura de las lágrimas.*
*Vuélvanse rocío que refresque su duelo.*
*Y si la piedad de las flores no bastase*
*Díganle al oído que todo ha sido un sueño.*
*Ríndanle honores como a una valiente*
*Que perdió sólo su última batalla.*
*No se quede en su hora inconsolable.*
*Sus hechos, no vayan al olvido de la yerba.*
*Que sean recogidos, uno a uno,*
*Allí donde la luz no olvida a sus guerreros.*

# Leer al Che*

*A Aleida March*

«Un poco más avanzado que el caos, tal vez en el primero o segundo día de la creación, tengo un mundo de ideas que chocan, se entrecruzan y, a veces, se organizan».

ERNESTO CHE GUEVARA: Carta a Charles Bettelheim, del 24 de octubre de 1964.

## 1

«La primera base sobre la que debe establecerse el movimiento [guerrillero] es sobre un secreto absoluto, sobre la total ausencia de informaciones para el enemigo», escribió en *La guerra de guerrillas*, aparecido en 1960, el comandante Ernesto Guevara, a quien en Cuba llamamos *el Che* por la misma razón por la que a Julio Antonio Mella le llamaban *el Chico* durante su destierro mexicano, como recordara Siqueiros. El hecho de que en sus últimos años

---

\* En versión anterior, este trabajo, escrito en 1966, apareció por primera vez como prólogo a la antología de textos del Che, *Obra revolucionaria* (México, 1967). Este último año, con el título «Introducción al pensamiento del Che», se recogió en mi libro *Ensayo de otro mundo*, editado en La Habana. Republicado después en varias ocasiones y lenguas, fue corregido y aumentado, ya con el título actual, en 1975, y he vuelto a revisarlo para el presente libro.

el Che se diera a realizar nuevas tareas revolucionarias, a las cuales, según su propio consejo, acompañaban «un secreto absoluto» y «una total ausencia de informaciones para el enemigo», impidió que fuera él mismo quien ordenara estos papeles y los hiciera preceder del prólogo debido.

Pero si ello explica que no haya sido él quien escribiera estas palabras, solo a una serie de azares se debe el que me correspondiera hacerlas. En la primera redacción de este trabajo, escrita en 1966, mencioné esos azares. Hoy, eso no interesa. Entonces no me estaba dirigiendo al lector, sino al propio comandante Guevara, y medio en serio y medio en broma intentaba curarme en salud de comentarios que adivinaba en aquel hombre, a quien tuve la inmensa dicha de conocer un poco y admirar sin reservas, cuando el librote llegara a sus manos. Hoy daría cualquier cosa por uno de sus comentarios. Pero ese hombre superior que es tanto nuestro orgullo como nuestra vergüenza, porque nos recuerda en todo instante lo que puede ser un hombre y lo que somos los hombres, no existe ya, y el lector puede dispensarse de aquellas razones.

# 2

Ernesto Guevara de la Serna nació el 14 de junio de 1928 en la ciudad argentina de Rosario, y vivió su infancia y su primera juventud en Buenos Aires y Córdoba. Su familia era de clase media, habiendo sido su padre constructor. Adquirió la educación correspondiente: el conocimiento adicional de otra lengua (en su caso el francés), y una carrera universitaria: curiosamente, medicina. Leyó mucho, en papel de francotirador, desde literatura (Baudelaire, Neruda) hasta política, y también Spengler y Freud. Quizá este último lo inclinó a la medicina. Sin militar en tendencia determinada, merodeaba por los grupos rebeldes del estudiantado. Aun antes de terminar sus estudios, se había sentido movido a otras cosas. Quiso conocer el Continente, y durante la primera mitad de 1952 se fue a recorrerlo en vehículos como motocicleta y balsa, con su amigo Alberto Granado, quien evocaría el viaje en el libro *Con el Che por Sudamérica* (La Habana, 1986), mientras la versión del Che apareció algo después, en sus *Notas de viaje...* (La Habana-Madrid, 1992). Prestó sus servicios en leprosorios. Atravesó desde la Argentina hasta Venezuela, y fue a parar a Miami, de donde fue devuelto al país en un avión que llevaba caballos de carrera. Es probable que entonces tuviera ya la revelación que en su tiempo tuvo Martí: la de la profunda, indestructible unidad de nuestros países, más allá de las fronteras artificiales; es probable que entonces aprendiera a sentirse latinoamericano. En Guatemala, en México —y luego y sobre todo en Cuba—, iba a verificar lo que aquellos viajes ya le habían echado a la cara: la miseria, el desamparo y la identidad última de nuestras tierras mestizas. Si la situación específica del país en que naciera se le ofrecía confusa, y lo impulsaba a buscar otros aires, esos aires iban a hacerlo suyo, iban a transformarlo. Es curioso, al oír su voz, escucharle un acento que no es ni argentino ni mexicano ni cubano, sin ser tampoco, por supuesto, ese español abstracto, exangüe, de algunos profesores de lengua en tierra extraña: es en realidad, con referencia a nuestro Continente, lo que Unamuno proponía para el área del idioma: el *sobrecastellano*. Cada uno de nosotros lo reconoce como suyo aunque, a la vez, hay en él algo de *otra parte*. Esa otra parte quizá no es sino la totalidad misma, la América nuestra en su conjunto. ¿No podemos conjeturar que así debió haber sido el español de Martí, un español no tanto acubanado (aunque esto prevaleciera: Urbina habló de su acento *costeño*) como hispanoamericanizado?

Me he detenido en esto porque creo que *en su caso* es un ejemplo más de que el Che, como Martí, no solo se pensaba, sino además se sentía latinoamericano, y se expresaba como tal, así como otros se sienten de un país, y hasta de una zona de ese país. No hubo en él ningún orgullo local, sino una especie de responsable amargura continental: todo lo que nos divide le parecía vano frente a problemas reales y comunes que es menester decidirse a afrontar de manera real y común.

## 3

En 1954, tras otro periplo americano, iniciado a mediados de 1953 (y del que hay valiosos testimonios en el libro de su padre, Ernesto Guevara Lynch, ...*Aquí va un soldado de América*, Buenos Aires, 1987), el Che está en Guatemala. Ha sido atraído allí por la posibilidad revolucionaria que vive el país. Esa posibilidad será brutalmente segada por las huestes de Castillo Armas, a sueldo del gobierno estadunidense, el cual ya había orquestado en Caracas, con sus lacayos, la condena del régimen progresista de aquel país. Guevara estará entre quienes, después de haber esperado en vano armas para pelear, cruzan la frontera hacia México, habiendo sentido en carne propia la crueldad y la desfachatez del gobierno que enviará siete años después nuevos mercenarios contra Cuba, esta vez derrotados. En México, Guevara se gana la vida con trabajos menores, como el de fotógrafo ambulante, y prosigue sus investigaciones sobre la alergia, llegando a pensar en una cátedra universitaria. Es entonces cuando conoce a Fidel. Él lo ha contado así:

> El que esto escribe, llevado y traído por las olas de los movimientos sociales que convulsionan a América, tuvo oportunidad de conocer, debido a estas causas, a otro exiliado americano: a Fidel Castro. Lo conocí en una de esas frías noches de México, y recuerdo que nuestra primera discusión versó sobre política internacional. A las pocas horas de la misma noche

—en la madrugada— era yo uno de los expedicionarios [«Una revolución que comienza», 1959].

«Valía la pena», dirá también, «morir en una playa extranjera por un ideal tan puro.» El resto de la vida del Che es menos del dominio de los biógrafos que del de los historiadores del Continente. El Che, después de entrenarse en México, viaja a Cuba como uno de los ochenta y dos hombres del yate *Granma*, a fines de 1956. Felizmente para nosotros, será no solo una de las figuras más deslumbrantes de la hazaña iniciada entonces, sino también su primer cronista, lo cual hace aún más innecesario evocar aquí aquellos días que él ha dejado descritos admirablemente. Al triunfar la insurrección, el primero de enero de 1959, el Che, a pesar de un asma crónica, se ha destacado como uno de los primeros jefes, y el responsable, junto con Camilo Cienfuegos, de dirigir la invasión de Cuba, de acuerdo con las órdenes de Fidel.

Importa llamar la atención sobre algunos de los viajes del Che una vez que la Revolución Cubana se ha hecho gobierno. Antes de esa fecha, ha conocido ya —como él mismo recordará en 1961, en la Universidad de Montevideo— casi todos los países de nuestra América. En 1959, irá a recorrer otros países: va a ver nuestros problemas «desde el balcón afroasiático»: la hoy disuelta República Árabe Unida (RAU), Indonesia, India. Su mundo se le ha abierto, y puede verificar la similitud de problemas no ya de los países de nuestro continente, sino incluso de los tres continentes subdesarrollados. Pero la Revolución Cubana, en su marcha, es más rápida y más profunda que la de aquellos países: en 1960, ya es una revolución socialista. El Che viajará entonces, a fines de ese año, a los países socialistas, y verificará allí un nuevo vínculo: con los pueblos que, como el nuestro, estaban construyendo el socialismo; y especialmente con aquellos que partían de condiciones subindustrializadas, y habían debido pagar un altísimo precio en agresiones, como Corea. Cuando, en 1964 y 1965, regresa a los países subdesarrollados, concretamente a África, lo hace ya como representante de una revolución socialista del mundo subdesarrollado; una revolución en la que se funden las dos grandes líneas renovadoras de este siglo: la que arranca de la Revolución de Octubre y la vinculada a la lucha anticolonialista. Es evidente que estos viajes son mucho más que desplazamientos geográficos: son como los hitos visibles de un pensamiento que el Che irá haciendo explícito con total lucidez, y cuyos textos principales, dijo Fidel, «no dudamos que pasarán a la posteridad como documentos clásicos del pensamiento revolucionario».

## 4

Todavía en plena Sierra Maestra, en 1957, el Che auspició la publicación de *El Cubano Libre* (nombre que los mambises del siglo XIX habían dado a periódicos de la manigua), no solo para trasmitir noticias de la guerra sino también para expresar el pensamiento que la animaba. Pero es sobre todo a partir del fracaso de la huelga de abril de 1958, según nos dice el Che en su discurso del 28 de enero de 1959, cuando «empezaron en el Ejército Rebelde los primeros pasos para darle una teoría y una doctrina a la Revolución». Por supuesto, estas preocupaciones en manera alguna implican que el Che sea un especulador puro. En ese mismo discurso nos dirá cómo una de las mayores virtudes de la revolución que acaba de llegar al poder es «haber destruido todas las teorías de salón». Su aspiración no es, en absoluto, restaurarlas. Tiene otra meta bien distinta: «teorizar lo hecho, estructurar y generalizar esta experiencia para el aprovechamiento de otros, es nuestra tarea del momento», escribirá en las primeras páginas de *La guerra de guerrillas*. Esta definición es insustituible. Para el observador no bastante preciso, aunque se trate de un secuaz apasionado, el tropel de acontecimientos revolucionarios requiere ser *estructurado* y *generalizado*. Ambas son tareas *teóricas*, propias de lo que Althusser llamaría la «práctica teórica»: es menester pensar los datos, para detectar en ellos una figura; y es menester, también, separar el suceso local de la experiencia generalizable. Por cierto que los enemigos son concientes de esto: se apresuran a proponerle a las revoluciones un rostro nada atrayente, pretendiendo generalizar los aspectos locales negativos, mientras fingen que los logros esenciales son solo accidentales o secundarios. Esta labor del Che, pues, lejos de remitirse a teorías de salón, es una tarea combatiente, que aspira a resultados prácticos, y que parte de un material igualmente práctico e inmediato. En el año 1959, la Revolución Cubana había demostrado que existía un camino para echar por tierra los regímenes tiránicos de las neocolonias latinoamericanas. Era menester aclarar en qué consistía ese camino, y ofrecer el resultado de tan rica experiencia a los futuros combatientes: a ello dedicará el Che buena parte de sus esfuerzos durante ese laboriosísimo año, y producto de ello es *La guerra de guerrillas*, que está ya en germen en el artículo «Qué es un guerrillero», de febrero de 1959. En los años siguientes, creyó necesario actualizar este libro. En «Guerra de guerrillas: un método» (1963), aportó nuevas ideas. Pero le interesaba otra redacción del manual, incorporando experiencias más recientes. Sin embargo, a punto de hacerlo, consideró que esa nueva redacción tendría «que aplazarla seguramente por mucho tiempo», como escribió Lenin en las palabras finales de *El Estado y la Revolución*, ya que también para el Che «era más agradable y provechoso vivir la "experiencia de la revolución" que escribir sobre ella». Tanto para Lenin como para el Che, tal aplazamiento resultó definitivo.

No es menos práctico el fin que lleva al Che a preguntarse por la teoría de la revolución en su desarrollo. Pero antes de hablar de ella, conviene aludir aquí a un libro que se relaciona, por otra vertiente, con *La guerra de guerrillas: Pasajes de la guerra revolucionaria* (1963). No son consideraciones intelectuales las únicas que mueven al Che a escribirlo: a escribirlo, por otra parte, en esa magnífica prosa suya, seca y coloquial. Es *también* el artista quien lo escribe. Aquí no se «generaliza» sino que se pone la mano, la memoria sobre lo concreto. Pero si se trata de mostrar la guerra como realmente es, con su violencia, su grandeza, su dolor y su constante afrontamiento de vida y muerte, se trata sobre todo de subrayar siempre los principios que la animan, así como la transformación que van sufriendo en su interior los hombres, al contacto profundo de unos y otros, contacto que va haciendo de citadinos y serranos una sola vanguardia del país. Fidel Castro dirá después que «sus narraciones de la guerra son insuperables». El antecedente entre nosotros de estas páginas hay que buscarlo en la vigorosa «literatura de campaña», según la nombró Ambrosio Fornet, escrita por participantes de la guerra contra España —por ejemplo, Máximo Gómez—, textos que Fidel leyera minuciosa y apasionadamente antes de encabezar el movimiento guerrillero. Si el libro anterior es una guía para la acción, su osamenta, los *Pasajes…* son el cuerpo mismo de esa acción, con los seres humanos heroicos o vacilantes, sublimes o mezquinos: y siempre verdaderos. Este es el libro más conmovedor publicado en Cuba en estos años.

## 5

Los libros sobre la guerra revolucionaria —su teoría y su práctica, por así decir— son los únicos que el Che publicara como tales libros orgánicos. Pero no son lo único que el Che ha escrito —y dicho—. Por el contrario: desde el principio estuvo preocupado por otros aspectos del proceso revolucionario, y expresó tales preocupaciones unas veces en forma de discursos, otras en forma de artículos y ensayos. En los libros trató asuntos referidos a la *insurrección*: es decir, a la revolución *antes de la toma del poder* (este sería también el caso de su *Diario en Bolivia* y de *Pasajes de la guerra revolucionaria: Congo*, 1999); en discursos y artículos, por regla general, enfrentó problemas que la revolución iba abordando *después de la toma del poder*. Desde un punto de vista intelectual, estos otros problemas no son menos complejos que los anteriores: tenemos derecho a pensar que son más complejos, y que han requerido y requieren de parte de los dirigentes del proceso una enorme tensión en la apreciación teórica y en la correspondiente solución práctica. Además, esos dirigentes habían llegado al poder en plena juventud: el propio Fidel tenía poco más de treinta años en 1959. Iba a ser dado con ellos contemplar un espectáculo infrecuente: en vez de vivir una evolución intelectual más o menos soterrada, de la que los otros tienen poca noticia, esos jóvenes iban a evolucionar ante los ojos de todo el mundo. Se acabarían de formar con las raíces al aire. No es que llegaran al poder sin criterios suficientes —bastaría con recordar la extraordinaria autodefensa de Fidel Castro, *La historia me absolverá*, de 1953, para verificar la solidez con que habían partido a la lucha—, pero esos criterios iban a madurar desde el poder, al afrontar problemas nuevos, tremendos, en medio de una compleja realidad no solo nacional, sino internacional, que había que ir descifrando sobre la marcha. La primera pregunta que han debido hacerse, pues, es qué era esa revolución, cuál era la teoría revolucionaria de esa acción revolucionaria. Fidel Castro, quien para entonces ya tenía una formación marxista-leninista, había dicho en 1953 que el responsable intelectual del ataque al cuartel Moncada (y, por tanto, del proceso que aquel ataque desencadenaría) era José Martí. El Che Guevara, que en 1959 sabe que esta revolución se inscribe en el marco de la descolonización contemporánea, en la línea de los países subdesarrollados, dice al romper 1960, el 28 de enero:

> Martí fue el mentor directo de nuestra revolución, el hombre a cuya palabra había que recurrir siempre para dar la interpretación justa de los fenómenos históricos que estábamos viviendo [...] porque José Martí es mucho más que cubano; es americano; pertenece a todos los veinte países de nuestro continente [...] Cúmplenos a nosotros haber tenido el honor de hacer vivas las palabras de José Martí en su patria, en el lugar donde nació.

Bien conoce el Che que Martí es el primer pensador de nuestro Continente, y que al ratificar lo dicho por Fidel seis años atrás, esta declaración es válida para una revolución de los países subdesarrollados. Pero en estas palabras hay algo más que llama la atención: el uso del pasado. Martí *fue* —dice el Che— nuestro mentor, a cuya palabra *había* que recurrir... No es que se haya abjurado de aquella palabra: todo lo contrario. Es que, para serle fiel no solo a la palabra, sino al espíritu de Martí, era menester tener presente que él mismo nos había aconsejado hacer «en cada momento lo que en cada momento es necesario». Y por obligación la realidad había comenzado a plantearle a nuestra Revolución, ya en el poder, problemas que no pudieron ser exactamente los mismos que los de Martí, quien ni siquiera llegaría a ver a su país políticamente libre. Esos otros problemas requerían un abordaje que no fuera ya *solo* el de Martí. La Revolución Cubana, en un intercambio violento de acciones punitivas estadunidenses y respuestas cubanas, iba radicalizándose desde la misma toma del poder. Ha podido decir el propio Che que quizá solo la primera Ley de Reforma Agraria ha sido hecha directamente, sin que fuera la respuesta a una agresión norteamericana inmediata. En lo adelante, a partir de la tenaz resistencia opuesta por los Estados Unidos a esa ley con la que Cuba ejercía —y casi que estrenaba— su soberanía, las grandes decisiones del Gobierno Revolucionario serían contrataques cubanos a las agresiones yanquis. Lo que comenzó bajo la forma de una tenaz campaña de prensa, prosigue con declaraciones oficiales, y llegará hasta el ataque físico y el bloqueo, pasando previamente por el cese de la compra de azúcar y la negativa a refinar petróleo adquirido por Cuba fuera del área estadunidense. Mientras tanto, la Revolución Cubana ha encontrado mercado para su azúcar en lo que fue la Unión Soviética, y conocido el respaldo decidido de las clases populares, y el despego creciente primero, y la abierta hostilidad después, de la viceburguesía dependiente criolla, cuyo destino estaba vinculado al del imperialismo estadunidense. No cabe duda de que la Revolución Cubana, puesta ante la disyuntiva de perecer a manos de los Estados Unidos o radicalizarse aún más velozmente, optó por esta última posibilidad.

Cuando ya han ocurrido el cese de la compra de azúcar cubano y el rechazo de refinar en Cuba petróleo soviético por los Estados Unidos; y, por parte de Cuba, las nacionalizaciones de las refinerías estadunidenses en territorio cubano, el Che dice, el 28 de julio de 1960, al Congreso de Juventudes reunido en La Habana:

> si a mí me preguntaran si esta revolución que está ante los ojos de ustedes es una revolución comunista […] vendríamos a caer en que esta revolución, en caso de ser marxista —y escúchese bien que digo marxista—, será porque descubrió también, por sus métodos, los caminos que señalara Marx.

Consecuente con este descubrimiento, y en respuesta a la condena de Cuba por la Organización de Estados Americanos en San José, Fidel Castro lee al pueblo, reunido al efecto en la Plaza de la Revolución el 2 de septiembre de 1960, la que vendrá a ser primera *Declaración de La Habana*. En ella, está virtualmente expresado ya el carácter socialista que ha asumido la revolución. Algo más de un mes después, el 8 de octubre, el Che publica en la revista *Verde Olivo* sus «Notas para el estudio de la ideología de la Revolución Cubana», planteo profundo del tema. El carácter al parecer silvestre de esta Revolución ¿ha alterado acaso el principio leninista de que sin teoría revolucionaria no hay movimiento revolucionario? El Che se lo pregunta, para responderse:

> Convendría decir que la teoría revolucionaria, como expresión de una verdad social, está por encima de cualquier enunciado; es decir, que la revolución puede hacerse si se interpreta correctamente la realidad histórica y se utilizan correctamente las fuerzas que intervienen en ella, sin conocer la teoría [...] Se debe ser «marxista» con la misma naturalidad con que se es «newtoniano» en física, «pasteuriano» en biología, considerando que si nuevos hechos determinan nuevos conceptos, no se quitará nunca su parte de verdad a aquellos otros que hayan pasado [...] Es decir, y conviene puntualizarlo una vez más, las leyes del marxismo están presentes en los acontecimientos de la Revolución Cubana, independientemente de que sus líderes profesen o conozcan cabalmente, desde un punto de vista teórico, esas leyes.

Creo que estas citas expresan con la mayor claridad y limpieza cómo se ha ido gestando el pensamiento de la Revolución Cubana: sin esquemas prestablecidos, pero también sin temor a marbetes. Algunos años después, en un discurso en Argel (febrero de 1965), el Che evocará de nuevo este proceso:

> Nosotros no empezamos la carrera que terminará en el comunismo con todos los pasos previstos, como producto lógico de un desarrollo ideológico que marchara con un fin determinado; las verdades del socialismo, más las crudas verdades del imperialismo, fueron forjando a nuestro pueblo y enseñándole el camino que luego hemos adoptado conscientemente.

Hay, por otra parte, en primer lugar en Fidel, pero también en los otros grandes dirigentes, una voluntad de desmistificación semántica, que los lleva a rehuir la frase acuñada, en beneficio del acercamiento al hecho mediante la explicación, la cual a veces asume la forma del largo discurso (que ha sido llamado pedagógico) de Fidel. Así, después que, durante el año 1960, y en especial en su segunda mitad, la Revolución Cubana ha ido tomando medidas socialistas; después incluso de que se ha aceptado fervorosamente la justeza de tales medidas en la *Declaración de La Habana*, Fidel afirma la víspera de la invasión mercenaria, el 16 de abril de 1961, que hemos hecho una revolución socialista. Por esos días, el Che ha explicado en un trabajo imprescindible («Cuba, ¿excepción histórica o vanguardia en la lucha anticolonialista?», publicado en *Verde Olivo* el 9 de abril de 1961), la especificidad de la Revolución Cubana, movimiento que, aunque «grandemente heterodoxo en sus formas y manifestaciones, ha seguido, sin embargo —no podría ser de otra manera—, las líneas generales de todos los grandes acontecimientos históricos del siglo, caracterizados por las luchas anticolonialistas y el tránsito al socialismo». El Che reconoce los escasos factores excepcionales de nuestra Revolución («entre ellos, el primero, quizás, el más importante, el más original, es esa fuerza telúrica llamada Fidel Castro Ruz»; y también «que el imperialismo norteamericano estaba desorientado y nunca pudo aquilatar los alcances verdaderos de la Revolución Cubana»), pero señala sobre todo «las raíces permanentes de todos los fenómenos sociales de América, las contradicciones que, madurando en el seno de las sociedades actuales, provocan cambios que pueden adquirir la magnitud de una revolución como la cubana». En ese trabajo alcanza madurez el pensamiento político del Che Guevara. A partir de él, lo veremos expresarse, en sus magnos discursos internacionales, como vocero extraordinario del mundo subdesarrollado. La Revolución Cubana no ha generado un pensamiento sin generarlo, a la vez, para los otros países situados en coyunturas similares a la de Cuba: en primer lugar, los países de nuestra América; pero también los de los otros continentes subdesarrollados.

## 6

Si la Revolución Cubana ha encontrado por sus propios pasos un pensamiento genuino, ello implica la necesidad de afrontar con ese pensamiento una multiplicidad de problemas que, a su vez, obligarán a enriquecer aquel pensamiento. El Che será actor y testigo excepcional de esta interacción en la edificación cotidiana del socialismo en un país subdesarrollado.

El médico errabundo a quien Fidel ha convencido una fría noche de México para que lo acompañe a liberar su país, después de una «primera discusión [que] versó sobre política internacional»; el guerrillero a quien le encomienda llevar la guerra revolucionaria de un extremo a otro de la Isla; el teórico lúcido, es el hombre a quien se responsabilizará, ya en el poder, con posiciones claves dentro del gobierno: la presidencia del Banco Nacional, primero, para estabilizar la grave situación de las divisas; y el Ministerio de Industrias, más tarde, encargado de coordinar y acrecer las industrias bruscamente nacionalizadas de un país de escaso desarrollo que, además, ha sido cortado, de pronto, de su fuente casi única de productos elaborados. Se trata de mantener en pie, funcionando, a la nación.

Para cumplir estas nuevas tareas, de las que también saldrá victorioso, el Che debe afrontar problemas concretos de economía.[1] La revolución no viene hecha, sino que es, siempre, un proceso que los hombres deben hacer, bien o mal. No existen fórmulas para aplicarlas mecánicamente. En otro sentido que el que lo pensara Croce, una revolución verifica que la historia es de veras «hazaña de la libertad». Ante cada nuevo problema, se alza la pregunta leninista: *¿Qué hacer?* Y la respuesta no puede ir a buscarse a manual alguno. Debe surgir, según el consejo del propio Lenin, de «el análisis concreto de la situación concreta». Así, el Che se verá obligado a considerar, de acuerdo con la situación concreta de Cuba, pero viéndola también (como siempre) en relación dinámica con el mundo todo, hechos como la naturaleza de la planificación socialista, lo que lo llevará a polemizar con Charles Bettelheim. Por similares razones, enfatiza la preponderancia —no la exclusividad, por supuesto— que debe darse al estímulo moral sobre el estímulo material si de veras quiere construirse una sociedad socialista: no se ve cómo pueda lograrse esto azuzando en los hombres apetencias sobre las que se afianza el capitalismo. Sería absurdo pretender erradicar de repente, por decreto, viejos mecanismos, y el Che no postula esto: «no negamos la necesidad objetiva del estímulo material, sí somos renuentes a su uso como palanca impulsora fundamental» («Sobre el sistema presupuestario de financiamiento», 1964). Pero, en cambio, no es absurdo, sino imprescindible para aquella construcción, estimular en el hombre «una actitud nueva frente al trabajo» (1964), una actitud que permita aliviar a ese poeta predilecto del Che, León Felipe, quien había visto angustiado oponerse trabajo y juego. ¿Será necesario insistir en cómo nos emociona ver a este hombre completo que es el Che comenzar un hermoso discurso a obreros ejemplares memorizando unos versos del gran poeta español?

# 7

Porque lo que, en medio de su acción como de su teorización, no olvida nunca el Che, es la finalidad verdadera de un proceso revolucionario: la construcción de un ser humano mejor, del «hombre nuevo», como él dirá retomando una imagen paulina ya clásica en el pensamiento revolucionario. Si el Che discute sobre la ley del valor, sobre el peligro del burocratismo, sobre el cuadro revolucionario, sobre las condiciones del joven comunista, sobre la construcción del Partido, ese hilo recorre todas sus preocupaciones. No importa cuán violenta pueda ser una acción, o cuán árido pueda ser un pensamiento, una y otro, en el revolucionario, están al servicio del hombre. Si ello puede ser oscurecido por los enemigos, en cambio debe ser constantemente reiterado y aclarado por los revolucionarios:

> El peso de este monumento de la inteligencia humana [*El capital*] es tal, que nos ha hecho olvidar frecuentemente el carácter humanista (en el mejor sentido de la palabra) de sus inquietudes [...]. Ahora nos interesa el hombre [...] Marx pensaba en la liberación del hombre, y veía el comunismo como la solución de las contradicciones que produjeron su enajenación... [«Sobre el sistema presupuestario...»]

Esta actitud del Che alcanzará su postulación más clara y articulada en uno de los últimos trabajos suyos escrito antes de la salida de Cuba: la admirable carta que escribiera a Carlos Quijano, director del semanario uruguayo *Marcha*, y que sería publicada en 1965 (*El socialismo y el hombre en Cuba*): en cierta forma, se trata de un resumen, de un balance. Al difundirse (copiosamente), el Che ya estaba fuera de Cuba.[2]

# 8

Cuando el 3 de octubre de 1965 Fidel Castro dio a conocer, en la constitución del Comité Central del Partido Comunista de Cuba, la carta de despedida del Che, el mundo fue conmovido por la noticia, y se hicieron en torno suyo los más variados comentarios. Los revolucionarios de todas partes dieron justificado crédito a las palabras de Fidel, antes que a las agencias estadunidenses. Pero no solo los enemigos abiertos, sino incluso algunos singulares «simpatizantes» de la Revolución tendieron a tomar como buenas las versiones propaladas por agentes del imperialismo, y en consecuencia a considerar como engañosas las declaraciones del gobierno cubano. Ha resultado una dolorosa pero aleccionadora prueba; porque en instantes decisivos de la historia se han enfrentado —y volverán a enfrentarse— ambos tipos de versiones: cuando la guerra de Corea, cuando la invasión de Girón, para solo mencionar dos de los ejemplos al alcance de todos. Si, de acuerdo con su tradición, el gobierno de los Estados Unidos decide autoagredirse en algún país títere o en la propia base naval de Guantánamo, para hacer creer, a través de sus poderosos medios de desinformación, que Cuba es responsable del hecho, ¿volverán a dar crédito a esas versiones canallescas tales «simpatizantes»? Corresponde a ellos pensar y responder.

En el caso del Che, por extraordinario que fuera —que es— ese caso, se imponía tener presentes varias cosas: que *de veras* el Che era un ciudadano de nuestra América, como el venezolano Simón Bolívar, el argentino José de San Martín, el dominicano Máximo Gómez —o el martiniqueño Frantz Fanon, tan querido por él—, todos los cuales pelearon por otros países que aquellos en los que nacieron, a menudo por más de un país; que Cuba es uno de los muchos países latinoamericanos en que viviera el Che, y la Revolución Cubana, una de las dos revoluciones latinoamericanas en que ya había participado (la otra era la guatemalteca); que en la América Latina, y en el mundo subdesarrollado en general, quedan muchas revoluciones por hacer, y que esas nuevas revoluciones, requeridas urgentemente por sus pueblos, son capítulos de una misma revolución, como la cubana. En el año 1959, recién bajado el Ejército Rebelde de las lomas, la gente en Cuba tenía la convicción de que el Che, de un momento a otro, saldría a contribuir a la liberación de otro país esclavizado. Pero la Revolución Cubana, apenas iniciada, tenía necesidad de él para afincarse. Él fue pues ejemplo de trabajador abnegado, de héroe de la construcción. Seis años después, cuando ya esa revolución había pasado su bautismo de fuego; cuando había conocido Girón, la limpia del Escambray, la Crisis de Octubre; cuando sus fábricas y campos producían organizadamente para el pueblo, el Che consideró que «otras tierras del mundo» lo requerían más.

Los que acusan a los revolucionarios de ciegos deterministas, rechazan constantemente, sin embargo, el elemento de libertad, de novedad, de creación en la historia. Al ver que el Che salía de Cuba, desempolvaron conocidas parejas, con las que pretendían disculparse de pensar, y entender un hecho imprevisto para ellos: los sentimentales dijeron: Bolívar-San Martín; los malintencionados propusieron otros nombres. La verdad es que la historia cuenta con una nueva pareja que de ninguna manera se explica por las anteriores, que es irreductible a esquemas previos: Fidel Castro y Ernesto Guevara. Era admirable ver el complemento de estos dos hombres, la pulsación volcánica de quien el propio Che consideraba «esa fuerza telúrica llamada Fidel Castro Ruz», y la conceptualización implacable del Che. Y no fue lo menos hermoso de ese diálogo el instante en que se interpenetraban tales funciones: en que veíamos a Fidel, justamente por ser el primer jefe de la Revolución, precisar su pensamiento (lo que lo llevaba a polemizar para deslindar), y al Che, entregarse a la acción para ser, una vez más, fiel a su teoría. Pues entre las felicidades de la actual Revolución Latinoamericana está el contar, a su frente, con hombres en quienes la vieja dicotomía cabeza pensante/brazo armado desaparece, fundida en una nueva realidad llameante.

Aunque desconozcamos aún varios detalles de los momentos que precedieron a la partida del Che, y de los de su primera estadía fuera de Cuba, cuando participó en la lucha de liberación nacional en África, mucho dice sobre esto último su libro *Pasajes de la guerra revolucionaria: Congo*, aparecido en 1999 con prólogo de su hija Aleida Guevara March. Además, no cabe la menor duda de que su conducta estaba totalmente acorde con su pensamiento: de que estaba haciendo lo que desde el principio se había propuesto. El 14 de enero de 1966, al clausurar la Primera Conferencia de Solidaridad de los Pueblos de Asia, África y América Latina, que sería conocida como Conferencia Tricontinental y que tan magníficamente encarnó el ideal de Fidel y el Che, aquel dijo:

> El compañero Guevara se unió a nosotros cuando estábamos exiliados en México, y siempre, desde el primer día, tuvo la idea, claramente expresada, de que cuando la lucha terminara en Cuba, él tenía otros deberes que cumplir en otra parte, y nosotros siempre le dimos nuestra palabra de que ningún interés de Estado, ningún interés nacional, ninguna circunstancia nos haría pedirle que se quedara en nuestro país, obstaculizar el cumplimiento de ese deseo o de esa vocación. Y nosotros cumplimos cabalmente y fielmente esa promesa que le hicimos al compañero Guevara.

Que en los años sesenta la revolución armada se encontraba en la orden del día en muchos países subdesarrollados, especialmente de la América Latina; que Cuba no era una excepción, está reiterado en textos capitales del Che, como *La guerra de guerrillas*, «Cuba, ¿excepción histórica o vanguardia en la lucha anticolonialista»? y «Guerra de guerrillas: un método». En este último, explicó:

> De hecho, la eclosión de la lucha americana se ha producido. ¿Estará su vértice en Venezuela, Guatemala, Colombia, Perú,

Ecuador [...]? ¿Serán estas escaramuzas actuales solo manifestaciones de una inquietud que no ha fructificado? No importa, para el resultado final, que uno u otro movimiento sea transitoriamente derrotado. Lo definitivo es la decisión de lucha que madura día a día, la conciencia de la necesidad del cambio revolucionario, la certeza de su posibilidad. Es una predicción. La hacemos con el convencimiento de que la historia nos dará la razón.

En cuanto al papel que se había asignado en esa lucha supranacional, tampoco cabe duda alguna. Al responder en diciembre de 1964 a un tinterillo latinoamericano en la ONU, dijo:

> He nacido en la Argentina; no es un secreto para nadie. Soy cubano y también argentino, y, si no se ofenden las ilustrísimas señorías de Latinoamérica, me siento tan patriota de Latinoamérica, de cualquier país de Latinoamérica, como el que más, y en el momento en que fuera necesario, estaría dispuesto a entregar mi vida por la liberación de cualquiera de los países de Latinoamérica.

¿Había decidido ya entonces el Che salir a pelear de nuevo? Lo cierto es que solo unos meses después de haber pronunciado estas palabras, abandonaba Cuba, en gesto supremo de renuncia y de sacrificio. Había llegado para él «el momento que fuera necesario». En *El socialismo y el hombre en Cuba*, que vino a adquirir carácter testamentario, había escrito: «El revolucionario, motor ideológico de la revolución, dentro de su partido, se consume en esa actividad ininterrumpida que no tiene más fin que la muerte, a menos que la construcción se logre en escala mundial.» Después de sus combates en África, aquel país del que había hablado en la ONU resultó ser, en América, Bolivia, una de las más esquilmadas y dolorosas de nuestras patrias chicas. Allí se encontraba, peleando, cuando dio a conocer su *Mensaje a los pueblos del mundo a través de la Tricontinental* (1967), donde, al trazar el cuadro de la situación internacional, del chantaje atómico con que el imperialismo pretendía paralizar a los pueblos, e ir despedazándolos uno tras otro, postuló: «Crear, uno, dos, tres... muchos Vietnam, esa es la consigna.» A esa, la más honda, noble y valiente, la más necesaria también de las tareas de esos años, se hallaba entregado, cuando su absoluto desprecio al peligro de que hablara Fidel, hizo posible a tropas bolivianas, organizadas y comandadas por militares estadunidenses, herirlo en la Quebrada del Yuro, el 8 de octubre de 1967, hacerlo prisionero y posteriormente asesinarlo de un balazo en el corazón. Unos momentos antes, desangrándose, había dado una bofetada a un oficial enemigo que lo increpaba. Las vicisitudes de su cadáver hubieran sido materia alucinada para aquel enorme devoto del Che que fue su compatriota, el alucinado Ezequiel Martínez Estrada. El cuerpo es trasladado en helicóptero para ser exhibido a periodistas. Es un rostro sereno, grave y hermoso, enmarcado en la abundante cabellera y barba con que solían representarse profetas y santos, el de aquel héroe de América, del mundo, que yace allí. Parece que les quema, aun muerto, esa presencia deslumbrante. En los días inmediatos nos enteraríamos, con estupor, de las más extrañas cosas: de que aquel cuerpo fue enterrado, desenterrado; de que le habían mutilado las manos, para conservar algunos dedos. Parece menos la sórdida verdad que las vicisitudes míticas de un héroe de leyenda. Aquel héroe lograría sacudir la Tierra. Hasta los enemigos se inclinaron ante tanta grandeza. Hasta los duros de corazón y los entibiecidos sintieron que les quedaban lágrimas en el alma. Si algunos no han podido, ni siquiera entonces, ver y comprender, es que ya no podrán nunca ver ni comprender. Se han convertido ellos mismos en estatuas de sal, y la historia implacable los desmorona como al polvo.

Quien únicamente podía hacer el panegírico; quien unos días antes había anunciado al pueblo, en el más triste discurso de su vida, que era «dolorosamente cierta» la noticia de la muerte; aquel a quien había escrito el Che en su carta de despedida: «si me llega la hora definitiva bajo otros cielos, mi último pensamiento será para este pueblo y especialmente para ti»: Fidel Castro, evocó la vida de aquella criatura ejemplar ante un millón de hombres y mujeres silenciosos e inconsolables, reunidos en la Plaza de la Revolución, donde tantas veces estuvieron con él.

Al despedirse de sus hijos, el Che, enterneciendo y achicando las palabras como había hecho también otro gigante, su hermano José Martí, les escribió:

> Si alguna vez tienen que leer esta carta, será porque yo no esté entre ustedes [...] Su padre ha sido un hombre que actúa como piensa, y, seguro, ha sido leal a sus convicciones [...] Sobre todo, sean siempre capaces de sentir en lo más hondo cualquier injusticia cometida contra cualquiera en cualquier parte del mundo. Es la cualidad más linda de un revolucionario.

# Algunas veces el Che

## Un montón de memorias*

Lisandro Otero me invita a escribir algo sobre Las Villas, sobre la batalla de Santa Clara si es posible, y, por supuesto, sobre el héroe de esa batalla, el comandante Che Guevara. Todo de prisa, *a la cubana*: y de prisa es que me he puesto a escribir, y me ha venido un montón de memorias.

El nombre de Las Villas fue echado al mundo por razones enérgicas: la invasión que, encabezada por los comandantes Camilo Cienfuegos y Ernesto Che Guevara, iba recorriendo la Isla, a semejanza de aquella otra, capitaneada por Antonio Maceo, que hasta entonces había sido para nosotros «la invasión» por excelencia. De repente, la historia estaba ardiendo otra vez. A La Habana nos llegaban ráfagas de aquellas noticias estremecedoras. Cuando ya celebrábamos aquí la huída del tirano, la ciudad de Santa Clara caía en manos del Che, tras una campaña que había adquirido matices legendarios.

Vi al Che fugazmente pocos días después, cuando a instancias del músico Pablo Hernández Balaguer (entrañable amigo mío desde la niñez) visitamos la fortaleza militar de La Cabaña, entonces

---

\* Publicado en la revista *Cuba*, La Habana, agosto de 1965, número dedicado a la antigua provincia de Las Villas.

bajo la jefatura del Che. Pero no vine a hablar con él sino meses más tarde, cuando ya se encontraba al frente del Departamento de Industrias del Instituto Nacional de la Reforma Agraria. Fui a visitarlo allí porque yo dirigía la *Nueva Revista Cubana*, y quería pedirle una colaboración suya sobre el viaje que él había realizado a países de África y Asia. La antesala fue inacabable: en medio de lo que me parecía un desorden espumeante, pasé horas en las cuales cené o almorcé (o ambas cosas) con jóvenes militares que suponía su escolta, y con muchos más. El Che recibía a las personas más disímiles. Al cabo me llegó mi turno. Cuando entré en su despacho, estaba allí, planteándole algún problema que implicaba la consulta de papeles, su bellísima compañera, Aleida March. Finalmente pude abordar mi tema. Lo hice lo mejor que pude. Pero fue en vano. El Che, abrumado de tareas, me sugirió amablemente trasmitir mi solicitud a Pancho García Valls, quien trabajaba con él y lo había acompañado en el largo periplo. Pancho, compañero mío desde los años del Bachillerato, realizó la encomienda, en artículo que titulé «Viaje a las colonias de ayer».

Dos años después de ocurrida, tuve la oportunidad de ver la batalla de Santa Clara, y de hablar con su protagonista. Fue el 30 de diciembre de 1960. Yo acababa de regresar de París, y estaba en el cine La Rampa, donde se estrenaba *Historias de la Revolución*, el primer largometraje de Tomás Gutiérrez Alea. La última parte de esta película trata de esa batalla, y lo hace con eficacia. A la salida de la proyección debía ir con el poeta Pablo Neruda, entonces de visita en Cuba, a una entrevista con el comandante Guevara, a la sazón presidente del Banco Nacional. A medianoche entramos Neruda y yo en el edificio de Cuba y Lamparilla que veinte años atrás, siendo niño, yo frecuentaba. Allí estuvo la Escuela de Comercio de La Habana, y como mi padre enseñaba allí, me llevaba algunas noches, en visitas que para mí eran grandes aventuras. De eso conversaba con Neruda cuando el Che llegó, puntualmente, y nos hizo pasar a su oficina. He dicho más arriba que entonces tuve ocasión de hablar con él. Exageré. Debí decir que tuve ocasión de oírlo, y también a Neruda. Se enzarzaron en un diálogo a menudo de mucho interés. Pensé que valdría la pena reproducirlo —cosa que no hice hasta ahora— y que la conversación de esos dos grandes de América podría titularse, de haber tenido lugar en el siglo XIX, *Diálogo entre el Héroe y el Poeta*. He perdido mucho, y de lo que recuerdo no puedo garantizar la completa fidelidad de las palabras, pero sí el sentido.

A Neruda le extrañó que el Che no hubiera estado en la proyección de la película. El Che le respondió que una película tendría que basarse en los momentos culminantes de la batalla, y que para los que habían estado en ella, no había tales momentos culminantes. Me dio la impresión de que cuando la realidad de su vida se convertía en ficción, él se sentía, como es natural, incómodo.

Después pasó a hablarse de la situación política. En Cuba esperábamos la agresión yanqui (que al cabo llegaría en abril del año entrante): había tensión y acuartelamiento. El Che, convencido de que nos atacarían, lejos de descartar la agresión directa, me parece que la consideraba como la más probable. El Continente conocía en ese momento una intensa maquinación diplomática, con el fin de provocar antes la ruptura colectiva con Cuba. No sería extraño que los gobiernos latinoamericanos se plegaran a ello. De la endeblez de los «liberales» latinoamericanos acababa de dar prueba el expresidente guatemalteco Arévalo, llamando a Cuba «sardina roja» o algo así. Pero el Che no tenía la menor duda sobre la capacidad de resistencia del pueblo, sobre su inquebrantable voluntad de victoria. Acababa de regresar de un viaje por países socialistas, y venía impresionado por el esfuerzo y la tenacidad de algunos de ellos, como Corea, materialmente agujereada por la guerra y que, sin embargo, estaba construyendo el socialismo. Desde luego, algo similar supondría para nosotros grandes sacrificios, privaciones incluso de objetos importantes para nuestra vida diaria.

Neruda quiso asegurarse de que entre esos objetos no se encontrarían los libros. El Che le respondió que eso dependería de la agresión: en primer lugar, se necesitarían alimentos, medicinas, armas, instrumentos de trabajo. Neruda reiteró su preocupación por las publicaciones, no solo las extranjeras sino también las nacionales, que debían ser, decía, cuidadosas y bellas. La tipografía debe atenderse, es algo delicado: cuando se pierde su tradición, se adquiere la costumbre de los libros feos, y cuesta mucho enderezar el mal gusto. Como es natural, el Che asentía. Me agradaba ver a Neruda, el poeta militante, volver sobre esta preocupación al parecer meramente esteticista. Mientras tanto, yo me había fijado en que, en un armario, había varios saquitos de mate. Empecé a esperanzarme con la idea de tomar al fin mate en la vida real, no solo leyendo autores del Plata, que nos han inclinado a esa bebida como los escritores rusos del siglo XIX nos hacen requerir un samovar. En ese momento, alguien entró con una bandeja... de café. El mate resultó ser regalo accidental de un amigo. El Che, que no decía *vos* ni *macanudo*, tampoco era ya hombre de mate. Del café, como era previsible, se pasó a la poesía. El Che era buen conocedor de la poesía de Neruda, cosa que a Pablo lo llenó de la satisfacción que es de imaginar. Habló luego de las lecturas en la Sierra para aprender y enseñar. Había leído Martí a sus hombres, y a veces les resultaba difícil. Les era menester una redacción más asequible. Jaime Barrios, economista chileno conocido por Neruda, entró entonces, y supimos que el Che era solicitado para una reunión. Se volvieron a retomar temas conversados y nos despedimos.

A partir de 1959 ó 1960 había coincidido varias veces con el Che en recepciones diplomáticas que entonces no eran nada formales, pero donde apenas me era dable, si acaso, saludarlo. No obstante, en una de esas oportunidades, en el restorán La Torre, el cual se usaba para esos menesteres, lo rodeamos varios escritores y artistas (recuerdo entre ellos a mi compañera Adelaida y a Rine Leal) y tuvimos con él una conversación algo más extensa. Cada cual le hablaba de lo que quería, y él respondía con afabilidad y su habitual humor. Yo le mencioné su crónica «Alegría de Pío», que había aparecido no hacía mucho. En tal crónica, como se recordará, él contó cómo, al sentirse herido de bala en el pecho, y pensar que iba a morir, recordó el cuento de Jack London donde un hombre perece de frío. Para tirarle de la lengua, le dije que eso demostraba que él era un intelectual de tiempo completo, ya que incluso en un momento tan crítico se ponía a evocar una obra literaria. Además, añadí, evidentemente el tiro no había resultado mortal: ¿adónde había ido a parar esa bala? A lo primero, el Che me replicó que parecía mentira que yo no me hubiera dado cuenta de que se trataba de morir con dignidad, como había hecho el personaje de London. En cuanto a lo segundo, tomó mi mano y la llevó a la parte posterior de su cuello, donde todavía podía sentirse la bala.

A propósito de crónicas como esa, que el Che venía publicando sobre todo en la revista del Ejército, *Verde Olivo*, con el título *Pasajes de nuestra guerra revolucionaria*, Nicolás Guillén y yo, a nombre de la Unión de Escritores y Artistas de Cuba, lo visitamos a mediados de 1962, en el Ministerio de Industrias. Queríamos obtener su autorización para recoger dichas crónicas en un libro que publicaría la Unión. Cuando le informamos de nuestro propósito, el Che aceptó: como resultado de ese acuerdo, dio su título definitivo al libro (*Pasajes de la guerra revolucionaria*), revisó las planas últimas y se las devolvió a Guillén, añadiéndole al final unas líneas humorísticas.

En aquel encuentro hablamos después de otras cosas, y de repente, para mi sorpresa, Nicolás sacó un modelo de ingreso en la UNEAC, se la dio al Che (a quien tuteaba), y le pidió que lo llenara. El Che admiraba mucho a Guillén. Lo había presentado con palabras bien elogiosas en un recital que en febrero de 1959 se le organizó en La Cabaña al autor de la *Elegía a Jesús Menéndez*. Pero ni siquiera esa admiración fue suficiente para que accediera a la solicitud de Nicolás, a quien dijo que no se consideraba escritor. Tercié en la conversación, explicándole al Che que seguramente Guillén no pensaba al hacerle la solicitud en los versos del comandante, que al parecer él mismo no apreciaba demasiado, sino en textos como los que nos habían llevado allí, y donde él se revelaba un evidente escritor, si bien no un escritor al uso. Pero tampoco mi argumentación lo hizo variar de criterio.

Poco después de esa visita recibí desde París una carta de mi amigo Robert Altmann en que me pedía gestionarle una entrevista con el Che a David Rousset, quien pensaba visitar Cuba. Cuando el autor de *El universo concentracionario* llegó a la Isla, trasladé mi solicitud. El Che lo citó en el Ministerio, a las doce de la noche de un sábado. Me pareció natural que yo fuera con Rousset a la cita, y así lo hice. El Che salió puntualmente de su despacho, se dirigió a nosotros, habló con Rousset en un francés fluido, y volviéndose hacia mí me preguntó, con su ironía acostumbrada (que yo no pude dejar de vincular a su opinión sobre alguno de mis juicios durante la visita previa, con Guillén), si yo era el traductor. Hubiera querido irme en ese mismo momento, pero no había forma elegante de hacerlo, así que quedé con ellos durante el resto de la noche. El Che nos arrastró al trabajo voluntario que realizaría en una textilera, adonde llegamos en el auto del Che, conducido por él mismo, para sobresalto de su escolta. Ignoro si Rousset escribió después algo sobre la singular visita.

Mi siguiente (y más memorable) encuentro con el Che se debió a un azar: un «seguro azar», en las palabras de Salinas. En los primeros días de marzo de 1965, al ir a abordar ese avión Praga-Habana que todo cubano toma, o aspira a tomar, alguna vez, y que se va haciendo familiar como un tranvía de barrio, tuve la alegría de saber que haría el vuelo no solo con muchos alumnos becados, sino también con el Che y otros compañeros del gobierno (Osmany Cienfuegos, Arnol Rodríguez), además del secretario del Che, Manresa. Cruzamos unas palabras, y todo no habría pasado de allí. Pero, por desperfecto del aparato, el vuelo supuso una larga detención en Shannon, Irlanda, y significó dos días con sus noches. En esas condiciones, sin tabaco que fumar, prácticamente sin libros que leer (el Che acabó leyéndose la antología poética compilada por De Onís, que yo llevaba, así como mi ensayo «Martí en su [tercer] mundo», con el que fue generoso), y a pesar de ocasionales incursiones en el ajedrez y el dominó, la conversación adquirió una importancia especial. Debo a ese hecho fortuito el haber hablado algunas horas con el Che, lo que es una de las cosas gratas y aleccionadoras que en estos tiempos me han ocurrido.

El Che es persona difícil de elogiar. Con una mirada, una sonrisa, o llegado el caso una frase mordaz, desarma al candoroso (o malicioso) alabador. Deplora a los turiferarios y sus variantes. Por otra parte, es imposible no sentir en su compañía, incluso en esa temporal y accidental intimidad, la impresión de rectitud y grandeza que emana de él. Y desde luego de austeridad. A la pobre aeromoza del avión de Cubana que en el aeropuerto de Shannon le llevó una caja de tabacos, le preguntó si la acababa de comprar en dólares, y al responderle ella afirmativamente, le pidió que la devolviera y reclamara el dinero.

La evidencia de la superioridad humana del Che la ha expresado admirablemente uno de los escritores más rigurosos de nuestra América en estos años: don Ezequiel Martínez Estrada. También él sintió esa impresión, y la dijo en su «Che Guevara, capitán del pueblo». Véanse esas páginas del escritor menos áulico del Continente, y me será más fácil hacerme entender. Ellas expresan, mejor de lo que yo podría hacerlo, la experiencia que me fue dado tener en esas horas. Que no estaban hechas, por supuesto, de meros asentimientos.

Se comprenderá que en horas se habla de muchas cosas. Algunas iban a adquirir después, para mí, valor especial. Como su observación de que, a diferencia de Fidel, y de muy escasos gobernantes del Tercer Mundo, Ben Bella no contaba en torno suyo con un equipo de hombres fieles. Pero, en general, el Che volvía entusiasmado con África, y lamentaba lo poco que entre los pueblos africanos habíamos divulgado nuestros hechos, y lo poco que nosotros conocíamos los suyos. Es menester salvar ambas lagunas: enviarles, traducidos al inglés y al francés, nuestros textos más importantes, y editar aquí los de ellos. Él había recomendado la publicación entre nosotros del libro fundamental de Fanon, *Los condenados de la tierra*, y hablamos de él. A partir de la experiencia concreta de África, Fanon llegó, por sus propios pasos, a conclusiones bien cercanas a las de nuestra Revolución. Nos es menester pensar por nuestra cuenta los problemas y las soluciones. Es bien pobre, por ejemplo, lo que existe en relación con la economía política del período de transición. Hay que ir a las fuentes, estudiar acuciosamente a Marx y Lenin. Sólido conocimiento de los clásicos, y fidelidad, en los planteamientos, a nuestras realidades, nos permitirán eludir el escolasticismo contemporáneo. Esa es tarea particularmente importante y difícil para nuestros países, los países de eso que ahora han dado en llamar el Tercer Mundo. Carecemos de cuadros especializados, pero no por eso podemos quedarnos de brazos cruzados. Hay que interrogarse ante los errores, dar con sus raíces, rectificarlos. Arriesgamos quedar presos en la ley del valor y sus consecuencias, aun cuando creamos asumir posiciones inequívocamente revolucionarias.

Hablamos de un trabajo que había aparecido recientemente en la revista de Sartre, *Les Temps Modernes*. Se trata de «El castrismo: la larga marcha de la América Latina». Su autor, Régis Debray, joven estudioso francés que viviera en Cuba y en otros países de la América Latina, es un admirador irrestricto del Che. En su casa, que yo acababa de visitar, solo hay un retrato: una foto del Che que le tomó él mismo en La Habana. Esto no se lo dije al comandante, pero de la lectura del artículo se desprendía más de lo que yo pudiera decir. Dicho artículo es sin duda notable, y al Che le interesaba, aunque aquí o allá hubiera propuesto rectificaciones.

No sé cómo pasamos a hablar de lecturas juveniles. El Che tuvo esa formación de francotirador propia de muchos intelectuales latinoamericanos y caribeños: se entusiasmó con Freud y se separó de él ante el fanatismo estrecho de muchos sicoanalistas; no desconoció a Spengler, quien tanto influiría precisamente en Martínez Estrada; le atrajo la literatura, pero estudió medicina. El resto de lo que sus biógrafos llamarán su evolución, pertenece ya a la historia de nuestros años. El Che en Guatemala, en México, en Cuba; el Che guerrillero, estadista, economista, escritor, teorizante. Se trata de uno de esos grandes hombres múltiples que nuestras tierras mestizas dan de tiempo en tiempo, y es ya inimaginable en un país capitalista desarrollado.

Le mencioné la nueva edición de su libro *La guerra de guerrillas*, que yo le había pedido para hacer con él un *Bolsilibro*, en las ediciones de la UNEAC, donde ya habíamos publicado los *Pasajes*... El Che no estaba conforme con reditar el libro tal como está en la actualidad: quiere reescribirlo, de acuerdo con nuevas experiencias, o al menos hacerlo preceder de un prólogo aclaratorio. Yo le expliqué que nos interesaba la obra en sí, por el valor histórico que ya posee, pero el Che pensaba sobre todo en la utilidad que podría prestar. También hablamos de sus *Pasajes*, y de una nueva estructura que hubiera querido darles. Al abordar las publicaciones cubanas, mencionamos los libros de la colección Arte y Sociedad, que él había leído. *La necesidad de arte*, de Fischer, le parecía interesante y útil, aunque considerara excesivo nuestro entusiasmo por el libro. Yo le hablé de la posibilidad de dar a conocer allí alguna obra *non sancta* (concretamente, *Literatura y Revolución*, de Trotski), y ello no le preocupó, aunque me sugirió que le añadiera un prólogo mío. Pero mucho de lo publicado por autores cubanos lo estimaba distante todavía de la calidad requerida. Coincidiendo en principio con él, le sugerí sin embargo que acaso esa opinión era un capítulo del contrapunto entre el hombre de acción y el hombre de contemplación. Este último aparece siempre a los ojos de aquel como defectuoso. Pero no: el Che no escatimó su elogio para aquellas obras cubanas de primer orden, especialmente la novelística de Alejo Carpentier, y fue generoso en muchos de sus juicios. Desde luego, consideraba imprescindible el mayor compromiso revolucionario por parte de nuestros intelectuales. Me prometió entonces dejarme ver copia de un trabajo que había escrito sobre esto.

El lector supondrá que se trataba de *El socialismo y el hombre en Cuba*, que ha sido amplia y justamente divulgado. Yo hubiera preferido, y así se lo hice saber personalmente y luego en una carta larga [véase en la p. 179 de este libro] y acaso excesiva, que no metiera en un mismo saco a todos los escritores y artistas de su generación; pero los puntos de vista de ese trabajo son de una extraordinaria importancia, y enriquecerán mucho nuestro ámbito. Por cuestiones meramente profesionales, hablamos sobre todo de aquellas partes tocantes a la literatura y el arte. El Che ha desencuadernado, para siempre entre nosotros, los errores del llamado realismo socialista, si bien insiste en que no podemos bastarnos con esa actitud, sino proseguir hasta dar con un arte que sea expresión de nuestro grandioso proceso revolucionario.

Aunque me detuviera en esos puntos, por las razones mencionadas, ellos distan mucho de ser los más importantes del trabajo. Es tonto que ahora me ponga a glosar lo que ya está dicho, y muy bien dicho, en esas páginas memorables. Pero sí podría comentar sobre lo que no está escrito allí, y me pareció entender. Me pareció entender que el Che considera la conversión de un hombre en revolucionario genuino como una ascesis, un proceso de purificación similar a aquel a que aspiran algunos religiosos. De más está decir que estas palabras no pretendo atribuírselas a él. Se trata de hacerse mejor, para decirlo en términos sencillos, de darse a los demás, de olvidarse de sí, cumpliendo un deber exigente. No encontramos otras ideas en José Martí. Por supuesto, cuando la vara de medir es el propio Che Guevara, y él se considera como un aspirante a esa meta, no puede parecer extraño que su juicio sobre los demás —los intelectuales, por ejemplo— sea duro. El Che es él mismo un intelectual, pero un intelectual que ha sufrido la experiencia de esa conversión, de esa purificación, al contacto con el pueblo, con sus miserias, con sus padecimientos, con sus luchas. No es cierto que no haya habido intelectuales en la Sierra: los hubo, comenzando por el propio Fidel. Ese es el caso del Che, sin duda. Pero se trata de intelectuales que fueron capaces de ir más allá, de transformarse, para servir más. En Martí, en Rubén Martínez Villena, Cuba nos había ofrecido ejemplos así. Naturalmente que no se supone que todos los intelectuales logren esa dimensión, que será alcanzada por los dirigentes, por la vanguardia, para decirlo en los términos del Che. Y son ellos los que, al hacer posible la configuración histórica del país, hacen posible, también, la tarea de los otros trabajadores intelectuales. A esos trabajadores intelectuales les ha sido dada una responsabilidad inmensa, que es un desafío: ser los contemporáneos, y alguna vez los contertulios, de los revolucionarios más importantes de estos años. Algo así como ser contemporáneo de Lenin, o, en nuestra área, de Bolívar. No cabe duda de que una zona de nuestro arte se ha lanzado a aceptar ese magno desafío; no cabe duda, tampoco, de que los resultados —y acaso los métodos— todavía no están por regla general a la altura de lo que se requiere. Negar lo primero, es equivocarse; también negar lo segundo. Pero no quiero desviarme hacia ese tema.

Ahora veo cuánto me he ido alejando de Santa Clara. De golpe, voy a meterla de nuevo en la conversación. Después de todo, ya no habrá manera de que oigamos hablar de la batalla de Santa Clara sin que nos venga al recuerdo el nombre del Che; ni viceversa. Puesto que de él he estado hablando, está bien que se piense en «su» ciudad. (Los poetas árabes solían comparar el asedio a una ciudad con el cortejo a una mujer.) El Che es definitivamente el héroe de Santa Clara. Su labor entera, además, forma parte de nuestra historia, de nosotros. Es menester merecerlo y aprender. Quiero escribir con mi mano y hacer mías estas palabras con que concluía el trabajo mencionado de don Ezequiel: «Comprendo que debo contar lo mejor que pueda, y en la forma más fiel, lo que me ha sido revelado. Cumpliré ese deber hasta el fin».

## Aquel poema*

Al principio no di mayor crédito al rumor, tantas veces propalado antes, sobre la muerte del Che. Pero cuando al suscitar yo el tema, después de una reunión de trabajo, vi llorar como una niña, inconsolablemente, a Haydee Santamaría, y me di cuenta de que la noticia era cierta, me sentí, entre otras cosas, sobrante. Varias publicaciones me pidieron que escribiera sobre el Che, y fuera de resumir unas líneas viejas, nada pude hacer entonces. Ahora han pasado ya los días inmediatos a su muerte, ahora debo enviar a la imprenta este número, y no quiero que vaya sin unas líneas mías. Me referí tantas veces al Che, explícita o implícitamente, en los editoriales de esta revista, quizá escritos para que él los leyera en alguna parte; me he valido tanto de sus textos definitivos para tratar de entender y hacer entendibles aspectos de nuestra vida, que estas palabras de ahora no pueden menos que confundirse con aquellas.

---

\* Publicado en la revista *Casa de las Américas*, La Habana, no. 46, enero-febrero de 1968, dedicado al Che a raíz de su muerte.

Incluso intenté, hace un año, una presentación del pensamiento del Che, en el prólogo a una antología de textos suyos. Ya entonces estaba convencido de que el hombre que ahora acaba de morir no solo era un héroe, sino además, intelectualmente hablando, un genio. Como en el caso de Martí, su indudable hermano, corremos el riesgo de que la transparente e inabarcable grandeza de su sacrificio haga olvidar que en este ser bullían ideas deslumbrantes, que buscaban estructurarse coherentemente en una visión del mundo. En imagen de extraña resonancia martiana, dijo él mismo: «Un poco más avanzado que el caos, tal vez en el primer o segundo día de la creación, tengo un mundo de ideas que chocan, se entrecruzan y, a veces, se organizan.» Uno de los deberes de los intelectuales cubanos será trabajar con esos chispazos, desarrollarlos (nunca congelarlos, por favor), para diseñar las figuras armónicas que él, muerto en plena juventud y asediado por mil trabajos y por una implacable exigencia de servicio, no pudo aquietar. Me gustaría colaborar, aunque modestamente, en esa tarea. Pero nada de ello puedo adelantar en estas líneas rápidas.

Por otra parte, conversando con amigos de fuera sobre cuestiones teóricas del proceso revolucionario, y mezclando en la conversación recuerdos personales, vimos qué importancia tenían, incluso para un observador requerido de ideas, los testimonios que los contemporáneos podemos ofrecer de este tiempo que no solo, como en el verso de Dante, «llamarán antiguo», sino sobre todo llamarán el de una de las más radicales revoluciones de la historia. Por eso prefiero ahora evocar algunos recuerdos.

Aunque me había encontrado antes algunas veces con el Che, la oportunidad de conversar larga y, en cierta forma, íntimamente con él, no vine a tenerla sino en marzo de 1965. Compartimos el avión que lo trajo a Cuba desde Praga, en vísperas de lo que iba a ser su espectacular salida de Cuba. El avión tuvo un desperfecto en el aeropuerto de Shannon, Irlanda, y estuve junto a él dos días, en que no había casi nada que hacer sino hablar y hablar. Algo de esas conversaciones conté en un artículo para la revista *Cuba*, en agosto de 1965. No voy a repetirme aquí, limitándome a dos o tres cosas que entonces no dije; y algunas de las cuales, sencillamente, no entendí entonces. Pues cuando escribí aquel artículo, ignoraba yo que el Che había salido de Cuba, y, por supuesto, la misión que se había encomendado. Todavía no se había hecho pública su carta de despedida, que Fidel leería al pueblo el 3 de octubre de ese mismo año. Por otra parte, en aquellas líneas me sentía obligado a vigilar cada adjetivo, porque es sabido que al Che le producía verdadero malestar la sombra siquiera de un halago. Y al mismo tiempo, la compañía de aquella criatura excepcional producía un sentimiento profundo de admiración, de admiración completa. No porque anduviera encaramado en los coturnos de la historia, sino precisamente por todo lo contrario: porque la historia, que no es ella misma «histórica», fuera esa sencilla y definitiva inmediatez. Otras veces, no siempre satisfecho, lo había visto irónico —con ese agresivo y pudoroso humor argentino que le sobrevivía en el fondo de un idioma ya muy limado de rioplateñismos—. Pero en esos días, lo que se me hizo más ostensible fue su cordialidad, y casi creo poder decir que su cariño. Al principio discutimos —cosa que a él le gustaba en particular—, pero después desaparecieron las discusiones, sencillamente porque, aunque yo sabía cómo le gustaba que lo contradijeran, y acababa de experimentarlo, aquel hombre me había fascinado, literalmente. Comprendí entonces desde dentro la devoción que sentían por él sus hombres: quienes estuvieron con él en el combate, pero también quienes trabajaban junto a él en el Ministerio de Industrias. Alguna vez me había burlado de esa devoción, y ahora, en justo castigo, me acababa de pasar yo mismo, con armas y bagaje, a ese grupo.

Como yo regresaba a La Habana prácticamente sin trabajo —después de una infortunada experiencia diplomática-pero-no en

París —, empecé a pensar cómo podría trabajar con él. Una de las primeras discusiones versó sobre ese viaje mío a París. El Che volvía entusiasmado de África, y deploraba que los intelectuales cubanos no visitaran más ese continente al que tan vinculados estamos. Al saber que yo venía de París, me espetó riéndose que «era una mariconada que hubieras ido a París y no a África». Le contesté con otra palabra de esa preterida y sonora familia, y estuvimos un rato en ello. Al cabo me dijo que una de las cosas que sentía no haber hecho cuando muchacho era haber vivido y estudiado un tiempo en París. Pero eso era cosa del pasado. Se exaltaba ahora con África, e insistía en que le había sorprendido lo poco que nuestras cosas, incluso las más trascendentes intervenciones de Fidel, eran conocidas en aquellas tierras. Venía con la idea de que se creara una editorial en lenguas extranjeras, por lo pronto inglés y francés, para dar a conocer nuestros textos principales sobre todo en los países africanos y asiáticos; y, al mismo tiempo, hacer que aquí se imprimieran y divulgaran las principales obras políticas de esos países. Hablando de publicaciones, le mencioné lo conveniente que sería que Cuba contara con una revista donde se pudieran publicar textos polémicos que no comprometieran al Gobierno ni al Partido. «Sí,» dijo él con humor, «dirigida por un inconsciente.» Me adelanté a asentir, entusiasmado: «Eso mismo, comandante», y nos reímos. Cuando, poco tiempo después de volver a Cuba, la compañera Haydee Santamaría me ofreció dirigir esta publicación, le escribí enseguida al Che para decirle que ya teníamos esa revista, y que contaba, por supuesto, con la colaboración suya. Pero esa carta, que entregué personalmente a su secretario Manresa, junto con otra, polémica, sobre *El socialismo y el hombre en Cuba*,[1] no llegó ya a sus manos.

Añado un par de anécdotas disímiles pero peculiares. El Che no leía inglés, y en un momento me pidió que le tradujera de viva voz artículos sobre él aparecidos en difundidas revistas estadunidenses. No pocos párrafos de esos artículos eran tan calumniosos y groseros, que me detenía a veces ante ellos, y el Che tenía que insistirme, diciéndome que no me apendejara y siguiera en mi desagradable tarea. En otra ocasión me espetó a boca de jarro que a qué atribuía yo que la URSS se hubiera ido a la mierda. Me sobresaltó la pregunta, y, como no hacía mucho había leído varios libros de Isaac Deutscher donde se abordaba (con otras palabras) el tema, le respondí con las tesis de Deutscher. El Che, por su parte, según me dijo a continuación, atribuía el hecho a la NEP, y a que la prematura muerte de Lenin impidió la rectificación que él hubiera podido acometer.

La segunda noche decidimos salir de aquel aeropuerto que ya nos sabíamos minuciosamente pulgada a pulgada, e ir al cercano pueblo de Shannon. Con otros compañeros (el capitán Osmany Cienfuegos, Arnol Rodríguez y Manresa) tomamos un ómnibus viejo, de dos pisos, y media hora después nos paseábamos por una calle provinciana. El glorioso uniforme de comandante del Ejército Rebelde que para cualquier cubano real es motivo de emoción, atravesaba la avenida sin que nadie reparara en él, como si se tratara de un uniforme de cartero. Se lo hice ver, y creo que el Che, a pesar de que estaba impaciente por volver, agradecía un poco aquella inesperada (aunque bien precaria) vacación que voluntariamente no se hubiera concedido nunca. Unas horas antes me había hablado de su vida en los últimos años, sin un solo día de reposo, ya que los domingos los dedicaba al trabajo voluntario, como yo sabía. Aquella noche, que yo vivía como si ya la estuviese recordando, paseamos riendo hasta dar, después de algunas averiguaciones infructuosas, con una modesta taberna donde tomamos cerveza sin que la gente se fijara apenas en nuestro idioma incomprensible. El Che sacó una píldoras rojas, que todavía ahora no sé para qué serían —porque la explicación procaz que me dio era visiblemente inventada—, y las tomó con lo que le quedó de la cerveza: digo «lo que le quedó», porque Arnol, al moverse en la estrecha mesa en que estábamos, le viró el vaso, y la cerveza le empapó el pantalón. El Che caminó después, de vuelta al sitio donde debíamos tomar el ómnibus, asegurando que ya él era crecidito y la gente no iba a imaginarse otra cosa.

Me he preguntado muchas veces, por supuesto, si el Che tenía decidido salir de Cuba durante ese viaje. He tratado de recordar cada frase, cada gesto, sin avanzar mucho ni en un sentido ni en otro. Lo que sí me parece seguro es que una semana después de la fecha de llegada —la noche entre el 14 y el 15 de marzo de 1965—, había tomado esa decisión. Entonces no me di cuenta, pero las pocas cosas que me dijo o supe en esa ocasión iban a ser iluminadas por los hechos posteriores. Por dos razones fui a verlo entonces: la más visible y confesable, pedirle mi antología de poesía en lengua española de De Onís, libro difícil de conseguir que no quería perder y le había prestado para que leyera durante el viaje. El Che no pudo devolvérmelo cuando llegamos al aeropuerto, donde lo esperaban Fidel, Dorticós y otros dirigentes revolucionarios. La otra razón era tantear la posibilidad de trabajar con él. «¿Pero en qué» (me iba preguntando), «no siendo yo un técnico? Quizá en lo de los libros...» Por otra parte, no me parecía extraño que el Che fuera enviado en alguna misión oficial a Vietnam (no sé exactamente por qué pensaba esto), y me hubiera gustado ir con él. Habíamos hablado de lo importante que era que en esas delegaciones se incluyera también a escritores. Cuando llegué frente a su oficina, estaba allí con alguien, pero su secretario, Manresa, tenía el libro para mí. Al dármelo, me dijo: «El comandante me hizo copiar un poema antes de devolverte el libro.» «¿Cuál?», le pregunté: «Bueno, te lo voy a decir, pero no se lo comentes.» Prometí ser discreto como una tumba discreta. Y me lo dijo. También me invitó a quedarme un rato con él. «El comandante está muy ocupado, pero no te vayas todavía.» Me senté a recordar juntos las incidencias del viaje, y al poco rato se abrió la puerta del despacho y salieron Regino Boti y el Che. Nos saludamos. Boti dijo con su enorme risa: «Me voy. Los dejo entre poetas.» El Che: «No, entre filósofos.» En realidad lo que hicimos fue quedarnos de pie, casi sin decirnos nada. Ahora que lo escribo pienso que acaso estábamos como esos efusivos compañeros de barco que se han intercambiado tarjetas, fotos, recuerdos, intimidades, y al llegar a tierra vuelven a separarse con un saludo cortés. Habíamos andado peludos y ajados durante el viaje. Yo seguía así, pero el Che rezumaba pulcritud. A falta de tema más trascendente, empecé por ahí: «Veo que se ha pelado. Yo sigo peludo y cesante.» Él: «Bueno, yo también estoy de más en el Ministerio.» Acostumbrado a verlo cambiar de una a otra responsabilidad revolucionaria, no di mayor interés a esas palabras. Después de todo, éramos muchos los que creíamos que hacía tiempo que el Ministerio le venía estrecho. Dijo dos o tres frases más que o no tenían importancia o yo no entendí entonces, y volvimos a quedarnos en silencio. Decididamente, no era la mejor coyuntura para plantearle nada. Nos despedimos. Todavía hablé algo con Manresa, y al salir vi al Che de espaldas, caminando lenta, gravemente por un largo pasillo interior del Ministerio. Estaba lejos de imaginar siquiera que esa iba a ser la última imagen que tendría de él.

Cuando estaba en el ascensor, me pregunté, sin encontrar respuesta, por qué el Che le había pedido a Manresa que le copiara aquel poema y que no me dijera nada. Era el «Farewell», de Neruda.

*[1967]*

## Para un diálogo inconcluso sobre *El socialismo y el hombre en Cuba*

Como he contado varias veces, por el honor que ello me significó, a mediados de marzo de 1965 tuve la excepcional ocasión de coincidir con el Che en un viaje en avión de Praga a La Habana, que resultó ser el último que él hiciera abiertamente a Cuba; y también la ocasión, menos excepcional, de que el avión, uno de aquellos Britannia de Cubana que ya eran viejísimos, se rompiera al llegar a Shannon, Irlanda. Tenía dañada una pieza por cuyo remplazo había que esperar. Ello me dio la oportunidad de pasar unos días y noches conversando casi incesantemente con el autor de *Pasajes de la guerra revolucionaria*. No solo conversamos: nos intercambiamos materiales de lectura. Él me dio, escrita a máquina, la carta a Carlos Quijano conocida como *El socialismo y el hombre en Cuba*; yo a él, mi ensayo «Martí en su (tercer) mundo», que no hacía mucho había publicado la revista *Cuba Socialista*. Tras leer su carta, le expresé mi acuerdo con lo esencial del texto, pero también algunas discrepancias, y el Che me instó a hacerlas públicas. Le respondí, con palabras más rudas pero equivalentes, que no creía que nadie en Cuba se atreviera a editar mis discrepancias con «el héroe de Santa Clara» (así se conocía entonces, por antonomasia, al Che). «Yo», me respondió. Recordé cómo le interesaba polemizar: incluso había creado una revista en su Ministerio de Industrias con ese solo fin. Muchos años más tarde, gracias al libro del compañero Orlando Borrego *Che, el camino del fuego* (La Habana, Ediciones Imagen Contemporánea, 2001), conocí más sobre esa actitud suya. Cuando Borrego nos autorizó a publicar en la revista *Casa de las Américas* (no. 223, abril-junio de 2001), tomada de ese libro, la carta a la amiga Sol Arguedas escrita por Borrego, pero con añadidos fundamentales del Che, por lo que en la revista aparecieron ambos como autores de una carta que titulamos «Respuesta a "¿Dónde está el Che

Guevara?"», se pudo leer de puño y letra del Che: «si se negara el derecho a disentir en los métodos de construcción (lucha ideológica) a los propios revolucionarios se crearían las condiciones para el dogmatismo más cerril. Debemos convenir en que los criterios opuestos sobre métodos de construcción son el reflejo de actitudes mentales que pueden ser muy divergentes en ese punto, pero planteándose honestamente el mismo fin». A tales puntos de vista me acojo para leer en público por vez primera, hoy 4 de junio de 2003, al inicio del homenaje que se rinde al Che con motivo del 75to. aniversario de su natalicio, la carta que sigue, y de la cual di a conocer copia a la compañera Aleida March. En su momento se la mandé, con destino al Che, a su secretario, el compañero Manresa, junto con un poema mío donde, de alguna forma, proseguía mi diálogo con el Che, esta vez centrándome en la tesis de que en las épocas de transición como la que atravesábamos y atravesamos y que tanto preocupaba al Che, vivimos hombres de transición. En el título original, el poema mencionaba al «comandante Guevara», pero al cabo, por razones que espero comprensibles, en vez del nombre del Che, puse el de un poeta cubano entonces todavía injustamente casi olvidado, José Zacarías Tallet, quien había escrito el notable poema «Proclama», que justificaba involucrarlo en mis versos.

El envío resultó en vano. El Che, a quien ya me había dirigido también en vano solicitándole colaboración para la revista *Casa de las Américas*, se había marchado de Cuba, lo que yo ignoraba, a pelear en «otras tierras del mundo». A su magnífica memoria dedico esta lectura de lo que, desgraciadamente, resultó un diálogo inconcluso.

* * *

La Habana, 14 de mayo de 1965
Año de la Agricultura

Comandante Ernesto Che Guevara
Ciudad

Compañero comandante:

Tal como le prometí cuando me dio usted la oportunidad de leer por vez primera su carta a Carlos Quijano, el director del semanario *Marcha*, le estoy expresando por escrito algunas opiniones sobre ese trabajo, de tanta importancia para nosotros.

En primer lugar, le ratifico mi acuerdo con la gran mayoría de las cosas que usted dice allí. En algunos casos, ese acuerdo es todavía mayor ahora, lo que quizá se deba a que esta nueva vez no leí el trabajo en un avión ni en un hotel de aeropuerto, sino en el campo, en el momento de reposo que teníamos al mediodía los compañeros de la Escuela de Letras y Arte que habíamos ido a cortar caña por dos semanas. Pero sobre esos acuerdos no es necesario insistirle: primero, porque sería redundante; y además, porque es poco lo que sé sobre muchas de esas cuestiones. Desde luego, no es fácil separar tajantemente unos temas de otros, y en algún punto es probable que roce zonas límites.

Le dije entonces que usted es de los primeros en abordar con criterio marxista militante ciertos problemas de lo que en la jerga de los filósofos se llama «antropología filosófica». Con gusto me extendería sobre ello. Pero, por las razones apuntadas, voy rápido a lo que, profesionalmente, me atañe más en su trabajo; a lo único sobre lo que tengo un conocimiento y sobre todo una experiencia un poco por encima de lo normal; y además, a la única verdadera discrepancia: me refiero a algunas observaciones sobre el arte y los artistas en Cuba.

Usted ha dicho con respecto a los problemas artísticos, cosas que representan positivos pasos de avance. Pienso, por ejemplo, en su enjuiciamiento de lo que ha sido llamado «realismo socialista», resultado, afirma usted, de «un dogmatismo exagerado». Nosotros hemos eludido, añade, ese error, el del «mecanicismo realista», pero hemos cometido «otro de signo contrario»: y ello, por no haber comprendido «la necesidad de la creación del hombre nuevo, que no sea el que represente las ideas del siglo XIX, pero tampoco las de nuestro siglo decadente y morboso». Y más adelante: «La reacción contra el hombre del siglo XIX nos ha traído la reincidencia en el decadentismo del siglo XX.» Ahora bien: la rápida identificación del siglo XX con la decadencia no es enteramente correcta. Cuando en 1948 surgió la cibernética en los Estados Unidos, en la Unión Soviética se apresuraron a fulminarla, ya que proviniendo del capitalismo, que no era sino pura decadencia, ella no podía ser a su vez sino un producto decadente. Hoy, la cibernética está hasta en la sopa en la Unión Soviética, como en todos los países desarrollados del mundo. No podemos tomar nuestros deseos por realidades, ni dejar de reconocer el carácter complejo y contradictorio de un sistema que marcha hacia su ruina, pero en cuyo seno hay ya, como no puede menos de ser, gérmenes del futuro. ¿De dónde saldría el futuro, si no? El futuro no sale de sí mismo, sino del presente. Ocurre algo relativamente similar en cuanto al arte, que no hay que separar exageradamente de la ciencia, aunque a nadie escapan las diferencias evidentes, sino, por el contrario, ver en algunos aspectos en relación con ella, como en lo tocante a la amplitud de búsqueda y experimentación que ambos requieren. Hay decadencia, por supuesto, pero no *todo* es decadencia. Concretamente, hay que separar lo que en el arte producido en el seno de las sociedades capitalistas es *decadencia*, de lo que es *vanguardia*. Esto es lo que nos ha señalado un pensador marxista italiano, Mario de Michelli, en su libro de 1959 *Las vanguardias artísticas del siglo XX* —que sería muy interesante dar a conocer a nuestro pueblo, como hicimos con el libro de Fischer *La necesidad de arte* —:

> Esta es la situación que da origen a gran parte de la vanguardia artística europea: al abandonar el terreno de su propia clase, y al no encontrar otro en el cual trasplantar sus raíces, los artistas de la vanguardia se transforman en desarraigados. Sin embargo, mezclar en un juicio apresurado esos artistas con el decadentismo verdadero, sería un error. Desde luego, no son pocas las experiencias del vanguardismo que coinciden necesariamente con las del decadentismo, o forman parte de él; pero existe en la vanguardia un espíritu revolucionario (que es su espíritu verdadero) que de ningún modo se puede liquidar tan apresuradamente. La existencia de este espíritu se hace evidente cada vez que un verdadero artista de la vanguardia encuentra con las raíces un terreno histórico nuevamente favorable; o sea, un terreno capaz de devolverle la seguridad de que la única salvación consiste en la presencia activa dentro de la realidad, y no en la evasión.

Si no comprendemos esta distinción entre lo que es decadencia, señal de cosa moribunda, y lo que es vanguardia, obra de rebeldía y acaso anuncio parcial del porvenir, no nos será dable explicarnos que muchos —la mayoría— de los artistas de vanguardia, estéticamente hablando, sean también de vanguardia en el orden político: pienso, por ejemplo, en el mayor pintor del siglo, Pablo Picasso, cuya evolución artística, política, humana en general, es ejemplar: su actitud favorable al arte africano, cuando joven, implicaba ya una censura al colonialismo, que en sus salones oficiales mostraba un arte convencional, mientras a nombre del «fardo del hombre blanco» oprimía a pueblos capaces de crear belleza, y de influir sobre los propios países capitalistas en su plástica y en su música. Ese mismo Pablo Picasso pintaría después el impresionante *Guernica* con los instrumentos que la vanguardia puso en su mano; y adheriría finalmente al Partido comunista, no como una rectificación, sino como una culminación de su vida de rebeldía y creación. De rechazar los módulos estéticos de la burguesía decadente, a denunciar con energía en su obra el crimen nazifascista en España, y militar luego en el partido de vanguardia de la clase obrera, la línea es una. Otro tanto puede decirse de los poetas mayores que el continente latinoamericano haya dado en este siglo: César Vallejo y Pablo Neruda, para acercarnos a una órbita más nuestra. Y en los propios países socialistas, ¿no han estado artistas provenientes de la vanguardia entre los más altos creadores que haya ofrecido ese mundo? De la vanguardia provenían Mayacovski, Eisenstein, Meyerhold, los constructivistas, la pléyade magnífica que asombró al mundo a raíz de la gran Revolución de Octubre en Rusia. Solo las amargas vicisitudes que viviría después su patria, única y heroica nación socialista durante largos y duros años, y ese «dogmatismo exagerado» que en su aislamiento segregó el país, y sobre el que ha hablado usted, pudieron dar al traste con ese movimiento —y por cierto que también con la vida de algunos de sus protagonistas—. Alguien tan poco sospechoso de desviaciones procapitalistas como Stalin, fue quien calificó a Mayacovski de primer poeta de la era soviética. Y Mayacovski es un representante ejemplar de artista de vanguardia, en el orden estético, al servicio de la revolución. Por su parte, la República Democrática Alemana tuvo el privilegio de contar con el dramaturgo más creador de nuestros años: Bertold Brecht. Jamás abjuró Brecht de la vanguardia artística que él encarnó admirablemente. Volvió a su patria en el momento de la construcción del socialismo, y su obra, su ejemplo, su tradición revolucionaria son celosamente mantenidos allí.

Todo *verdadero* artista de vanguardia, lejos de identificarse con la decadencia del mundo capitalista, rechaza ese mundo podrido, con sus crímenes, sus convenciones, su codicia, su hipocresía.

Incluso el arte de aquellos artistas de vanguardia cuyo desarrollo político no está al mismo nivel que su desarrollo estético, ayuda a combatir al mundo de ayer —y desgraciadamente, en parte de hoy— y anuncia, en forma que no podemos prever, algo del mundo y del arte de mañana. Pero, desde luego, no hay que engañarse sobre este último: el arte de mañana lo harán los hombres de mañana. Si nosotros les hacemos su arte, ¿qué es lo que van a hacer ellos? El siglo XXI hará el arte del siglo XXI. Nosotros, el de nuestro siglo. Y si ese arte nuestro, necesariamente de tránsito, rechaza lo que hay que rechazar y anuncia lo que hay que anunciar, los hombres de mañana encontrarán en él alguna utilidad y alguna belleza. Pero harán otro arte, por supuesto.

Me he extendido sobre estas generalidades, porque nos atañen. Lo que usted llama nuestra «reincidencia en el decadentismo del siglo XX» no es tal: muchos de nosotros también rechazamos el decadentismo, pero no podemos dejar de admirar la vanguardia: sabemos que ella es el pasado, pero también sabemos que de ella está saliendo ya, al contacto con la gran realidad presente, el arte nuevo. En la medida en que nuestro arte haya podido formar parte de eso que se llama vanguardia, no podemos sino asentir cuando leemos en De Michelli (y perdóneme que lo cite por segunda vez, subrayando algunas líneas):

> Desde luego, no son pocas las experiencias del vanguardismo que coinciden necesariamente con las del decadentismo, o forman parte de él; pero *existe en la vanguardia un espíritu revolucionario (que es su espíritu verdadero)* que de ningún modo se puede liquidar tan apresuradamente. *La existencia de este espíritu se hace evidente cada vez que un verdadero artista de la vanguardia encuentra con las raíces un terreno histórico nuevamente favorable*; o sea, un terreno capaz de devolverle la seguridad de que la única salvación consiste en la presencia activa dentro de la realidad, y no en la evasión.

¿Cómo no reconocer esto —no hablo del aspecto cualitativo, sino de la dirección, del sesgo general—, en muchos (o al menos en algunos) de los nuevos narradores, los nuevos poetas, los nuevos dramaturgos, los nuevos cineastas, los nuevos dibujantes, los nuevos artistas de la Cuba nueva?

Cuando usted aborda la situación específica de Cuba en este aspecto, comienza por afirmar que «la desorientación es grande» (lo que no creo que sea aplicable solo a Cuba, ni solo al arte en Cuba, donde en todos los órdenes se busca, se experimenta, de acuerdo con ese método con que trabaja la naturaleza y a veces la misma historia, y que es llamado «ensayo y error»). Después añade que «no hay artistas de gran autoridad que a su vez tengan gran autoridad revolucionaria». Supongo que esos artistas de gran autoridad sean aquellos que disfrutan de reconocimiento mundial por la calidad de su obra, en verdad magnífica. En otras palabras: se trata de Alejo Carpentier, Nicolás Guillén, René Portocarrero, para mencionar a unos cuantos, provenientes todos, desde luego, de la vanguardia. Por lo menos habría dos cosas que decir sobre ellos. En primer lugar, que cualquiera de ellos podría vivir cómodamente fuera del país: si no lo hacen, si incluso varios han venido a residir aquí, es porque se sienten plenamente identificados con nuestra revolución (en la teoría y en la práctica), cuyas alegrías y cuyos riesgos comparten. Por otra parte, la edad promedio de estos compañeros está entre cincuenta y sesenta años. ¿Es esa la edad promedio de los compañeros de gobierno? Evidentemente, no. Es menester ver a esos compatriotas que disfrutan de gran autoridad artística como clásicos vivientes más bien que como hombres que vayan a actuar dinámicamente en este momento; a pesar de lo cual, lo hacen, contribuyendo en alguna medida a orientar nuestra vida cultural.

Pero al ir a considerar a «la generación actual» —la que es coetánea de los compañeros del gobierno—, la situación, según usted, es más grave. Lo único que puede hacerse con ella es «impedir que...

dislocada por sus conflictos, se pervierta y pervierta a las nuevas generaciones». Al principio del párrafo, usted había dicho que «la culpabilidad de *muchos* de nuestros intelectuales y artistas reside en su pecado original: no son auténticamente revolucionarios».He subrayado la palabra *muchos*, la cual hacía esperar que junto a ellos había *otros* que sí eran auténticos revolucionarios. Pero más adelante, ya se ha pasado a una generalización que acaba por englobar a toda «la generación actual».

¿Es eso así, Comandante? Es decir, ¿es cierto que 1) la nueva generación de escritores y artistas tiene un *pecado original*; 2) ese pecado original consiste en que no es auténticamente revolucionaria; 3) la única tarea que los compañeros del gobierno pueden realizar con esa generación es de naturaleza negativa: *impedir* que esa generación, dislocada por sus conflictos, se pervierta y pervierta a las generaciones más jóvenes?

Vamos por parte: en primer lugar, hemos entrado en el difícil terreno de las metáforas, donde no siempre es posible saber lo que quieren decir rectamente las palabras, o lo que el autor quiere que ellas digan. El «pecado original», como concepto, proviene de la tradición judeocristiana, e implica una tara de la cual no es responsable aquel que la sufre, y que nunca podrá ya quitarse de encima. ¿No le parece a usted que para un revolucionario marxista no hay «pecado original» alguno, y que el hombre, en primer lugar, es responsable solo de *sus* actos, y en segundo lugar, puede con esos actos modificar ciertas condiciones, revolucionar lo exterior y revolucionarse él mismo? No estamos condenados de antemano, como creían los calvinistas. Podemos transformarnos, hacernos otros, mejores. ¿No lo ha hecho el pueblo de Cuba? ¿No somos nosotros parte de ese pueblo? Una segunda metáfora viene a asestarnos nuevo golpe, y a quitarnos toda esperanza: pretender tales cambios en nuestra generación (es decir: en los intelectuales y artistas que vendrían así a ser quizá los únicos que no pueden aspirar a cambiar en este país) es «intentar injertar el olmo para que dé peras». La metáfora proviene esta vez del refranero castellano, y si la entiendo bien quiere decir proponerse un imposible, ya que nunca un olmo ha dado peras.

Aquí pasamos al segundo punto: ese «pecado original» consiste en que muchos escritores y artistas cubanos —entre los que luego se encuentra, sorpresivamente, toda la generación actual, *sin excepción alguna*— no son auténticamente revolucionarios. Cuando leí la primera parte, asentí: en efecto, muchos escritores y artistas cubanos no son auténticamente revolucionarios, y esto ha dado lugar a no pocas confusiones. Por cierto que esto les es aplicable a todas las actividades y profesiones del país: muchos de los que las practican no son auténticamente revolucionarios. Sin embargo, he insistido en otras publicaciones, de aquí y del extranjero (precisamente en *Marcha*, por ejemplo), en que, en cuanto profesionales, el caso de los escritores y artistas dista mucho de ser el más grave en este sentido: comparativamente, se han ido de Cuba muchos más médicos, ingenieros, abogados, profesores, etcétera, que escritores y artistas. En cuanto a los que han quedado en el país, claro que puede decirse de unos y otros que muchos no son auténticamente revolucionarios; pero también que otros sí, o al menos que aspiran sinceramente a serlo.

Al principio, decía, asentí. Cuando vi la alusión ensancharse hasta abarcar a toda la generación actual, *sin distinción alguna*, ya no pude asentir. De compañeros que han fundido sus vidas personales con la de la Revolución, y quieren correr su propio destino; de compañeros que estuvieron, como milicianos, donde se les ordenó estar cuando Playa Girón y cuando la Crisis de Octubre; de compañeros que sirven no solo con su trabajo artístico, sino con otros trabajos, a la construcción del socialismo (cuando muchas veces podrían recluirse en sus casas solo para escribir ficción o pintar); de compañeros que han ido con satisfacción al trabajo voluntario; de compañeros muchos de los cuales podrían también vivir cómodamente fuera, y han preferido y preferirán siempre vivir en su patria revolucionaria; de compañeros cuya obra intelectual y artística, por su inquebrantable voluntad de servir con ella a la Revolución, es presentada a veces por enemigos, y hasta por amigos tibios, como simple repetición de consignas que en realidad son experiencias que han vivido y viven entrañablemente; de compañeros que sienten orgullo en militar en las filas de la Revolución Cubana, que ellos creen tener el derecho de llamar también *nuestra* Revolución: de esos compañeros, comandante Guevara, puede decirse algo más que ese «no son auténticamente revolucionarios». Por ejemplo: puede decirse que *aspiran* a ser auténticamente revolucionarios. Es decir, lo que se dice de nuestro pueblo todo, del que formamos parte con entusiasmo.

¿Que nos queda mucho, muchísimo por hacer? ¿Quién puede dudarlo? ¿Que entre aspirar a ser auténticamente revolucionario y serlo de veras media un espacio grande? Bien lo sabemos. ¿Que los escritores y artistas que vengan después, formados ya enteramente por la Revolución, deben ser mejores? Si así no fuera, la vida no valdría la pena de ser vivida; la Revolución no valdría la pena de ser hecha. Mis hijos deben ser mejores que yo; los suyos, mejores que usted. Y no solo en cuestiones de arte. Pero eso, solo si nosotros hacemos nuestra tarea. Y nuestra tarea, en todos los órdenes, solo podemos hacerla nosotros, no pueden hacérnosla otros. No podemos cruzarnos de brazos (o quedar históricamente engavetados o sobrellevados) porque los que vengan luego van a ser mejores, ya que entonces los que vengan luego serán peores.

¿Que hay muchos conflictos en nosotros? Por supuesto. Los hay en todo el pueblo de Cuba. No puede ser de otra manera. En sicología, usted lo sabe mejor que yo, se llama «conflicto» más o menos a lo que en otras disciplinas sociales se llama «contradicción». ¿Quién negará que hay contradicciones en Cuba? ¿Quién negará que hay conflictos en nosotros? La contradicción es el motor de la vida histórica tanto como de la vida personal. Frantz Fanon, que además de gran teórico de nuestros pueblos era siquiatra, y que usted conoce quizá mejor que nadie en Cuba, escribió: «El conflicto no es sino el resultado de la evolución dinámica de la personalidad.» Aunque es indudable que en algunos casos esos conflictos llevan a resultados catastróficos, ¿no pueden ser vistos otros en sentido positivo, como testimonios de esa evolución dinámica, y de la inserción en la vasta problemática de *nuestra* Revolución? Los que están de espaldas a ella, los que se niegan a esa experiencia dramática, hermosa, cancelan o *sustituyen* esos conflictos: solo los que la viven entrañablemente los conocen. Intentar prescindir de ellos no puede sino llevar a esa falsa evaporación de conflictos que se dio en el realismo socialista, y cuyos resultados negativos usted ha censurado lúcidamente. ¿Por qué esperar en nuestros artistas una actitud cuyas consecuencias lamentables se han rechazado en otros artistas? Las contradicciones existen, los conflictos existen, y no pueden ni deben ser evadidos. Hasta ahora, lejos de pervertir a todos nuestros artistas jóvenes, lo que en realidad sería inconcebible, han ido llevando *al grupo más original, creador y valioso*, a una fusión de obra y vida con la Revolución. Su enjuiciamiento severo, válido sin duda para una parte, no puede ser extendido a todos, como es natural. Vea usted lo que de algunos de ellos ha dicho Ángel Rama, el crítico de *Marcha*, publicación que ha de merecerle respeto, pues a ella envió usted su trabajo:

> A ellos les ha correspondido una tarea de transformación poética de las más difíciles y considerables: descubrir, con un instrumento culto y afinadísimo, las nuevas zonas de la multitudinaria vida cubana, pasar de una lírica subjetiva a una lírica que engrane hombre privado y vida revolucionaria en un solo trazo creador. Un poco la experiencia de los futuristas rusos, en particular de Mayacovski, y que, por hacerse por primera vez

en español, tiene una enorme importancia, y es, por muchos conceptos, una experiencia que toca a la América inminente. [Se trata de poetas] cuya honestidad artística y cuya devoción a la causa revolucionaria son innegables, y que por lo mismo son excelentes testigos de los cambios de una lírica renovada.

Y Enrique Anderson Imbert, el mejor historiador viviente de la literatura hispanoamericana, y un amigo de nuestra Revolución, escribió:

> En Cuba, la Revolución de Fidel Castro y la implantación de un régimen de tipo comunista creó, entre los poetas, un ánimo nuevo. Aun aquellos que antes de la Revolución se habían distinguido por la finura de su lirismo personal, ahora aprendieron a cantar los temas de la colectividad, sintiéndose parte del radicalísimo experimento político.

Yo diría que los espíritus más alertas y revolucionarios del mundo entero han sabido reconocer esto, así como la importancia de la gran libertad concreta de creación que hay en Cuba, sin que vayamos ahora a pretender de golpe una densidad cultural comparable a la de un país desarrollado.

La viceburguesía cubana echó a un lado, como trastos, a nuestros escritores y artistas. Nuestra Revolución ha hecho de sus escritores y artistas hombres integrados al proceso histórico, lo que no puede sino llenarnos de alegría y responsabilidad. En vez de considerarnos olmos estériles para siempre, nos ha considerado trabajadores de la patria socialista. Como todos los trabajadores, tenemos todavía mucho que aprender, mucho que hacer, mucho que mejorar. Estamos dispuestos a ello —y claro que no hablo solo por mí, aunque tampoco pueda hacerlo por todos—. Eso supone proponerse (y proponernos) metas positivas, no solo negativas, en ese orden.

Usted dirá que he escrito muchas páginas para comentar unas cuantas frases. Es cierto: pero ello es un testimonio de la importancia que tienen para nosotros no solo su vida sino también su pensamiento; si es que cabe separarlos, que no lo creo. No suelo prodigar elogios ni usted suele tolerarlos, pero todo cuanto usted hace nos merece la mayor atención. Su trabajo se ha propuesto una tarea esencial: contribuir a hacer más inteligibles los logros y las metas de nuestra Revolución, los cuales, por remitir a una sociedad nueva, remiten sobre todo a un hombre nuevo. Creo que el mejor modo de demostrar el interés que tiene para nosotros su empeño es comentarlo, repensarlo, conversarlo, incluso cuando no estemos enteramente de acuerdo en algún punto, como ha sido aquí el caso. Además, le había prometido estas líneas. Ojalá no hayan sido demasiadas.

Reciba también nuestro saludo, si usted me lo permite, «como un apretón de manos o un "Ave María Purísima"».

Patria o Muerte.

*Roberto Fernández Retamar*

## Anexos

## *En el momento de enviar a la imprenta...*\*

En el momento de enviar a la imprenta los materiales de este número de *Casa de las Américas*, se dio a conocer la decisión del compañero Ernesto Che Guevara de abandonar nuestro país para

---

\* Editorial del no. 35, noviembre-diciembre de 1965, de la revista *Casa de las Américas*, La Habana, que fue un *Homenaje a Ezequiel Martínez Estrada*, a un año de su muerte.

reiniciar, en otra parte, la lucha armada contra el imperialismo. Estaban aún cercanas las palabras del último trabajo publicado por él, cuando el comandante Fidel Castro leyó, ante un pueblo conmovido, la carta de despedida del gran americano. «Los dirigentes de la Revolución», había escrito el Che en *El socialismo y el hombre en Cuba*, «tienen hijos que en sus primeros balbuceos no aprenden a nombrar al padre, mujeres que son parte del sacrificio general de su vida para llevar la Revolución a su destino.» Y más adelante: «El revolucionario, motor ideológico de la Revolución, dentro de su partido, se consume en esa actividad ininterrumpida que no tiene más fin que la muerte, a menos que la construcción se logre en escala mundial.» Y luego aún: «El internacionalismo proletario es un deber, pero también es una necesidad revolucionaria.» Hoy leemos en su carta a Fidel Castro: «En los nuevos campos de batalla llevaré la fe que me inculcaste, el espíritu revolucionario de mi pueblo, la sensación de cumplir con el más sagrado de los deberes: luchar contra el imperialismo donde quiera que esté; esto reconforta con creces cualquier desgarradura.»

Contra el imperialismo, donde quiera que esté, vuelve a pelear con las armas en la mano el revolucionario admirable cuyo sacrificio creador han conocido ya varios países de nuestra América. «La palabra», había dicho José Martí, «es la hembra del acto»: y las acciones de este hombre mayor, que reaviva la tradición de los latinoamericanos para quienes todo el Continente es una patria grande, fertilizan dramáticamente sus palabras. No podemos sino hacerle llegar, donde quiera que esté, nuestro homenaje entrañable.

Nos parece significativo que al frente de este número tengamos ocasión de acercar al nombre de un sabio, Ezequiel Martínez Estrada, el de un héroe, Ernesto Che Guevara. Sabemos cómo se estimaron mutuamente estos dos grandes argentinos del siglo: el pensamiento que se quería acción, la acción que arde en pensamiento. Aunque nacidos fuera de Cuba, a ella, a su Revolución, dieron buena parte de su excepcional tarea, tan distinta una de la otra, y tan necesarias ambas. Pero su tamaño los hizo hijos de todos los países marginales que han conocido o conocen el coloniaje. Ahora que Cuba se apresta a celebrar una reunión de representantes de los tres continentes —Asia, África, América Latina— para los cuales la revolución está en el orden del día, esta conjunción es aleccionadora. La tierra capaz de merecer hombres así, es digna de acoger a los revolucionarios de los países pobres: la Revolución de José Martí y Fidel Castro, de Ezequiel Martínez Estrada y Ernesto Che Guevara es su revolución.

## *El Comandante Ernesto Che Guevara ha muerto...**

El comandante Ernesto Che Guevara ha muerto al frente de sus tropas, que son las de nuestra América. La noticia nos llega cuando ya está imprimiéndose este número, a lo largo del cual, y no por azar, aparece constantemente su nombre. Ha muerto como solo podía morir, y su caída está lejos de aminorar la lucha que fue la razón de su existencia, como no la han aminorado jamás, antes al contrario, los grandes mártires sobre cuya sangre se afirma y agiganta la historia. Previendo este hecho, él había concluido así su *Mensaje a la Tricontinental*:

> En cualquier lugar que nos sorprenda la muerte, bienvenida sea, siempre que ése, nuestro grito de guerra, haya llegado hasta un oído receptivo, y otra mano se tienda para empuñar nuestras armas, y otros hombres se apresten a entonar los cantos

---

\* Editorial del no. 45, noviembre-diciembre de 1967, de la revista *Casa de las Américas*, La Habana, dedicado a *Situación del intelectual latinoamericano*.

luctuosos con tableteos de ametralladoras y nuevos gritos de guerra y de victoria.

Por supuesto que su grito de guerra ha sido escuchado. También sabemos que ahora el riesgo de nuestra Revolución es aún mayor, porque es mayor la soberbia sanguinaria del enemigo del género humano: el imperialismo norteamericano. Pero sobre todo sabemos que hombres así justifican la Revolución, y la vida misma. Todos los que tenemos algo que ver con esta Casa de las Américas le seremos fieles, como le serán fieles miles y millones en estas tierras suyas, hasta hacerle el homenaje requerido: la completa independencia de América. Al rincón de Bolivia donde cayó irán mañana los hombres libres a inclinarse y a agradecer. El epitafio de este americano podría llevar las palabras que escribió otro hombre de su estirpe: «En él fue enteramente digno el ser humano.»

# 4

# Cuba defendida.
# Contra otra Leyenda Negra*

*A la memoria de Pepe Rodríguez Feo, quien
gracias a Pedro Henríquez Ureña descubrió en Harvard
a nuestra América, y puso su talento, su bondad, lo que aprendió
en los Estados Unidos y su riqueza al servicio de Cuba,
donde hace poco ha muerto, amado y respetado.*

## La mirada de los otros[1]

Para los antiguos egipcios, los griegos —incluso los del período considerado clásico—, a los que miraban como a niños, por encima del hombro, eran impuros. Para los persas, eran un pueblo de charlatanes. Por su parte, los griegos llamaban a los anteriores, y en general a los demás pueblos, «bárbaros», palabra que podría

---

\* Escribí este texto (en español, para ser traducido al inglés) a instancias de Ambrosio Fornet con vistas a la entrega de *The South Atlantic Quarterly*, publicada por la Editorial de la Universidad de Duke. Allí apareció en el volumen 96, número 1, invierno de 1997 (*Bridging Enigma: Cubans on Cuba*). Fredric Jameson, quien dirige el Consejo Editorial de *S.A.Q.*, pidió a Fornet ser «editor invitado» de dicha entrega. He traducido ahora del inglés algunas citas. Utilicé varias páginas del trabajo para una conferencia que con el título «Contra las Leyendas Negras» leí el 26 de octubre de 1993 en las Jornadas *Iberoamérica en vísperas del siglo XXI*, organizadas por la Casa de Colón, de Las Palmas de Gran Canaria.

equivaler a la nuestra «extranjero» (que es primohermana de «extraño»), pero con un fuerte sentido peyorativo. Sin embargo, para los griegos clásicos el concepto de «bárbaros» era cultural, no étnico, pues consideraban tales a pueblos también indiscutiblemente griegos, solo que socialmente atrasados según sus criterios. Lo importante era que, como escribió luego en su *Política* Aristóteles, «los bárbaros» estaban «por naturaleza capacitados solo para la esclavitud».

Por su poca importancia en el momento del apogeo de los griegos, estos apenas tomaban en cuenta a los latinos de la época, aunque sin duda serían considerados también bárbaros. Sin embargo, cuando a los latinos les llegó la ocasión de convertirse en nuevo eje del área, se proclamaron herederos directos de los griegos, y regalaron graciosamente la denominación de «bárbaros» a otros pueblos colindantes, señaladamente los germanos. Y tampoco para los latinos esto implicaba un distingo étnico. En los documentos del Imperio Romano no se hacía constar, por ejemplo, el color de la piel ni cualquier rasgo somático similar. Simplemente se era o no *civis romanus*.

Un avatar posterior del término «bárbaro» lo ha complicado considerablemente. Cuando, extinguido a su vez el Imperio Romano, la sociedad que nació de su humus, mezclándolo con muchos otros elementos (los de origen germánico en lugar destacado), es decir el autollamado Occidente (por alusión a una parte de Europa), vino a considerarse nuevo eje etnocéntrico, volvió a hacer donación del vocablo, descerrajado ahora sobre el resto del mundo, pues el saqueo de este fue imprescindible para la edificación de aquel. Y con el propósito de cohonestar tal saqueo, se pidió en préstamo a la zoología un vocablo/concepto que hasta entonces no se había aplicado a los humanos: «raza». Los nuevos «bárbaros» padecerían así el prejuicio racial, nacido, según el economista estadunidense Paul M. Sweezy, de «la necesidad de los conquistadores europeos del siglo XVI en adelante de racionalizar y justificar el robo, la esclavitud y la continua explotación de sus víctimas de color en todo el mundo». Esos conquistadores se autobautizaron en el siglo XVIII «la civilización». Y en este siglo nuestro, en que Occidente incluye naciones ultraoccidentales como los Estados Unidos y orientales como Japón, ha añadido un nuevo autobautizo: «Norte». Siempre metafóricamente, los otros, desdeñados, han sido, o siguen siendo, la barbarie, los pueblos de color, los países subdesarrollados, el Tercer Mundo, el Sur.

Del milenario egiptocentrismo, que comencé citando y por razones de época solo afectó a unas cuantas comunidades cercanas, al actual Nortecentrismo, que afecta a toda la Tierra, el proceso de otrificación sigue líneas de pensamiento similares. ¿Cómo olvidar que insultos como «beocio», «filisteo» o «cafre» son nombres de pueblos —tan dignos como cualesquiera otros— vilipendiados por ocasionales enemigos? Y no es solo cuestión de vocablos/conceptos. También lo es de imágenes/conceptos, como vio Miguel Rojas Mix, quien dijo: «En el mundo moderno lo exótico [...] pasa a través de los problemas Norte-Sur. Incluso el hambre forma parte del exotismo para los países ricos. [...] Nuevamente el Sur es "exótico", frente a un Norte "normal".»[2]

A menudo la presentación sombría o negativa afecta no a una comunidad sino a un individuo. Me limitaré a señalar unos pocos entre innúmeros casos. Por ejemplo, las expresiones Pedro el Cruel y Pedro el Justiciero se refieren al mismo rey español, solo que nombrado, lógicamente, desde dos perspectivas distintas. Bernard Shaw aseguró que si Iván el Terrible se hubiera casado con Isabel de Inglaterra, hubiera sido conocido como Iván el Atemorizado. Y el voivoda de Valaquia Vlad III, que gobernó en el siglo XV, es admirado en Rumanía: pero este belicoso gobernante, que luchó en favor de su pueblo contra los turcos (como harían los españoles en Lepanto), no escatimando medidas terribles que le valieron el sobrenombre de Tepes («El Empalador»), incluso durante su vida empezó a ser presentado por sus enemigos a una luz sombría, y ha alcanzado repercusión mundial con otro sobrenombre, que en 1897 Bram Stoker usó para titular su clásica novela gótica *Drácula*.

A criterios así, falsos o sin base objetiva suficiente, provocados por la mirada de los otros («l´enfer, c´est les Autres», dijo el famoso personaje de Sartre), llamo, valiéndome de una expresión manida, las leyendas negras.

## La Leyenda Negra antiespañola

Como se sabe de sobra, la más difundida de las leyendas negras de estos siglos en relación con un país es la que forjaron contra España, a partir del siglo XVI, las oligarquías de los países europeos que le disputaron (y al cabo le arrebataron) la hegemonía en el proceso de colonización mundial iniciado por ella tras el azaroso e importante arribo de 1492, que llevaría a dividir a los países de la Tierra en los dos grupos que hoy la integran: el de los subdesarrollados y el de los subdesarrollantes. Para sorpresa de algunos superficiales, he impugnado con todas mis fuerzas aquella campaña, en especial en mi trabajo de 1976 «Contra la Leyenda Negra».[3] Como tal trabajo ha sido republicado en varios países, a él remito a mis lectores. Me limitaré a recordar que tal Leyenda no tuvo por finalidad, en manera alguna, defender a los pueblos agredidos (agredidos por el naciente capitalismo, no por un país en particular), los cuales recibieron peor trato aún de las naciones rivales, sino simplemente desprestigiar a la poderosa España. Esa diatriba decía verdades al hablar de los crímenes del colonialismo español, pero pretendía hacer creer que los crímenes eran imputables a España, no al colonialismo. De esa forma se aspiraba a cambiar la naturaleza del delito (que otras naciones multiplicarían), mediante lo que, a fin de cuentas, terminó siendo otra variante del racismo. Tal intento de cambio se propuso menoscabar a uno de los grandes pueblos creadores y a una de las mayores culturas de la historia: el pueblo y la cultura de la España de la cual (fundida con otras comunidades) provenimos tantos en nuestra América, y que no es solo la de Cortés y Pizarro, sino también la de Las Casas y Santa Teresa. Dije que combatí (y combato) aquella campaña con todas mis fuerzas, al igual que combatí y combato todo tipo de colonialismo. Y lo hago por amor a la justicia, en primer lugar; y también porque la Leyenda Negra antiespañola, insensatamente asumida y propagada por compatriotas americanos, no ha podido sino lastimarnos, como le ocurre a quien corta la rama donde está. Mi divisa en este orden bien podría ser el verso del cholo Rubén Darío (a quien José Ortega y Gasset llamó «indio divino»): «Soy un hijo de América, soy un nieto de España»; o los del mulato Nicolás Guillén, al evocar en inolvidable balada a sus dos abuelos, español uno y africano otro.

## Haipacu

En nuestra América no nos han escaseado las leyendas negras. Proyecto hace tiempo un ensayo cuya idea adelanto aquí. Versará sobre un país imaginario que es síntesis de otros, reales, cada uno de los cuales ha sido satanizado por distintas metrópolis a causa de haber seguido trayectorias originales, lo que no se le ha perdonado. El país imaginario se llama Haipacu; los países reales se llaman Haití, Paraguay y Cuba; las metrópolis, respectivamente, Francia, Inglaterra y los Estados Unidos. No tengo ahora tiempo ni espacio para demorarme en las menudencias históricas, así que ruego que me excusen los epítomes taquigráficos que estoy obligado a hacer.

La gran Revolución Francesa iniciada en 1789 (desde hace un tiempo sometida también ella a su Leyenda Negra) provocó, a través de un complicado proceso, vastas repercusiones en el Caribe, muchas de las cuales Alejo Carpentier evocaría en espléndidas novelas como *El reino de este mundo* (1949) y sobre todo *El siglo de las luces* (1962): tales repercusiones se hicieron sentir de modo particularmente intenso en lo que era el Santo Domingo francés, que quizá fue en la época la colonia más rica del mundo (es decir, la que proporcionalmente aportaba mayores riquezas a su metrópoli).[4] Entre las más hermosas de tales repercusiones se encuentra algo que ocurrió hace dos siglos: el 29 de agosto de 1793 fue abolida allí la esclavitud que padecían los negros. Se trató de un paso de incalculable trascendencia, y era la primera vez que ello ocurría, con carácter nacional, en el mundo moderno. Sin embargo, ¿se ha sabido de las esperables celebraciones mundiales realizadas el 29 de agosto de 1993 con motivo de la efeméride? Es verdad que vivimos en una triste época de complaciente presentismo (reina lo que el poeta Jorge Guillén llamó «el velocísimo Ahora»), pero siempre se encuentra ocasión para conmemorar ciertas cosas. Cuando la humanidad llegue a ser lo que merece, recordará con orgullo aquel 29 de agosto de 1793.

Y muchas cosas más hay que recordar referidas al Santo Domingo francés. Por ejemplo, que inició la independencia de nuestra América, proclamándose libre el primero de enero de 1804 y asumiendo el nombre que los aborígenes habían dado a su tierra: Haití; que para ello debió derrotar a las hasta entonces invictas tropas napoleónicas (luego conocerían las derrotas infligidas por los pueblos de España y Rusia); que la nación haitiana prestó ayuda a Simón Bolívar, «aquel hombre solar», como lo llamó José Martí, pidiéndole a cambio, tan solo, que aboliera él también la esclavitud en los territorios que liberara. Las metrópolis no perdonaron estos hechos. Napoleón (para quien la gran divisa «Libertad,

Igualdad, Fraternidad» no pasaba de ser una vaciedad retórica) envió un ejército de primer orden, al mando de su cuñado el general Leclerc, para restablecer la esclavitud en las posesiones francesas en el Caribe. Los haitianos combatieron contra ese ejército con denuedo y tesón ejemplares, y, como ya recordé, lo vencieron. Su jefe, Leclerc, y algunos de sus soldados perecieron de enfermedades tropicales. Pero fueron las tropas haitianas quienes derrotaron a las agresoras tropas esclavistas. Esta palmaria verdad no podía ser aceptada por las metrópolis, las cuales echaron a rodar hasta hoy la especie de que fue el clima lo que las venció. A su moral de opresores le convenía más hacer creer que habían sido diezmados por enfermedades antes que por exesclavos. Napoleón, sin embargo, que no tenía un pelo de tonto, sabía bien que esto no fue así. Y enfurecido, y viendo deshacerse su plan de levantar un gran imperio colonial americano, accedió, violando un acuerdo tomado con España, a vender la Luisiana a los Estados Unidos, pero con una condición: que este último país se sumara al brutal bloqueo a que sometería a la irreductible Haití. Los pragmáticos gobernantes de los Estados Unidos aceptaron de inmediato. Haití, que había cometido pecados tan imperdonables como abolir precozmente la esclavitud —sin la cual no hubiera podido desarrollarse, en la forma en que lo hizo, Occidente, como estudió Eric Williams en su clásico *Capitalism and Slavery* (1944)— fue puesta por ese Occidente a la cabeza de su lista/Leyenda Negra, hostigada, privada de la menor ayuda. Trágicamente desfasada, además, por cuanto sus adelantos político y social no coincidieron con un adelanto estructural equivalente (¿con qué sustituir en esos instantes el sistema de plantaciones, basado en la esclavitud, que contribuyó a enriquecer a Francia?), la pionera y heroica Haití es hoy el país más pobre de América y uno de los más pobres del mundo.

Tocante a Paraguay,[5] hay que recordar que en el Virreinato del Río de la Plata las aspiraciones independentistas alentadas a partir de 1810 por hombres magníficos como Mariano Moreno y José de San Martín fueron acompañadas por luchas intestinas que lo fragmentaron, dando lugar a lo que hoy son Argentina, Uruguay y Paraguay. En todos ellos hubo proyectos auténticamente independentistas (tildados de «bárbaros», como el de José Gervasio Artigas), y otros que en gran medida supusieron cambios de amos (considerados «la civilización»). Estos últimos proyectos terminaron por triunfar de momento en la Argentina y Uruguay, y los uncieron, neocolonialmente, a metrópolis como la británica. En Paraguay, sin embargo, un proyecto de la naturaleza de los primeros, autóctono, realmente independentista, apoyado por las masas populares y en su favor, tuvo éxito, y entre 1811 y 1870, a lo largo de tres gobiernos, lo hizo el único país que en la América nuestra del siglo XIX prácticamente erradicó el analfabetismo, el desempleo, la mendicidad, y no contrajo deuda externa. Es verdad que ello se logró, en el primero de aquellos gobiernos, gracias a la política de un hombre autoritario, extraño y austero, que ha sido comparado con los jacobinos,[6] al cual dio voz magistralmente Augusto Roa Bastos en su novela *Yo el supremo* (1974). Ese gobernante, y en general el Paraguay que durante cerca de sesenta años fue una excepción en la turbadísima Hispanoamérica de la época, padecieron la que hasta estas décadas fue, junto con la de Haití, la más violenta Leyenda Negra de nuestro continente. Como en todos los casos similares, ella fue creada y propagada por sus enemigos: con tanta insistencia y tantas sombras que llegó a permear incluso a quienes por intereses propios debieron haberla impugnado. Los que han hablado (y aún hablan) de las durezas de aquellos regímenes paraguayos, ¿cómo pueden absolver a la ligera los pavorosos crímenes cometidos y proclamados con orgullo por las oligarquías rioplatenses contra indios y gauchos a nombre de la presunta «civilización»?

Lo que no se le podía perdonar a Paraguay era que mostrara al mundo la viabilidad de un régimen propio, no neocolonial ni oligárquico, apoyado por su pueblo. Al cabo, azuzados sobre todo por Inglaterra, los gobiernos de tres países colindantes, sucursales de las metrópolis, desataron en la década del sesenta del pasado siglo la que sería conocida como la Guerra de la Triple Alianza, una de las más vergonzosas ocurridas entre nosotros. El argentino Juan Bautista Alberdi, que en su juventud había asumido fogosamente el supuesto proyecto «civilizador», secundó en su madurez la causa paraguaya —que lo era de nuestra América toda, como casi en los mismos años lo fue la causa contra el imperio de Maximiliano en México—, y denunció con energía lo que llamó «el crimen de la guerra». La defensa que el pueblo paraguayo hiciera de su territorio, su independencia, su proyecto, imperfecto pero propio, es uno de los altos momentos de nuestra difícil historia. Enfrentado a tres ejércitos que, mancomunados, eran inmensamente mayores que el suyo, y contaban con el impulso inglés, resistió durante un lustro, hasta que en marzo de 1870, en la batalla de Cerro Corá, sucumbió ante el abrumador número de los atacantes. Del millón de paraguayos que se ha calculado para principios de la década de 1860, quedaban con vida en 1871 algo más de doscientos mil, de los cuales la mitad eran mujeres, ochenta y seis mil niños y solo unos treinta mil hombres, muchos de ellos ancianos. Se dice que fue necesario autorizar la poligamia para repoblar al país. Cuando en 1876 los vencedores abandonaron la diezmada nación, que además saquearon y mutilaron, le habían impuesto, por descontado, sus ordenamientos «civilizadores». También es conocido que Paraguay es hoy uno de nuestros países más pobres —él, que prácticamente no tenía ni analfabetismo ni desempleo ni mendicidad ni deuda externa.

Como Cuba es el último país de Haipacu, y su punto más ígneo no se encuentra —como en los casos mencionados de Haití y Paraguay— en el pasado sino en el presente, voy a concederle un lugar aparte. Ese lugar, por otra parte, ocupa, como es obvio, sitio central en este trabajo.

## Cuba defendida

El título de este acápite (que lo es del trabajo todo) es un homenaje al que lleva la obra juvenil de Quevedo *España defendida*... [1609], en que el autor de *Los sueños* consideró deber suyo «responder por mi patria y por mis tiempos», cuando cobraba ímpetu la Leyenda Negra antiespañola. Si hoy por hoy existe una auténtica Leyenda Negra en América, es la urdida en torno a mi patria chica, donde vivo (no obstante saberme cosmopolita y haber residido felizmente, y pudiendo hacerlo, en otros países cuyos pueblos quiero, como los Estados Unidos y Francia) porque, debido a razones morales, me siento obligado a compartir sus carencias y riesgos, ya que su presunto pecado (como en los casos que mencioné antes, o en el México de Zapata y Cárdenas, la Nicaragua de Sandino y el sandinismo, la Guatemala de Arévalo y Arbenz o el Chile de Allende, para solo aducir algunos ejemplos) es haberse propuesto un camino propio y justo, no exento de errores que no defiendo, aunque son inevitables en las cosas humanas, pero sobre todo no exento de dignidad.

La condición de piedra de escándalo que se atribuye a la Cuba actual puede deberse a varias causas. Por ejemplo, a que es un epifenómeno de la llamada Guerra Fría, en la cual su deslucido papel es el de satélite de uno de los contendientes, la Unión Soviética. Pero la Guerra Fría dicen que se acabó. La Unión Soviética, indudablemente. Y la Cuba revolucionaria sobrevive, así sea en condiciones de terrible asedio, que la ha hecho una angustiosa plaza sitiada. Si bien nunca fue satélite de nada, ¿cómo podría serlo hoy de algo que ya no existe? Esta hipótesis, pues, ya ninguna persona en sus cabales la sostiene.

Otra hipótesis, muy del gusto de quienes están todavía inficionados por la vieja Leyenda Negra antiespañola, afirma que un terco señor de ostensible raíz hispánica se mantiene aquí sobre un pueblo amedrentado. Sin embargo, los antepasados de ese pueblo guerrearon en el siglo XIX durante treinta años por su independencia, y lo hicieron contra un ejército metropolitano mayor que la suma de los que enfrentaron los libertadores continentales, a quienes con orgullo consideramos también nuestros. Los antepasados de ese pueblo rechazaron luego ser absorbidos por una nueva metrópoli poderosa, y lucharon, al precio de muchas vidas, contra una tiranía que derrocaron en 1933. Ese pueblo, a un precio aún más alto, derrocó a otra tiranía similar en 1959, venció en 1961 a una invasión mercenaria enviada por el nuevo Imperio, y ha auxiliado en campos muy variados a muchos otros pueblos (por ejemplo, ha enviado a los países pobres más médicos que toda la Organización Mundial de la Salud). ¿Quién con vergüenza se atreverá a llamar amedrentado a un pueblo así, cuyos hombres y mujeres pueden regalar coraje, —y lo han hecho? Se trata, debe añadirse, del único país en la actual América nuestra sin analfabetismo ni desamparo, que aun en medio de un crudelísimo bloqueo no ha cerrado ni una escuela ni un hospital; de un país cuyos logros científicos, literarios y artísticos de estos años son mundialmente reconocidos; de un país que en los Juegos Olímpicos realizados en Barcelona en 1992 quedó en quinto lugar, y al que un informe del Fondo de las Naciones Unidas para la Infancia (UNICEF) divulgado en Nueva York en 1993 sobre el número de niños que mueren por cada mil menores de cinco años coloca solo un punto más alto que los Estados Unidos, cuyo producto interno bruto (PIB) per cápita es casi once veces mayor. Singular cuadro, en verdad, para un país sobre el que se ha arrojado una implacable Leyenda Negra. Y muchos afirman que los males, presuntos o verdaderos, de ese país deben atribuirse a aquel terco señor. (Entre paréntesis: ¿deben atribuírsele también, puesto que se dice que todo lo puede, las notorias virtudes reales?) Al hablar de los otros países de Haipacu, omití mencionar los nombres de sus gobernantes, porque tengo la convicción de que los bloqueos y agresiones padecidos por esos países no se debieron a esos gobernantes (como también en su tiempo fue dicho), sea cual sea el juicio que la Historia les depare, sino a las medidas anticolonialistas y antioligárquicas defendidas por los pueblos respectivos. ¿Por qué aceptar que es otro el caso de Cuba?

Los invito a considerar una tercera hipótesis. No es posible ignorar que las actuales dificultades de Cuba tienen que ver esencialmente con sus nexos con los Estados Unidos, los cuales en 1898, invocando pretextos humanitarios, la invadieron y le impidieron su independencia (volveré sobre ello), que solo vino a ser alcanzada en realidad el primero de enero de 1959, exactamente ciento cincuenta y cinco años después de la de Haití. Molestos por el hecho (como en su tiempo Napoleón con los haitianos), los gobernantes de los Estados Unidos dejaron de comprarle en 1960 el azúcar que, según convenio, Cuba había producido para aquella nación, obligándola a vincularse de modo creciente en lo económico, y luego en lo político, con países de la Europa oriental; a principios de 1961, rompieron relaciones diplomáticas con la Isla, fueron forzando más tarde a los gobiernos de los demás países americanos a proceder de modo similar (solo los de Canadá y México se abstuvieron de hacerlo), y lograron que la Organización de Estados Americanos la expulsara de su seno; en abril de aquel año 1961, después de prepararla minuciosamente desde 1959, enviaron contra ella una invasión mercenaria urdida por una administración republicana y llevada a cabo por una demócrata; en 1962 la bloquearon militarmente (este bloqueo cesó poco después) y económicamente (este bloqueo fue reforzado en 1992 por la Enmienda Torricelli, reiteradamente rechazada por la Organización de Naciones Unidas, la Comunidad Europea, la

Cumbre Iberoamericana celebrada en 1993 en Brasil, y múltiples países… pero en la práctica se ejerce bajo cuerda); han planeado y ejecutado incontables agresiones contra ella; y desde 1959 hasta hoy la mantienen sometida, a través de sus poderosísimos medios de desinformación y los que les hacen eco, a una incesante campaña calumniosa, sustento de la actual Leyenda Negra. Cuando esa campaña ya estaba a todo vapor, en 1959 y 1960, la Revolución de Cuba *ni se había proclamado ni era socialista*. Y es que el socialismo asumido luego no ha sido la razón (sino la principal excusa aducida) de la agresiva conducta estadunidense contra Cuba. ¿O es que eran socialistas desde el México al que a mediados del siglo XIX los Estados Unidos le arrebataron la mitad de su territorio hasta la República Dominicana, Granada y Panamá cuando las invadieron, respectivamente, en 1965, 1983 y 1989?

Para entender el diferendo (válgame el galicismo) cubano-estadunidense, no nos basta tomar en cuenta treinta y tantos años, por convulsos que hayan sido. Se requieren al menos dos siglos: si Miguel de Unamuno sugería no vivir al día sino a los siglos, Fernand Braudel recomendaba «la longue durée». Y es imprescindible considerar la gran aventura que inició un nuevo capítulo en la historia cuando en 1776 las Trece Colonias, entonces solo un puñado de tierras y de gente, emitieron una inolvidable *Declaración*, previa a la francesa de 1789, habiendo desencadenado contra Inglaterra la que iba a ser la primera guerra independentista victoriosa en América. Esa independencia nos parece admirable, a pesar de que aquella *Declaración*, donde se afirmó desafiantemente que «todos los hombres han sido creados iguales», sería contradicha pronto, pues la esclavitud se mantendría durante casi un siglo en la República nacida de esa guerra. Los hombres que en el papel eran iguales resultaron luego ser solo varones blancos y ricos: no los indios, que en su gran mayoría fueron exterminados como alimañas, ni los negros, que continuaron esclavizados. La nación que entonces surgió era además, para decirlo en palabras de Martí, «cesárea e invasora».

No me canso de citar un libro fundador sin cuyo conocimiento no puede entenderse de veras lo que ha pasado en nuestro mundo en los dos últimos siglos: me refiero a *La expansión territorial de los Estados Unidos a expensas de España y de los países hispanoamericanos*, del gran historiador cubano Ramiro Guerra, conservador por más señas. Guerra sostuvo allí con irrebatible fundamentación que

> en América, bajo nuestros ojos, se está desarrollando un nuevo ciclo de dominación colonial. Los países descubiertos y conquistados por los españoles están sometidos lentamente a un nuevo proceso colonizador [...] Quien conozca el proceso desde su origen [...] no puede abrigar duda alguna [...] [de que] el cambio en el estado político de las antiguas colonias españolas no alteró en lo sustancial el conflicto [...] que venía produciéndose. Cuando el centinela español fue sustituido por el centinela mexicano en la frontera de Texas, los norteamericanos no hicieron distingo alguno. // La Luisiana pasó a poder de los Estados Unidos en 1803; la Florida occidental, en 1810; la Florida oriental, en 1821; Texas, en 1836; Nuevo México y California, en 1848. [...] Al terminar el siglo [XIX], esa labor estaba concluida en lo fundamental. La expansión estaba lista para dirigirse al Sur en un rumbo previsto por Jefferson desde 1805. // Esta nueva etapa ha llevado las empresas de conquista, dominación política y penetración económica de los Estados Unidos a las Antillas, la América Central, Panamá y la América del Sur.[7]

Hasta ahí Ramiro Guerra, en 1935. Casi sesenta años después, lo único que cabe añadir es que esas empresas han desbordado hace tiempo los límites del Hemisferio Occidental y recorren la vasta Tierra.

Volvamos por un momento a Jefferson, tan oportunamente mencionado en la cita. Se conmemoró en 1993 —y ese hecho sí se conmemoró— el 250 aniversario del nacimiento de este prócer, redactor de la *Declaración de Independencia de 1776*, tercer presidente de la Unión, cuyo nombre va unido allá al gobierno democrático y la libertad individual. Fue sin duda un hombre grande. Pero Antonio Machado hizo decir a Juan de Mairena que la verdad es la verdad, dígala Agamenón o su porquero, añadiendo que aquel estaba de acuerdo con la sentencia, mientras a este no le convencía. He aquí algunas cosas que entre 1805 y 1823 el porquero oyó de labios de Jefferson sobre Cuba, de la que se dijo que llegó a convertírsele en una obsesión:[8] «en el evento de hostilidades, él [Jefferson] consideraba que las Floridas Occidental y Oriental y sucesivamente la isla de Cuba, cuya posesión es necesaria para la defensa de la Luisiana y la Florida [...] serían una fácil conquista» (1805); Napoleón, «[a]unque con dificultad, [...] consentirá en nuestro recibimiento de Cuba en la Unión [...] tendríamos un imperio para la libertad como jamás se ha visto otro desde la creación» (1809); «la agregación de Cuba a nuestra Confederación es exactamente lo que se necesita para redondear nuestro poder nacional y llevarlo al más alto grado de interés (1823)»; y ese mismo año, al contestar la consulta del presidente Monroe sobre la propuesta de Canning para una declaración conjunta, reiteró: «Confieso francamente que siempre he mirado a la isla de Cuba como la agregación más interesante que pudiera hacerse a nuestro sistema de Estado».

Aquella declaración conjunta le fue birlada al astuto canciller inglés Canning por su homólogo el astuto norteamericano John Quincy Adams, quien ese crucial 1823 (un año antes de Ayacucho) había informado al ministro de su país en Madrid que Cuba debía permanecer como colonia española hasta que, como la fruta madura cae a tierra, cayera, inexorablemente, en manos de los Estados Unidos. Fue él quien redactó la que sería conocida como Doctrina Monroe, emitida ese año, y cuya síntesis es «América para los americanos»: expresión en la cual «América» significa el Hemisferio Occidental de polo a polo, y «americanos», los estadunidenses. Aunque Bolívar no debió conocer la frase jeffersoniana según la cual proyectó «un imperio para la libertad» (verdadero oxímoron que sin embargo es una insustituible definición), le bastaron la Doctrina Monroe y hechos como las maquinaciones yanquis con el fin de entorpecer los proyectos con que él concibió el Congreso de Panamá,[9] para escribir en 1829 que «los Estados Unidos [...] parecen destinados por la Providencia para plagar la América de miserias a nombre de la libertad».

Solo si se saben realidades como las anteriores puede calibrarse con justicia nuestra historia. Resumiré, en aras de la brevedad, las relaciones cubano-estadunidenses a lo largo del tiempo con esta cita que Darcy Ribeiro escribiera hace un cuarto de siglo:

> Se deben [...] a Cuba las dos orientaciones sobresalientes de la política norteamericana respecto a los demás países del Continente. La primera fue la Doctrina Monroe, nacida como un esfuerzo tendiente a fundamentar jurídicamente la dominación de la isla. La segunda es la Alianza para el Progreso, formulada como una respuesta al desafío representado por la Revolución Cubana, tanto en su fisonomía inicial, reformista, como en su formulación definitiva, y que consiste simplemente en un mecanismo financiero de sostenimiento del *statu quo*, mediante la renovación del pacto con los aliados tradicionales de los yanquis: las viejas oligarquías latinoamericanas para las cuales el sistema vigente es también altamente rentable. // En toda la historia de la América independiente se contraponen el gigante del Continente y la pequeña isla osada. Nacidos juntos e incluso asociados por la viabilidad económica que la próspera explotación azucarera de las Antillas dio a las colonias inglesas pobres, continúan polarizados hasta hoy, como dos personajes históricos disociados en todo pero sin embargo complementarios.

Unas líneas antes, había escrito el agudo brasileño refiriéndose a hechos ocurridos en las últimas décadas:

> [A]llí donde todo parecía adverso, donde era mayor la penetración imperialista y más alta la rentabilidad de los inversionistas norteamericanos, donde la oligarquía local era más servil, exactamente allí fue donde primero se rompió la cadena de la dominación. Y se rompió precisamente porque se estructuró, desde los primeros pasos, como una lucha por la conquista del poder político, entregándose simultáneamente al combate abierto contra la dictadura y contra la ordenación total de la sociedad humana. [...] // Ninguna de las dos guerras mundiales, ningún acontecimiento internacional tuvo, por esto, mayor impacto sobre los Estados Unidos que la revolución cubana.[10]

Esto lo escribió Ribeiro a finales de la década de 1960. El resto, como diría Verlaine, ¿es literatura?

## En marcha hacia el próximo siglo: una defensa común

En marcha hacia el próximo siglo atravesaremos la fecha 1998, que implica un inevitable momento de reflexión para nosotros, pues fue un siglo atrás cuando empezó a imponerse, dramáticamente, el actual sesgo de nuestros países, y en cierta medida del resto del mundo. En más de un aspecto somos hijos e hijas de aquel 1898 que significó un giro violento: señaladamente para España, por razones obvias; para Cuba, que pasó a ser tierra ocupada, y luego protectorado o neocolonia hasta 1959; y para Puerto Rico, convertida hasta hoy, con un nombre u otro, en colonia de tipo tradicional. (Añádanse los territorios que conquistaron en Asia los Estados Unidos.)[11] Tres años antes de 1898, la víspera de morir combatiendo en la que debió ser guerra libertadora de Cuba, Martí había explicado en una carta que era su deber «impedir a tiempo con la independencia de Cuba que se extiendan por las Antillas los Estados Unidos y caigan, con esa fuerza más, sobre nuestras tierras de América». No se logró entonces esa independencia: se extendieron por las Antillas los Estados Unidos y cayeron (siguen cayendo) sobre nuestras tierras de América, y de otros continentes, edificando aquel contradictorio «imperio para la libertad» que diseñó Jefferson e historió (y deploró) Guerra. La violenta intromisión imperialista en la guerra por la independencia que los cubanos veníamos librando contra España desde 1868 resultó para nuestra área un «desafío» (en el sentido que daba Toynbee a esta palabra), frente al cual las diferentes «respuestas» (de nuevo en la acepción de Toynbee) son en gran medida nuestra historia contemporánea.

Pero esta incontrovertible realidad, si nos obliga a conocerla y a actuar en consecuencia, no puede llevarnos a permanecer con la cara vuelta al pasado, corriendo el riesgo de convertirnos en estatuas de cenizas; ni a creer que, a diferencia de los demás, este nuevo Imperio va a ser eviterno e implica, como ha sido dicho con harta superficialidad, el fin de la historia. También este Imperio es pasajero, aunque no nos corresponda a nosotros ver su fin. Y tampoco es dable en este caso aceptar otra Leyenda Negra: la que pretende ignorar las tradiciones creadoras, justicieras y aun radicales que son lo mejor del pueblo estadunidense. Tales tradiciones contribuyeron a forjar el pensamiento martiano maduro (elaborado en sus tres lustros de residencia en Nueva York, que sería la capital del siglo XX, como según Walter Benjamin París lo fue del siglo XIX), y ayudan a entender la contemporaneidad de ese pensamiento. Las luchas presentes y las que nos esperan, las damos y las daremos con la necesaria colaboración de quienes encarnan esas tradiciones en aquel país: un país donde, por añadidura, es ya tan abundante la presencia latinoamericana y caribeña, así como otras procedentes del Sur. No puede olvidarse que hechos de esa naturaleza desempeñaron un importante papel en la transformación del Imperio Romano, con el que este nuevo Imperio tiene evidentes semejanzas («la Roma americana» lo llamó Martí en 1894): y, por descontado, evidentes diferencias.

En un editorial («El martillo que falló sobre Cuba») publicado el 8 de noviembre de 1993, el *New York Times*, al comentar la aplastante derrota infligida cinco días antes en la Asamblea General de las Naciones Unidas a los Estados Unidos en lo tocante al brutal bloqueo/embargo que durante más de treinta años han impuesto a Cuba, proclamó: «Es difícil recordar una humillación comparable para la diplomacia [norte]americana.» Tiene razón, desde luego. Como también la tiene en las líneas iniciales de dicho editorial: «La política cubana de Wáshington es doméstica por delegación.» Solo que esto último no puede limitarse, como de inmediato se hace, a «las pasiones anticastristas de exiliados cubanos enriquecidos y conservadores», etcétera. Si no siempre «por delegación», «la política cubana de Wáshington» ha sido en alguna forma «doméstica» durante un largo período, según lo revelan observaciones como las mentadas de Jefferson y Adams, y lo recuerdan citas como las de Ribeiro. Y poner fin a esta anormalidad, ni es de la exclusiva competencia de Cuba, ni es algo que solo a ella beneficia. De hecho, por ejemplo, si bien los cubanos (y los latinoamericanos y caribeños en general) disponemos de los profundos análisis realizados en las últimas décadas del siglo XIX por Martí en el seno de los Estados Unidos, donde detectó, señaló y combatió los rasgos del entonces naciente imperialismo en aquel país (lo que da a dichos análisis, aún tan poco conocidos allí, una vigencia mucho mayor que la de los realizados décadas atrás, en estadios previos de su desarrollo, por autores difundidos como Tocqueville), durante mucho tiempo los habitantes de nuestra América aprendimos sobre todo en textos estadunidenses los nuevos males que se nos venían encima.

Sin ir más lejos, tan solo dos años después de la fulminante guerra que sostuvieran contra España en 1898 los Estados Unidos e inició su conversión en potencia mundial de primer orden, la Plataforma del Partido Demócrata de 1900 en aquel país postuló: «Afirmamos que ninguna nación puede soportar ser medio república y medio imperio, y advertimos al pueblo [norte]americano que el imperialismo en el extranjero conducirá rápida e inevitablemente al despotismo en el interior.» Tal razonamiento ya lo habían expresado (y continuarían expresándolo) estadunidenses del calibre intelectual y moral de William Dean Howells, William James y Charles Eliot Norton, radicalizó el sesgo antimperialista de otros como Mark Twain, y está en la raíz de libros como *The American Empire*, de Scott Nearing (que el amigo de Martí Carlos Baliño tradujo al español en 1921) y *Dollar Diplomacy, a Study in American Imperialism* (1925), del mismo autor y Joseph Freeman. Tales libros proseguirían con obras como las de Julius W. Pratt *Expansionists of 1898. The Acquisition of Hawaii and the Spanish Islands* (1963), Herbert Feis *The Diplomacy of the Dollar. First Era 1919-1932* (1965), Robert L. Beisner *Twelve Against Empire: The Anti-imperialists 1898-1900* (1968), David F. Healy *U.S. Expansionism. The Imperialist Urge in the 1890s* (1970), Donald Barr Chidsey *The Spanish-American War* (1971), Philip S. Foner *La guerra hispano-cubana-americana y el nacimiento del imperialismo norteamericano 1895-1902*, dos volúmenes (1972), incluyendo algunos sobre el imperialismo reciente de los Estados Unidos, como los de Harry Magdoff. Algunas veces, al concentrarse en el caso de Cuba, los autores, razonablemente, estudian la historia de la Isla en relación con la de los Estados Unidos, según hiciera el propio Foner. Pero no faltan estudios monográficos, como los de Leland Hamilton Jenks *Our Cuban Colony* (1928), el Informe de la Comisión de Asuntos Cubanos *Problemas de la nueva Cuba* (1935) o el de Lowry Nelson *Rural Cuba* (1950). A raíz de 1959, como se sabe, los libros estadunidenses sobre la Cuba revolucionaria se multiplicarían, y me voy a limitar a mencionar tan solo unos pocos, desde los iniciales de Leo Huberman y Paul Sweezy (1960), C. Wright Mills (1960), Waldo Frank (1961), Herbert L. Matthews (1961) o Robert Taber (1961), hasta otros posteriores de Joseph P. Morray (1963), Lee Lockwood (1967), Edward Boorstein (1968), José Yglesias (1968) o Wayne S. Smith (1987). Este último fue jefe de la Oficina de Intereses de los Estados Unidos en Cuba hasta que en 1982 renunció a su cargo, y a la carrera diplomática a la que había dedicado veinticinco años de su vida, en desacuerdo con la política de su gobierno (entonces, el de Reagan: Smith había sido nombrado en aquel cargo por el gobierno de Carter) hacia Cuba. El más reciente de los libros que conozco en la línea mencionada, apareció en 1993: *United States Economic Measures Against Cuba. Proceedings in the United Nations and International Law Issues,* introducción de Richard Falk, editado y con comentario por Michael Krinsky y David Golove. No puedo despedirme de esta muy sucinta bibliografía (que podría ampliarse enormemente, aun dejando de lado apologías banales que no sirven para nada e injurias groseras aún más inútiles, de las que los medios nos inundan a diario y se han multiplicado, apocalípticamente, tras la evaporación en Europa de lo que se llamó «socialismo real»), sin destacar dos hechos: el importante papel que antes incluso de 1959 desempeña Cuba en la historiografía estadunidense, en consonancia con la relación que, *volens nolens,* tienen entre sí ambos países al menos desde principios del siglo XIX; y el honor que representa, para buena parte de lo mejor de la intelectualidad estadunidense, la atención que ha prestado y presta a su pequeño vecino, ante el constante riesgo que este ha corrido y corre de ser absorbido por la nación voraz en que ha venido a parar la gran ilusión de 1776.

En alguna ocasión, los títulos mencionados, y sobre todo otros similares, nacieron de finalidades exclusivamente académicas, pero en su gran mayoría tienen propósitos nobilísimos: defender *a la vez* las mejores tradiciones y el porvenir mejor de los Estados Unidos, y el derecho de un pequeño país a su independencia: un derecho por el que, como ya recordé y es sobradamente conocido, pelearon victoriosamente en el Hemisferio Occidental, por primera vez, las Trece Colonias en la guerra que hicieron estallar en 1775. En más de un sentido, el de Cuba es uno de los capítulos recientes de esa pelea que comparte con la iniciada con buena fortuna por los que serían los Estados Unidos. La sarcástica paradoja del hecho está en que los gobernantes del primer país en obtener su libertad en América (convertido luego en nueva metrópoli) dediquen esfuerzos ingentes a impedirle a Cuba un propósito libertador en esencia similar. Desde luego, a dos siglos de distancia no pocos pensamientos y metas de sus respectivos procesos anticolonialistas han sido por necesidad diferentes.

## Una relación personal

Aunque mi relación personal con los Estados Unidos se inició muy temprano, recién cumplidos mis azorados diecisiete años, cuando pasé un importante pedazo de mi adolescencia en Nueva York, tal experiencia no era imprescindible para vincularme estrechamente con ese país: ya lo estaba desde mucho antes. Pues durante seis décadas, entre 1898, cuando Cuba fue ocupada militarmente por tropas estadunidenses, y 1959, cuando fue depuesto el sanguinario gobierno tiránico de Batista (un acontecimiento que el cine ha difundido en películas como la segunda parte de *El padrino*, de Coppola, y *Havana*, de Pollack), el país donde nací fue un protectorado o una neocolonia de los Estados Unidos. Lo que nos hacía a todos los cubanos ciudadanos (de tercer o décimo orden, por supuesto) de aquella nación. Para mal, en lo fundamental, pero como una realidad indudable. Dejando de lado, por obvias, cuestiones específicamente negativas (económicas y políticas), desde nuestro deporte nacional, el *baseball*, o nuestra música popular, tan felizmente mezclada, hasta el cine, los *comics*, la literatura y aspectos rítmicos y tempo-espaciales, la presencia estadunidense era, y en cierta forma sigue siendo, poderosísima aquí. No fue pues raro que a mis doce o trece años quisiera emular, como primera base y zurdo, a Lou Gehrig; y a mis dieciseite, en una de mis primeras faenas literarias, entrevistara a Ernest Hemingway, a quien siempre hemos considerado un poco nuestro, mientras Whitman entraba para siempre en mi poesía. Como tampoco fue raro que en 1955 y 1956, al ir a Europa, la cual padecía todavía los estragos derivados de la Guerra Mundial, tuviera la impresión de que viajaba al pasado, en términos tecnológicos. Así se apreciaban las cosas entonces incluso por un joven habanero pobre de la pequeña burguesía.

Ahora bien: Cuba era un país colonizado. Y para saberlo, no era necesario (aunque ayudara mucho a ello) vivir aquí. Nos lo decían textos como no pocos de los que he citado. Recuerdo, por ejemplo, cuánto me impactó, siendo aún muy joven, la lectura del mencionado *Our Cuban Colony*, que Jenks publicó dos años antes de mi nacimiento. Cuando entre 1957 y 1958, por generosa invitación del gran profesor José Juan Arrom, enseñé en la Universidad de Yale, compré en New Haven un libro escolar de uso, entre cuyos dueños anteriores, que habían dejado estampadas sus señas en la página inicial, había uno de apellido Vanderbilt (*of all names!*). El conocido libro es la sexta edición (1952) de la *American Political and Social History*, de Harold Underwood Faulkner, y dedica varias páginas a Cuba. Tras considerar la guerra estadunidense contra España de 1898, añade: «Fue en Cuba donde los Estados Unidos aprendieron la significativa lección de que es completamente innecesario anexar territorio a fin de disfrutar las recompensas financieras del imperialismo.»[12] Más adelante: «A mediados de la década del veinte [del siglo XX] poco había de valor en Cuba que no hubiera sido tomado por los intereses financieros [norte]americanos.»[13] Y por último:

> De todo esto resulta evidente que la riqueza cubana ha caído bajo control [norte]americano y que la vida política cubana desde 1898 hasta 1934, y hasta cierto punto también en lo adelante, ha sido ampliamente dirigida desde Wáshington [nota al pie: «En 1934 la Enmienda Platt fue abrogada y la Tarifa de 1903 fue sustituida por un nuevo tratado comercial»]. «Cuba», dijo un historiador, «no es más independiente que Long Island.»[14]

Pocos meses después de haber leído estas páginas, estalló en Cuba la revolución, cuya causa haría mía para siempre.

Voy a concluir este acápite citando tres anécdotas relativas a mi relación con la Academia de los Estados Unidos. En marzo de 1960, habiendo sido nombrado diplomático de la flamante Revolución Cubana en París (donde había estudiado Lingüística), pasé por Nueva York, y allí el profesor Frank Tannenbaum tuvo la gentileza de invitarme a ir a su aula en la Universidad de Columbia. Cerca de tres años antes había ofrecido en dicha Universidad una conferencia sobre la poesía hispanoamericana entonces actual. Pero el tema que se me pidió esta vez era otro (señal del cambio de los tiempos): las razones y características de la recién nacida revolución de Cuba. Abordé el tema valiéndome, casi literalmente, de razonamientos como los de L.H. Jenks y H.U. Faulkner (aunque sin hacer explícitas las fuentes, pues el carácter informal de la charla no permitía aparato erudito). Para mi sorpresa, Tannenbaum (que se jactaba de su amistad con Lázaro Cárdenas, de quien incluso tenía un retrato en su aula, creo que en compañía de él mismo) no se sintió satisfecho con mis palabras; y para mi sorpresa aún mayor, una señora abandonó ruidosamente el aula, después de decirme con voz alterada que no había oído hablar así de su país, los Estados Unidos, desde los tiempos de Hitler.

A mediados de la década de 1970, volaba sobre el Caribe en un avión estadunidense teniendo a mi lado a otra señora norteamericana que me dijo ser hija de un profesor universitario de historia de los Estados Unidos, a lo que yo correspondí diciéndole por mi parte que yo era lo que un crítico inglés iba a llamar «an old Yale boy», y nos enzarzamos en la habitual conversación genérica y abstracta propia de los aviones, como su aburrida comida. Seguramente al notar mi acento, la señora me preguntó cuál era mi nacionalidad, y se la dije, a lo que ella, con la mayor naturalidad, añadió que en qué lugar de los Estados Unidos yo vivía. Su sorpresa fue mayúscula (palideció incluso) cuando le respondí que yo no vivía allí, sino, como la mayor parte de los cubanos, en Cuba. «Entonces», fue su sobresaltado comentario, «¡usted es un hombre de Castro!» Le expliqué que nunca me había definido así a mí mismo, pero que si eso le facilitaba las cosas, sintiéndome revolucionario de mi país, no veía reparo en asentir a sus palabras. Pasó entonces a hablarme de la emigración cubana en los Estados Unidos, sobre la que expresó opiniones en general nada halagüeñas, y me preguntó cuál era la razón, si yo creía que en Cuba había un régimen positivo, de que tantos cubanos abandonaran la Isla. Le contesté que eso tocaba responderlo a ellos, mientras a mí me tocaba explicarle por qué yo había decidido permanecer en Cuba, no obstante mi amor grande por muchos aspectos de los Estados Unidos. Y le añadí que si me lo permitía, correspondería a su pregunta con una mía: ¿por qué tantos habitantes de las que fueron las Trece Colonias abandonaron su país una vez que obtuvo su independencia de Inglaterra? La respuesta de la señora fue que nunca había pensado en ello, y mucho menos se le había ocurrido relacionar el hecho con la emigración cubana. Le recomendé entonces que hablara del tema con su padre, el profesor de historia de los Estados Unidos, lo que me prometió hacer. Y quizá ambos agradecimos que el vuelo llegara a su destino: el Caribe es un mar a la vez inmenso y breve.

La tercera y última de las anécdotas se refiere a algo ocurrido en una de las varias universidades de los Estados Unidos que me honraron al invitarme a participar en debates sobre los famosos Quinientos Años conmemorados en 1992. En mi intervención, al hablar de la necesidad que tenemos de conocer bien el pasado para orientarnos en el porvenir que constantemente se va volviendo presente, recordé que durante los confusos años de la perestroika, en la hoy disuelta Unión Soviética se repetía la broma según la cual cuando el futuro es incierto, el pasado es imprevisible. La broma produjo risa en el auditorio, mayoritariamente juvenil. Entonces hablé de la importancia para nosotros de lo mejor del pasado de un país de la trascendencia de los Estados Unidos, y lo ejemplifiqué con el caso, al que ya aludí, de Martí, quien tanto aprendió durante los tres lustros que vivió en los Estados Unidos, y se alimentó de su herencia democrática y radical. Expliqué que al morir, en 1884, Wendell Phillips, Martí le consagró dos magníficos artículos: y el retrato de Phillips estaba en su cuarto de trabajo cuando en 1895 abandonó Nueva York para ir a pelear por la independencia de Cuba, donde moriría en combate pocos meses después. También mencioné el impacto que tuvo en Martí la gran Lucy Parsons, de quien trazó el que probablemente sea el mejor retrato de mujer salido de su mano. Al llegar aquí me detuve, y el viejo maestrico que llevo en mí preguntó al alumnado quiénes eran Wendell Phillips y Lucy Parsons. Nadie supo responderme.[15] Me temo que, en cambio, muchos (o al menos algunos) de aquellos alumnos hubieran podido recitarme la retahíla de nombres occidentales incluso de escaso valor que están ahora de moda. Expliqué entonces a aquellos muchachos, ya no risueños, que cuando el pasado es incierto, el futuro es impredecible.

Como estas palabras que escribo, de tener lectores, provendrán en apreciable medida de la Academia estadunidense, y me encantaría que fueran jóvenes como los que me acompañaron aquella simpática tarde de 1992, volveré sobre lo dicho entonces. ¿Qué futuro pueden esperar quienes saben tan poco de su pasado? Para entender lo que ha ocurrido y ocurre en Cuba, ¿no tendrían que comenzar por entender lo que ha ocurrido y ocurre en su propio país? Son preguntas hechas por quien, como Martí, ama a los Estados Unidos —aunque también, inevitablemente, les tema—. Martí escribió en su memorable «Vindicación de Cuba» (publicada en el periódico neoyorkino *The Evening Post* el 25 de marzo de 1889): «Amamos a la patria de Lincoln tanto como tememos a la patria de Cutting.» De Lincoln sabrán sin duda mucho. Ya sé que de Cutting, en cambio, no. Diré pues que fue un atizador de la guerra que quería dar lugar a otra contienda bélica de los Estados Unidos contra México, como la que a mediados del siglo XIX, tras la inicua anexión de Texas, le había arrebatado a ese país la mitad de su territorio y recibió el rechazo de estadunidenses como Lincoln, Emerson, Thoreau, Margaret Fuller. Era un buscapleitos como los que en 1898 atizarían en la bahía de La Habana el incidente del acorazado *Maine* para apoderarse de los restos del imperio español, y en 1964 el incidente del golfo de Tonkín, para azuzar la atroz guerra de Vietnam, contra la cual protestaron tantos norteamericanos, incluyendo a un joven estudiante llamado Bill Clinton.

## Hermanos después de todo

Defender a Cuba es también defender a los Estados Unidos en lo que tienen de más hermoso, de más generoso. Que por desgracia no lo es todo, según es habitual en cualquier país. La víspera de morir en combate, Martí escribió en su más difundida carta, que ya cité: «Viví en el monstruo, y le conozco las entrañas: y mi honda es la de David.» Ese «monstruo» eran los Estados Unidos que se aprestaban a arrojarse sobre Cuba, y en efecto se arrojaron en 1898. No hace mucho, un amigo europeo que estudia en los Estados Unidos me preguntó en una entrevista si, dado lo mal que nos iban las cosas tras el fracaso en Europa del «socialismo real» y el recrudecimiento del bloqueo estadunidense a Cuba, esta se resignaría a avenirse al monstruo. Le respondí que no sabía que él tuviera tan mala opinión del país donde vivía. Porque ni los Estados Unidos habían sido siempre un monstruo (no lo pensó Martí, quien sabía que ellos nacieron como hogar, así fuera insuficiente, de la libertad), ni seguirían siéndolo eternamente. Incluso antes de que ocurran allí los cambios positivos que algún día ocurrirán (aunque nosotros no lleguemos a verlos), en cuanto a la Cuba de hoy no es de suponer que de nuevo pretendan otra vez rendirla por las armas como pretendieron en abril de 1961, y conocieron la derrota de la Bahía de Cochinos; ni es aconsejable que persistan en la opción de asfixiarnos por hambre, enfermedades, escaseces y dificultades de todo tipo, opción que busca hacer sublevar al pueblo cubano llevándolo a creer que los males que ellos provocan son responsabilidad de quienes conducen al país, pues lo que de seguro obtendrían sería multiplicar de Sur a Norte una indetenible ola popular de colérico rechazo que llevaría más bajo que nunca antes el prestigio de una potencia gigantona que llegó a jactarse de invadir la minúscula Granada, como si fuera una broma del peor gusto.

En los Estados Unidos se ha luchado admirablemente contra el colonialismo, la esclavitud, el racismo, el sexismo, el fascismo, el macartismo, las guerras injustas. Y el destino de esos Estados Unidos dignos de 1776, dignos de Lincoln, dignos de la Brigada Lincoln, dignos de un auténtico multiculturalismo, dignos de amor no puede ser aplastar ignominiosamente a sus vecinos menores, que en el estado actual del mundo deben ser sus aliados (no sus vasallos), probablemente para ser luego aplastados ellos a su vez, dentro de una o dos atemorizadas generaciones, por los grandes rivales que se aprestan a disputarle (o le disputan ya) su hegemonía. No hay que ser muy sagaz para comprobar que mientras Asia muestra al mundo el ejemplo de los NIC (al margen del juicio que hoy nos merezcan y de su dudoso destino final), los Estados Unidos no han permitido el desarrollo *real* ni siquiera de *un* país al sur del Río Bravo, sean cuales fueren las vías tomadas por nuestros pueblos, donde cunden la miseria, las enfermedades, la violencia y el rencor que no son aliviados sino multiplicados por las feroces medidas neoliberales que les impone el capitalismo real. Todo ello anuncia males sin cuento para nosotros, claro, pero también para el Imperio, el cual se está rodeando de mendigos que a menudo no ven otra forma de sobrevivir que atravesar sus fronteras cada vez más erizadas frente a las inmigraciones salvajes —con excepciones vergonzosas.

Solo abandonando, de manera audaz y realista, la arrogancia y los desmanes imperiales podrá salvarse, como lo merece, el vecino pueblo del Norte del que tan cerca estamos, no solo por la azarosa geografía. El ciudadano Tom Paine escribió como si lo hiciera desde la Cuba actual: «No es por la caridad por lo que abogo, sino por la justicia.» Y en 1855 el Jefe Sealth, descendiente al igual que Caballo Loco y Halcón Volador de los saqueados y martirizados descubridores de América, emitió estas palabras con las que voy a terminar:

> Tribu sigue a tribu, y nación sigue a nación, como las olas de la mar. Es el orden de la naturaleza, y lamentarse es inútil. Vuestro tiempo de decadencia puede estar distante, pero seguramente vendrá, pues incluso el hombre blanco cuyo

Dios caminó y habló con él como amigo con amigo, no puede estar exento del destino común. Podemos ser hermanos después de todo. Veremos.[16]

*La Habana, 28 de enero de 1994.*

# La enormidad de Cuba*

*A John Beverley*

«El actual vacío imaginativo de la estructura de poder de los Estados Unidos —la bancarrota de su capacidad para producir mitologías— no tiene paralelo en la historia del país [...] déjese a la resistencia escribir su propia geografía [...] al principio de la década de 1990, cuando toda transformación decepciona y nada parece realmente terminar, la necesidad de historizar permanece tan grande como siempre.»

CRISTOPHER L. CONNERS: «Pacific Rim: The U.S. Global Imagery in the Late Cold War Years»

«Es sólo una cuestión de tiempo el colapso del comunismo cubano. Aunque la fecha de su muerte obviamente se desconoce de antemano, se la puede esperar más bien temprano que tarde.»[1] Estas líneas expresan con claridad lo que se pensaba (lo que se quería y esperaba) en los ambientes hostiles a la Revolución Cubana, tras el fracaso último del experimento socialista iniciado en 1917 en el arcaico Imperio Ruso, y especialmente tras el desmembramiento de la URSS en 1991. Los estrechos vínculos económicos con esta, y otros países europeos que se decían socialistas, a que Cuba fue

---

\* Escribí este texto a solicitud de la revista *boundary 2, an international journal of literature and culture*, publicado por la Editorial de la Universidad de Duke, donde apareció traducido al inglés, abreviado, en edición de John Beverley, en el volumen 23, número 3, otoño de 1996.

obligada por la infame guerra económica que le hacen los Estados Unidos[2] (el 85% de su comercio exterior Cuba lo mantenía con tales países), parecían ofrecer una base objetiva sólida a aquel pensamiento. Además, para darle un empujoncito al destino, los Estados Unidos decidieron agravar el bloqueo que durante tres décadas le habían aplicado a Cuba, con la Ley Torricelli (irónicamente llamada «Acta para la Democracia en Cuba»), aprobada en octubre de 1992. Esa Ley pretendía involucrar en el bloqueo a otras naciones, y obtener por la asfixia comercial, con su secuela de escaseces, enfermedades y malestar, el aplastamiento del proceso revolucionario cubano que no pudieron lograr por otros medios igualmente civilizados: entre ellos, campañas calumniosas, ruptura de relaciones, presiones diplomáticas, sanciones económicas, sabotajes y atentados de todo tipo (como incontables proyectos para asesinar a dirigentes, sobre todo a Fidel, y el estallido en pleno vuelo de un avión de pasajeros), y por supuesto la consabida invasión mercenaria.

En consonancia con lo anterior, a partir de finales de la década de 1980 se desató, o mejor se incrementó, una verdadera «literatura» de buitres en torno a Cuba, cuyo colapso se daba por inmediato. Los ejemplos son demasiado numerosos para poder mencionarlos a todos. Hasta el entonces presidente George Bush, a quien parece que tampoco la poesía lo ha favorecido, contribuyó con un dístico, en español, recitado en visita que hiciera a Miami para reunirse con sus conmilitones de origen cubano: «En el noventa / Castro revienta.» Pero un ejemplo mejor es el libro de más de cuatrocientas cincuenta páginas de Andrés Oppenheimer *La hora final de Castro. La historia secreta detrás de la inminente caída del comunismo en Cuba* (Buenos Aires, 1992).

Comentando aquella actitud buitresca, el brasileño Antônio Cândido, uno de los más distinguidos críticos vivos y persona de reconocida independencia de juicio, escribió:

> Es un triste espectáculo la alegría feroz con que los políticos y ciudadanos que se dicen demócratas, los periódicos, la radio, la TV describen las dificultades de Cuba, en la alborozada esperanza de un derrocamiento de su régimen. Parece que les da placer anunciar y comentar que faltan alimentos y ropa, las máquinas agrícolas están siendo empujadas por animales, la bicicleta sustituyó al automóvil. Con certeza esperan que el régimen odiado acabe en el hambre, la miseria y una desgracia colectiva [...][3]

Tal actitud se apoyaba en un silogismo chapucero cuya premisa mayor era que la Revolución Cubana no era sino un epifenómeno de la expansión soviética hecha posible por los acuerdos de Yalta y Postdam. La conclusión del silogismo era que, de acuerdo con lo que se dio en llamar la política de dominó (premisa menor), a la implosión del proyecto soviético tenía que seguir la del proyecto cubano, como había sido el caso en los países que constituyeron el bloque socialista europeo. (Pero no en países extraeuropeos, como China, Corea y Vietnam.) No está de más recordar que de las reuniones donde se tomaron aquellos acuerdos, que dividieron al mundo de hace medio siglo, existen cuantiosas fotos y documentales donde aparece el presidente de turno en los Estados Unidos, sonriente, junto a un tal Stalin. Por cosas así, si alguien podía dar fe de que aquella premisa mayor *siempre* fue falsa, eran los gobernantes de los Estados Unidos. Solo que en el ambiente de histerismo de la Guerra Fría, aducir tal premisa, a sabiendas de que se trataba de una mentira, fue un arma predilecta de esos gobernantes. Aquí también los ejemplos son demasiados. Prácticamente no hubo en el mundo durante la Guerra Fría medida lesiva (así fuera involuntaria o superficial) para intereses de los Estados Unidos a la que no se le endilgara el sambenito. Aunque para agredir a los países latinoamericanos y caribeños, a partir de la guerra de rapiña con que a mediados del siglo pasado arrebataron a México la mitad de su territorio, los Estados Unidos no habían tenido que esperar al *deus ex machina* de ese sambenito. ¿Acaso esa guerra no había ocurrido antes de que fuera publicado el *Manifiesto comunista*? De modo parecido, la intervención militar de los Estados Unidos que en 1898 privó a Cuba de su independencia (convirtiéndola sucesivamente, hasta 1958, en tierra ocupada, protectorado y neocolonia) tuvo lugar diecinueve años antes de la Revolución Rusa de 1917. Y, con variantes, cosas similares deben decirse a propósito de la política del «garrote» aplicada en este siglo con saña en el Caribe, considerado *mare nostrum* por los gobernantes del país al que ya José Martí había llamado en 1894 «una república imperial», «la Roma americana».

Han pasado seis años de la caída del muro de Berlín, que nunca debió existir y que tuve la tristeza de ver. (Como también tuve luego la tristeza de ver el muro levantado por los Estados Unidos en parte de su frontera con México, el cual no da señales de ir a caer todavía, y que, haciendo mayor el escarnio, fue construido con planchas de metal usadas para improvisar aeropuertos durante la Guerra del Golfo. Mientras el muro de Berlín fue motivo de constantes comentarios y presentado como ejemplo flagrante del espanto rojo, del muro de Tijuana apenas se habla, y mucho menos se lo presenta como muestra de ningún espanto. Simplemente forma parte del paisaje, al igual que las luces enceguecedoras que permanecen alumbrando toda la noche del lado estadunidense, y le dan el aspecto de un fantasmal estadio deportivo: pasemos por alto el deporte que allí se practica.) Han pasado cinco años de haberse decretado en Cuba el llamado «período especial en tiempo de paz» (la asunción de medidas de suma austeridad previstas para tiempo de guerra). Han pasado cuatro años del desmembramiento de la Unión Soviética. Se diría que es tiempo más que suficiente para que hubiera ocurrido el colapso del comunismo cubano anunciado con tanto énfasis en el citado artículo de *Foreign*

*Affairs*; la «inminente caída del comunismo en Cuba» de la cual se suponía que trataba el apocalíptico libro *La hora final de Castro*. Pero, para desprestigio de los autores respectivos, no solo no ha ocurrido tal colapso, tal caída, sino que la recuperación de Cuba es ya visible para todos, salvo para los sostenedores de la política jurásica. Después de la durísima situación vivida a partir de 1990 y en especial de 1991, en Cuba se han ido dando distintos pasos, de algunos de los cuales hablaré luego. Como resultado de ellos, en 1994 la economía cubana creció el 0,7%; en 1995, el 2,5%; y para 1996 se prevé el 5%. Son crecimientos muy pequeños: pero indican que el decrecimiento ha quedado atrás, y a la resistencia manifiesta desde el primer momento la ha seguido una lenta recuperación que está en marcha. Hechos así explican el papel ridículo que ha hecho el señor Oppenheimer, un periodista del *Miami Herald* que nació en la Argentina. También en la Argentina nació el arquitecto Rodolfo Livingston, hombre singular entre cuyos libros se cuenta *Cuba existe, es socialista y no está en coma* (Buenos Aires, 1992). La contradicción entre ambas obras, de igual edad e igual tema, es evidente. Alguien (no sé si el propio Oppenheimer) se permitió decir que la contradicción se debía a que *Cuba existe...* es un libro romántico, y *La hora final de Castro*, un libro de ciencia. Enterado de ese comentario, Livingston replicó que se trataría de un libro de ciencia-ficción. La cosa no hubiera pasado a más, de no ser por algo en que reparó Livingston y fue comentado en nota del número 378, correspondiente a octubre de 1993, de la revista argentina *Humor*. Con el título «Nada se pierde», y encabezada por las líneas «Marcha atrás editorial: *Fidel, Fidel, duro con él*», la nota expone:

> En diciembre de 1992 apareció la primera edición de *La hora final de Castro*, un libro escrito por el Premio Pulitzer argentino-yanqui Andrés Oppenheimer. Nuestros lectores consecuentes

recordarán los comentarios que nuestro colaborador Rodolfo Livingston hizo sobre la obra. Y que no fueron muy laudatorios, hecho comprensible si tenemos en cuenta que nuestro arquitecto es autor de *Cuba existe, es socialista y no está en coma*. // En marzo de 1993 salió [...] la segunda edición de *La hora final de Castro*. Y el ojo avizor de Livingston descubrió que su tapa no era igual a la de la primera. // El subtítulo de la edición de 1992 decía *La historia secreta detrás de la inminente caída del comunismo en Cuba*. El subtítulo de la segunda edición, de 1993, dice: *La historia secreta del gradual derrumbe del comunismo en Cuba*. En los tres meses que pasaron de una tapa a otra, se dio una evidente marcha atrás. // En primacía exclusiva, *Humor* adelanta las tapas de la tercera y la cuarta edición [...], si las ventas siguen bien [p. 25].

Según las cubiertas previstas, el libro aparecería entonces con los siguientes subtítulos: *La historia secreta del posible deterioro del comunismo en Cuba*, y *La historia secreta detrás de la persistencia del comunismo en Cuba*. Aunque todavía no hay noticias de la publicación de esas nuevas ediciones, no se ha perdido la esperanza de que lleguen a existir. Lo que sí se ha perdido es la ocasión de hacer la crónica de la muerte tantas veces anunciada y tantas veces pospuesta; del crimen que pondría fin al experimento cubano. Y como se impone dar explicaciones racionales de la sobrevivencia de ese experimento, lo primero que hay que hacer es echar por la borda el silogismo chapucero a que me referí, y sus variantes. Ejemplo de estas últimas es lo que dice Susan Kaufman Purcell: «La historia de la Revolución Cubana es en gran parte la historia de la creciente dependencia cubana de la ayuda económica y militar soviética.»[4] Si esto fuese cierto, habida cuenta de que la Unión Soviética dejó de existir hace cuatro años, durante ese lapso la Revolución Cubana hubiera estado viviendo sin historia: solo en la isla caribeña se habría cumplido el *dictum* risueño del señor Fukuyama según el cual la historia llegó a su fin. Al no ser ese el caso, hasta los más tozudos, si quieren entender las realidades cubanas, tendrán que resignarse a estudiar *de veras* la historia *de Cuba*, con sus características propias y sus vinculaciones concretas. Entre estas últimas, por supuesto, se encuentran las que tuvo con la URSS. (Tampoco se podría estudiar seriamente, pongamos por caso, la historia de los Estados Unidos sin tomar en cuenta sus vinculaciones con la URSS: su aliada en la llamada Segunda Guerra Mundial, cuando, según recuerdos de mi niñez, en *Selecciones del Reader's Digest* se aseguraba que Ivan apenas difería de John, y en filmes de Hollywood destinados a desprestigiar los atroces regímenes racistas del Eje, curiosamente, los soldados japoneses eran llamados monos amarillos; su enconada antagonista durante la Guerra Fría, en que se la estigmatizó como «el imperio del mal».) Pero sobre todo habrá que considerar las relaciones que Cuba mantuvo y mantiene con otros países, como España y los Estados Unidos, sus metrópolis sucesivas; como los de la América Latina y el Caribe, el conjunto de países al que pertenecemos en primera instancia; como los de África, de donde provienen tantos de nuestros antepasados, tanto de nuestra cultura. El tomar en cuenta relaciones de esa naturaleza da valor particular a obras como la de Philip S. Foner *A History of Cuba in its Relations with the United States* (Nueva York, 1962-1963); la de Juan Bosch *De Cristóbal Colón a Fidel Castro. El Caribe, frontera imperial* (Madrid, 1970: la Casa de las Américas la reditó en La Habana en 1981), y la de Eric Williams *From Columbus to Castro. The History of the Caribbean 1492-1969* (Londres, 1970). Estas últimas habían sido precedidas en su enfoque por el epílogo que C.L.R. James añadió a la segunda edición, revisada (Nueva York, 1963), de su clásico *The Black Jacobins. Toussaint L'Ouverture and the San Domingo Revolution*: tal epílogo, que lleva el título «From Toussaint L'Ouverture to Fidel Castro», fue publicado parcialmente, en español, en *Casa de las Américas*, no. 91, julio-agosto de 1975.

Cuando en 1960 me encontré en París con Sidney W. Mintz, eminente profesor de la Universidad de Yale (de la que yo había sido profesor visitante entre 1957 y 1958), me pidió que le recomendara, para su publicación en los Estados Unidos, un libro de Cuba que contribuyera a hacer entender la historia de ese país del que tanto se estaba hablando. Le sugerí sin vacilar *Azúcar y población en las Antillas* (La Habana, 1927), de nuestro mejor historiador, Ramiro Guerra, hombre conservador, así que no había la menor sospecha de que yo le hubiera recomendado un libro comunista. Mintz atendió mi sugerencia, hizo traducir la obra, le añadió un inteligente y erudito prólogo suyo (donde afirmó que «las islas del Caribe [...], para la mayoría de nosotros, ni siquiera existían hace una década»), la publicó en 1964, con el título *Sugar and Society in the Caribbean*, como volumen 7 de The Caribbean Series de la Editorial de la Universidad de Yale, y me envió un ejemplar con esta dedicatoria: «Para Roberto Fernández Retamar, de quien fue en realidad esta idea (París, verano de 1960). Sidney W. Mintz». Treinta y cinco años después, sigo creyendo que mi proposición fue acertada. Y si alguien me pidiera hoy consejo sobre otro libro cubano que debe ser traducido y publicado en los Estados Unidos para contribuir a echar luz sobre nuestra situación, teniendo en cuenta los muchos que ya se conocen en aquel país, le sugeriría *La expansión territorial de los Estados Unidos a expensas de España y de los países hispanoamericanos*, cuyo autor vuelve a ser Ramiro Guerra, quien, tras el derrocamiento del tirano Gerardo Machado (de quien fue Ministro), se encontraba exiliado en España, donde fue impreso aquel libro, aunque en la página del título diga «La Habana, Cultural, S.A., 1935». Guerra, historiador honrado no obstante su complicada vida política, sostuvo allí, con sólida información, que

> en América, bajo nuestros ojos, se está desarrollando un nuevo ciclo de dominación colonial. Los países descubiertos y con-

quistados por los españoles están sometidos lentamente a un nuevo proceso colonizador [...] Quien conozca el proceso desde su origen [...] no puede abrigar duda alguna [...de que] el cambio en el estado político de las antiguas colonias españolas no alteró en lo sustancial el conflicto [...] que venía produciéndose. [...] Al terminar el siglo [XIX], [...]. La expansión estaba lista para dirigirse al Sur en un rumbo previsto por Jefferson desde 1805 [pp. 12-14].

La alusión a Jefferson es bien oportuna. En reciente artículo sobre la imagen estadunidense del Pacífico, M. Consuelo León W. dedica un importante acápite a «Thomas Jefferson y sus proyectos políticos», y habla allí de «Jefferson, cuyo vasto conocimiento geográfico fue incrementado por el pragmatismo político».[5] Si Jefferson diseñó una política de su país, aún pequeño y poco poblado en su época, para el lejano Pacífico, no es extraño que la diseñara para la muy cercana Cuba. El proyecto jeffersoniano con respecto a Cuba sería complementado después por hombres como John Quincy Adams, quien en su carácter de Secretario de Estado del presidente Monroe redactó en 1823 la Doctrina que llevaría el nombre de este, y en cuya existencia tuvo mucho que ver el propósito de que Cuba no saliera de manos españolas hasta que estuviera asegurada su caída en manos estadunidenses, de acuerdo con la poética metáfora de «la fruta madura» que ese año 1823 el propio Adams expusiera al representante diplomático de los Estados Unidos en España. La bibliografía sobre el ulterior expansionismo del país de Jefferson, Monroe y Adams es copiosa.[6] Tratándose de Cuba, la cuestión es conocida de larga data. El propósito estadunidense de tragarse a Cuba tiene alrededor de dos siglos, y los matices de ese propósito difieren poco en lo esencial, aunque, indudablemente, a raíz de la explosión del acorazado *Maine*, surto en el puerto de La Habana en febrero de 1898 (el «incidente del Golfo de Tonkín» de la época), adquirió alientos y características particulares. Si treinta años después del *Maine* Leland Hamilton Jenks había podido publicar un libro valioso con el elocuente título *Our Cuban Colony* (Nueva York, 1928), algo más tarde H.U. Faulkner sintetizaría así la cuestión:

> Fue en Cuba donde los Estados Unidos aprendieron la significativa lección de que es completamente innecesario anexar territorio a fin de disfrutar las recompensas financieras del imperialismo. [...] A mediados de la década del veinte [del siglo XX] poco había de valor en Cuba que no hubiera sido tomado por los intereses financieros [norte]americanos [...] Bajo el ímpetu de las inversiones estadunidenses, Cuba se había convertido en una tierra de grandes plantaciones de azúcar y tabaco, poseídas desde el extranjero y trabajadas por un proletariado cubano sin tierra, cuya prosperidad dependía casi enteramente del mercado [norte]americano, dependiente a su vez de la tarifa [norte]americana. [...] De todo esto resulta evidente que la riqueza cubana ha caído bajo control [norte]americano, y que la vida política cubana desde 1898 hasta 1934, y hasta cierto punto también en lo adelante, ha sido ampliamente dirigida desde Wáshington. [...] «Cuba», dijo un historiador, «no es más independiente que Long Island.»[7]

En la Cuba presentada aquí con tan descarnada exactitud es donde estalló en 1959 la revolución que en vano se había intentado antes. La previsible reacción oficial estadunidense se comprende mejor con la última comparación: ¿Qué se había creído esa Long Island tropical que era Cuba, donde ni grandes Gatsby había? Más de un siglo y medio nos habían enseñado a qué atenernos. La arrogante y rupestre política estadunidense hacia Cuba en estos treinta y siete años[8] causa embarazo hasta a sus propios aliados cercanos (no hablo de abiertos vasallos). Sin embargo, de no limitarse a lo inmediato, y mirar en cambio la historia con la perspectiva de *larga duración* que postuló y practicó Fernand Braudel (como, en su estela, lo hace ahora Immanuel Wallerstein), las torpezas de aquella política se inscriben en un campo vasto donde adquieren sentido: un sentido ominoso. El español José Manuel Allendesalazar tuvo razón al decir: «Si los [norte]americanos se han mostrado alguna vez consistentes en su historia diplomática, el de Cuba es, sin duda, el caso más claro. No son otras [que las defendidas a lo largo del siglo XIX] las razones que moverán a Kennedy a provocar otra crisis cubana más de sesenta años después [de 1898].»[9] Aunque parezca increíble, la Doctrina Monroe, emitida en 1823 (y cuya síntesis es: «América [todo el Hemisferio Occidental] para los americanos [los estadunidenses]»), volvió a ser esgrimida una y otra vez por los gobernantes de los Estados Unidos contra la Revolución Cubana. La constante remisión de los revolucionarios cubanos de hoy a nuestra historia no es, pues, una construcción artificial, sino la única forma de hacer entender lo que ocurre.[10]

Por ello, aunque la primera parte de la Revolución Cubana fue uno de los hitos más sobresalientes de la década del sesenta,[11] sobre lo que volveré, quiero arrancar de los hechos concretos de Cuba. En 1959 ocurrieron aquí dos cosas: por una parte, la obtención de la verdadera independencia; por otra, el comienzo de una vasta restructuración. Lo primero es una conquista definitiva, salvo para los colonialistas y los anexionistas; lo segundo ha conocido distintas fases, y está abierto a impredecibles modificaciones. Se suele reservar el nombre de Revolución Cubana solo para la restructuración, cuando en realidad aquella es inimaginable sin la independencia. En todo caso, en 1959 tuvo lugar el gran giro de nuestra historia, con el derrocamiento de una tiranía típicamente neocolonial, al servicio de intereses de nuestra nueva metrópoli, los Estados Unidos, y desde luego ferozmente apoyada por ellos. El pueblo cubano saludó de manera clamorosa tal derrocamiento. No hay que fatigar bibliotecas y archivos para ratificarlo: basta con ver filmes como la segunda parte de *El padrino*, de Francis Ford

Coppola, o *Havana*, de Sidney Pollack. Se trató de un giro que, como dije, implicaba dos cosas: la independencia y el comienzo de un proceso restructurador.

Aquel proceso, encarnación de un nacionalismo de resistencia muy imbuido de una voluntad de justicia social (hechos ambos en los que es decisiva la impronta de José Martí, proclamado por Fidel desde el 26 de julio de 1953 mentor por excelencia de la Revolución), no comenzó siendo socialista. Pero varias de sus medidas, en especial una reforma agraria más bien moderada, afectaban inevitablemente a intereses estadunidenses. Debido a haber tomado medidas de ese tipo, mercenarios enviados por los Estados Unidos habían aplastado en 1954 un proceso similar en Guatemala, cuyos gobernantes, en su caso, habían llegado al poder en elecciones convencionales. (Cuarenta y un años después de lo que el gobierno de los Estados Unidos y sus voceros llamaron una «gloriosa victoria», se calculan en no menos de cien mil los desaparecidos en el país de Rigoberta Menchú.) Ese aplastamiento impactó mucho al Che, quien se encontraba entonces en Guatemala y se trasladó de allí a México, donde se unió a los revolucionarios cubanos que lucharían en la Sierra Maestra. Su experiencia guatemalteca iba a serle (a sernos) vital.

La Revolución Cubana, pues, fue desde el principio condenada a muerte por los intereses norteamericanos afectados. De nada valió que Fidel viajara a los Estados Unidos en los primeros meses de 1959, cuatro años antes de hacerlo a la URSS. La agresiva reacción de Wáshington precipitó el carácter socialista de una revolución que comenzó no siéndolo. Ese carácter fue proclamado por Fidel el 16 de abril de 1961. La víspera habían sido bombardeados por aviones estadunidenses tres aeropuertos de Cuba, como preludio a la invasión de Playa Girón, que comenzó el 17 y fue aplastada en sesenta y seis horas. Se había iniciado, en el contexto de la Guerra Fría, la compleja relación de Cuba con los países europeos de lo que se daría en llamar «socialismo real». Juan Bosch (quien, además de político moderado al que los Estados Unidos le impidieron regresar en 1965 a la presidencia de la República Dominicana para la cual había sido electo, es un vigoroso escritor) se refirió así a estos hechos:

> La operación estaba calculada [por los Estados Unidos] en términos de fuerzas militares, no de fuerzas políticas, y se olvidó que la revolución de Cuba era un fenómeno político que tenía sus raíces en los cuatrocientos setenta años de historia del Caribe y en los noventa y tantos que llevaba el pueblo cubano luchando por su independencia. [...] La bien planeada agresión del Gobierno de los Estados Unidos, ordenada por los presidentes Eisenhower y Kennedy, había lanzado a Cuba al campo socialista. El ataque aéreo a La Habana, San Antonio de los Baños y Santiago de Cuba había tenido el mismo efecto que el de ingleses y españoles a Haití en 1793. El 16 de abril de 1961, Fidel Castro había actuado como lo había hecho Sonthonax el 29 de agosto de aquel año, cuando decretó la libertad de los esclavos haitianos. La historia del Caribe tenía una coherencia; seguía una ley que se halla inscrita en lo más profundo de sus raíces. Región del mundo americano modelada por la violencia que la había convertido en una frontera imperial, su única manera de avanzar hacia un destino mejor era respondiendo a la escalada de la agresión con la escalada de la revolución; y para librarse de la opresión norteamericana, el camino de la Revolución Cubana era el del socialismo. Fidel Castro no tenía opción; o escogía el socialismo o escogía la destrucción de su obra y con ella el deshonor.[12]

No me da el espacio para detenerme en los mil incidentes de aquella compleja relación de Cuba con los países europeos que se decían socialistas, y me limitaré a mencionar unos pocos de esos incidentes. En 1960 la URSS nos compró el azúcar que Cuba había producido, según convenio, para los Estados Unidos, los cuales incumplieron ese convenio como parte de sus crecientes agresiones a Cuba. El pago de aquella compra fue en petróleo, el cual debía procesarse en las refinerías que los Estados Unidos poseían en Cuba. La negativa de ellos a hacerlo trajo como consecuencia inevitable la nacionalización de tales refinerías, y luego otras nacionalizaciones que hicieron visible el cambio que experimentaba velozmente, para sobrevivir, la Revolución surgida en enero de 1959. Fuera de los realizadospor los propios dirigentes de la Revolución, no conozco un análisis más temprano y claro de lo que estaba sucediendo que el ofrecido en el libro de Leo Huberman y Paul M. Sweezy *Cuba. Anatomy of a Revolution*, que ese año 1960 publicó la Editorial Monthly Review. Al pasar por Nueva York, en diciembre de aquel año, la inolvidable lectura de ese libro me fue reveladora. Junto con el coetáneo de C. Wright Mills *Listen, Yankee (The Revolution in Cuba)* (Nueva York, 1960), echaron una luz impresionante sobre lo que se hacía en mi propio país. Si a José Martí debo más que a nadie, autores estadunidenses como los que he mentado (y muchos más imposibles de enumerar) han contribuido, hasta hoy, a hacerme entender cuestiones complejas que quizá no hubiera podido descifrar de momento sin su auxilio. Pero con el viejo libro de Huberman y Sweezy tengo una deuda particular. Yo regresaba a Cuba tras una misión diplomática en Francia,a sabiendas de que me esperaba un país que era el mismo y otro que el que había dejado; y a sabiendas, también, porque un amigo del Quai d'Orsay me lo había asegurado y porque el sentido común lo decía, de que se nos venía encima una invasión militar estadunidense de incalculables proporciones. (El Che me lo ratificaría en La Habana pocos días después.) Y he aquí que un espléndido libro estadunidense me daba nuevos ánimos y nuevas claridades para lo que se avecinaba. No he olvidado el final del libro:

> Todavía hay tiempo para que los hombres de buena voluntad, tanto dentro como fuera de los Estados Unidos, hagan ver a los responsables de hacer la política en Wáshington que una agresión contra Cuba y la Revolución Cubana sería no solo un crimen contra la humanidad sino también un abierto paso en dirección a la autodestrucción. // Mientras tanto, la Revolución Cubana marcha hacia adelante, ganando fuerza y confianza en sí, mientras procede en todos los órdenes con su ejemplo magnífico a encender una nueva ruta para la humanidad hacia un futuro socialista más brillante [p. 173].

Por desgracia, la ilusión de Huberman y Sweezy no se cumplió, y «los responsables de hacer la política en Wáshington» cometieron el «crimen contra la humanidad» en abril de 1961. Fue un crimen imperfecto. Pero lejos de extraer de su derrota lecciones de paz, se propusieron otro crimen aún mayor, perfecto esta vez, que iba a ser realizado al año siguiente, en 1962. Ello no dejó a Cuba otra alternativa que aceptar la propuesta soviética de instalar en la Isla cohetes atómicos que debían disuadir a Wáshington de nuevas aventuras en Cuba y otros sitios. Después se ha dicho que los cubanos sobrevaloramos el peligro, ya que nunca estuvo entre los planes estadunidenses agredirnos de nuevo, esta vez con sus propias tropas. Como entre quienes han dicho eso se encuentran responsables de la bárbara agresión a Vietnam, situado no a noventa sino a millares de millas de los Estados Unidos, no se les puede dar absolutamente ningún crédito. La guerra contra nosotros era inminente, y la decisión cubana, en consecuencia, la única posible. No fue responsabilidad nuestra que la crisis desencadenada haya sido el punto más caliente de la Guerra Fría, y que pusiera a la humanidad al borde del exterminio. La solución de la Crisis de Octubre de 1962, a la cual se llegó mediante un trueque que reveló propósitos soviéticos desconocidos por Cuba, y a espaldas de la Isla, fue humillante para esta (aunque es verdad que la nueva invasión no llegó a ocurrir), y provocó un distanciamiento de Cuba con la URSS.

En la atmósfera de ese distanciamiento, Cuba aceleró sus proyectos para impulsar la revolución que se consideraba entonces cercana en los países oprimidos. Al ser internacionales las acciones imperialistas, también tienen que serlo las antimperialistas. Ejemplos de aquellos proyectos fueron la Conferencia Tricontinental y la Conferencia de la Organización Latinoamericana de Solidaridad (OLAS), celebradas ambas en La Habana, en enero de 1966 y julio y agosto de 1967 respectivamente. Figura central en ellas, aunque no estuviera presente, fue el Che Guevara, quien entre 1965 y 1967 trató de impulsar personalmente guerrillas primero en el Congo y luego en Bolivia, lo cual por supuesto aún no era de dominio público en esas fechas. Mal avenida con la URSS, Cuba lo estuvo también con las dirigencias de casi todos los partidos comunistas prosoviéticos, lo que se puso de manifiesto en muchas polémicas, y especialmente en la traición de que el Che fue objeto en Bolivia por la cúpula comunista de aquel país, y tanto tuvo que ver con su muerte.

Cuba se convirtió en un centro focal que despertaba la admiración de millones de hombres y mujeres en el mundo, entre ellos intelectuales de muy diversa procedencia, a los que entusiasmaban las ideas originales de la Revolución, su antidogmatismo, su audacia, su valiente enfrentamiento al Imperio, su rechazo del realismo socialista, incluso su desenfado. Las experiencias cubanas impactaron no solo en los países oprimidos sino en las propias metrópolis, como lo prueban muchísimos de los libros que se le dedicaron en ese tiempo, y que por lo general procedían de autores heterodoxos en lo que toca a su pensamiento: entre ellos, marxistas independientes como los de la *Monthly Review*, liberales como Herbert L. Matthews, existencialistas como Sartre, radicales románticos como Waldo Frank, católicos como Claude Julien.

Recuerdo que cuando en 1964 escribí a André Breton con el objeto de rendirle homenaje al surrealismo a cuarenta años del primer *Manifiesto surrealista*, Breton me respondió enviándome un nuevo manifiesto de su grupo, a la sazón ya muy diezmado, donde saludaba a la Revolución Cubana como encarnación del ideal surrealista.[13] Se equivoca Lester Thurow cuando atribuye a influencia soviética que «Cuba, a sólo noventa millas de los Estados Unidos», fuera vista como «la onda del futuro».[14] La verdad es que ello se debía en gran parte a la independencia mostrada por la Cuba socialista con respecto a Moscú.

Pero esta situación no iba a mantenerse sin cambio. En primer lugar, la muerte del Che en octubre de 1967 decapitó casi al nacer el que debió haber sido un nuevo ejército bolivariano, de aliento y dimensión continentales. En segundo lugar, las respuestas del Imperio fueron múltiples, hábiles y, llegado el caso, implacables. Esas respuestas iban desde una cuantiosa y vociferante propaganda, la Alianza para el Progreso y medidas de penetración y reblandecimiento en el campo cultural (muchos de cuyos representantes se habían mostrado receptivos a los proyectos revolucionarios), hasta operaciones militares diversas, sobre todo con tropas antiguerrilleras, apoyo a sangrientas dictaduras militares, entrenamiento de torturadores. Sobre uno de esos maestros de torturadores, Dan Mitrione, ajusticiado en Uruguay, hizo Costa Gavras su filme *Estado de sitio*. También en estos órdenes el arsenal del Imperio era (es) millonario. Si a lo anterior se suma la invasión de Checoslovaquia por tropas del Pacto de Varsovia en 1968, que inició el descrédito último del «socialismo real», y el final de los movimientos estudiantiles de ese año, que en París pudieron haber sido una fiesta o un ejercicio calisténico para futuros «nuevos filósofos» y otros *yuppies*, pero en el Tlatelolco mexicano fueron una terrible matanza, se comprende el retroceso general experimentado por la izquierda. Sobre el humus de ese retroceso crecería la actual derecha en sus varias formas.

Por otra parte, en lo que toca a Cuba, no era posible mantener indefinidamente que su revolución fuera a la vez sin ideología (como postulara Sartre, lo que provocó una respuesta del Che),[15] surrealista (como creía Breton), martiana y marxista-leninista (como sostenía Fidel) y muchas otras cosas. No era posible que fuera a la vez verdadera e imaginaria. Lo de «martiana» no significaba más, para la mayor parte de los comentaristas de fuera, que una nota de color local, ya que se espera que nosotros estemos familiarizados hasta con Allan Bloom, que es pedir un poco demasiado, pero en cambio José Martí, la criatura mayor nacida en el Hemisferio Occidental, sigue siendo un ilustre desconocido para la gran mayoría de los intelectuales metropolitanos, así se consideren muy radicales[16] (lo que además hoy no está de moda), y hasta para muchos procedentes de las colonias y neocolonias (en el actual carnaval semántico es de buen tono llamarlos poscoloniales, lo que en boca de algunos es un artilugio verbal para hacer creer que las colonias han quedado atrás).

Los años sesenta, con su romántico *flair*, terminaron para nosotros entre 1967 y 1968: así como Eric J. Hobsbawm pudo decir que el siglo XX terminó en 1991.[17] La muerte del Che implicó una nueva posposición de los grandiosos proyectos liberadores que él encarnaba. Al año siguiente se decretó en una Cuba vuelta sobre sí la nacionalización, con el nombre «ofensiva revolucionaria», hasta de los más pequeños negocios particulares que quedaban en la Isla, cuyas funciones no pudieron ser asumidas sino de modo muy parcial por el Estado. La invasión a Checoslovaquia fue calificada por Fidel (en un discurso tenso y hasta cierto punto sorpresivo) de trágica, y considerada sin excusa legal ni moral, pero no fue abiertamente impugnada desde el punto de vista político, entendiéndose que podía interpretarse como una respuesta largamente requerida de la URSS frente a la agresividad imperialista que en la época se ejercía con violencia en Vietnam y seguía amenazando a Cuba. En esta, dijo también Fidel, cualquier invasión, de la naturaleza que fuera, sería rechazada sin contemplaciones, ya que entre nosotros la orden de combate frente al agresor está siempre dada.

En Cuba también ocurrió en 1968 el primer capítulo del que se conocería como «caso Padilla»: ásperas críticas político-literarias, a partir de un libro de este escritor, que fueron ampliamente publicitadas por la prensa occidental, con la finalidad de avivar en intelectuales que hasta entonces se habían mostrado simpatizantes de la Revolución el temor de que en Cuba fueran a producirse en el dominio cultural fenómenos como los que caracterizaron a la URSS tras la muerte de Lenin. Poco después se proyectó una gigantesca zafra de diez millones de toneladas, que debía hacer posible un gran salto económico en 1970 y puso a todo el país al servicio de esa meta, que no se alcanzó no obstante el heroico esfuerzo realizado. En 1971 tuvo lugar otro capítulo del «caso Padilla», desencadenado por el encarcelamiento de este escritor y una autocrítica suya que fue una caricatura de los discursos pronunciados por las víctimas de los horribles procesos de los años treinta en Moscú. Lejos de ser asesinado, Padilla fue puesto en libertad un mes después. Pero sus semanas de cárcel, y la descodificación de su autocrítica, descodificación llevada a cabo en gran parte por exestalinistas familiarizados con los textos originales (tal era el propósito), contribuyeron a erosionar el frente intelectual internacional con que hasta entonces había contado la Revolución, y dieron lugar a discusiones, de las cuales algunas fueron clarificadoras y otras hubieran podido (y debido) no existir.[18]

Acosada en lo militar, aislada en lo político y lo diplomático, endurecida en lo intelectual, y en difícil situación económica, Cuba decidió ingresar en el Consejo de Ayuda Mutua Económica (CAME) en 1972, lo que naturalmente incrementó sus vínculos con los países del «socialismo real»; aunque nunca fue signataria del Pacto de Varsovia, y en cambio no solo se mantuvo en el Movimiento de Países No Alineados (entre cuyos fundadores se contó), sino que llegó a presidirlo en 1979. Refiriéndose a la vida intelectual de Cuba durante algunos de aquellos años, escribiría después Ambrosio Fornet: «Las tendencias burocráticas en el campo de la cultura que se manifestaron en el Quinquenio Gris (1971 a 1975, ambos inclusive) frenaron pero no impidieron el desarrollo posterior de las distintas corrientes literarias.»[19]

De esa grisura, que contrastaba con la originalidad y el brillo de los años primeros de la Revolución (también difíciles, pero esperanzados, tanteadores y heterodoxos), fue saliendo Cuba paulatinamente a partir de la realización en diciembre de 1975 del primer congreso de su Partido Comunista y la institucionalización del país, que en febrero de 1976 aprobó en un referendo la Constitución socialista por la que se regiría. La salida se anticipó en lo cultural, donde fue encabezada por el Ministerio de Cultura, creado aquel año 1976, el cual retomó los lineamientos mejores del trabajo cultural desempeñado por la Revolución, y se apoyó en las instituciones y personalidades que habían rechazado (y, en grado distinto, padecido) la mediocridad de aquellos años.

El paso más importante en el alejamiento de la política cubana que primó desde finales de los años sesenta y fue apagándose a partir de mediados de los setenta, se dio en 1986. Ese año, ante los riesgos que implicaban medidas económicas que se habían venido tomando en los países del «socialismo real», medidas contra cuya peligrosidad había advertido décadas atrás el Che Guevara, y habida cuenta del traslado mimético de algunas de ellas a Cuba, esta inició el llamado «proceso de rectificación de errores cometidos». El proceso cubano fue paralelo a la *perestroika* soviética e independiente de ella, aunque durante un tiempo pudo creerse que había parentesco entre ambos. Los resultados revelarían las abismales diferencias que los separaban. Entre 1989 y 1991, dando la razón a preocupaciones como las expresadas por Fidel y el Che, terminó de fracasar el experimento socialista ruso iniciado en 1917; en cambio Cuba, aunque fuertemente afectada en lo económico por el hecho, ha conservado su rumbo y no ha renunciado a sus metas independentistas ni a su horizonte socialista: si bien, naturalmente, ha tenido que atenerse a las nuevas realidades internacionales. A pesar de que no pocas de estas le son adversas, el patriotismo, la firmeza, la amplitud y la audacia de su dirigencia política, que sigue siendo respaldada de manera ampliamente mayoritaria por el pueblo (como se puso de manifiesto en las recientes elecciones parlamentarias y en la manifestación del 5 de agosto de este año 1995), y las reiteradas torpezas de la política estadunidense hacia Cuba, parecen garantizar la sobrevivencia de la Revolución Cubana, en estos tiempos en que o se dice abiertamente que el imperialismo dejó de existir,[20] o se lo enmascara con otros nombres como globalización neoliberal y nuevo orden mundial.

Ejemplo cercano de las torpezas gubernamentales estadunidenses es la abierta violación del derecho internacional que implica la Ley Torricelli.[21] Esa violación trajo como lógica consecuencia que, al margen del criterio que tengan con respecto a la Revolución Cubana, los gobiernos de muchísimos países, incluso estrechos aliados de los Estados Unidos, objeten esa Ley, e impugnen el bloqueo de estos contra Cuba. También lo han impugnado, entre muchos otros, el Movimiento de Países no Alineados, las Cumbres de Mandatarios Iberoamericanos, el Grupo de Río, el Sistema Económico Latinoamericano (SELA) y la Asamblea General de la Organización de Naciones Unidas: esta última, en cuatro ocasiones desde 1992. La segunda vez, cuando solo tres países acompañaron a los Estados Unidos en su indefendible causa, ochenta y ocho apoyaron la propuesta cubana y hubo cincuenta y siete abstenciones, el *New York Times*, en editorial de 8 de noviembre de 1993, dijo: «Es difícil recordar una humillación similar para la diplomacia estadunidense.» Y también: «Cuba ya no constituye una amenaza estratégica. Castigar a todo un pueblo unilateralmente con el garrote recuerda los años degradantes en que la isla era vista como un protectorado de los Estados Unidos.» Pero la capacidad de los gobernantes de los Estados Unidos para sobrepasarse a sí mismos es asombrosa. Este año 1995, al volver a tratarse el asunto, el país de Walt Disney solo contó con dos votos a su favor, ciento diecisiete países apoyaron la propuesta de Cuba y treinta y ocho se abstuvieron. Es de suponer que ello sea recogido no solo en los Anales de las Naciones Unidas, sino en el libro de récords de Guinness.

La verdadera voz del pueblo de los Estados Unidos, sin embargo, se ha dejado oír por otras vías. Tal fue el caso de la declaración que firmaron centenares de intelectuales residentes en aquel país, y apareció en el *New York Times* el 24 de mayo de 1994, con el título «Ha llegado la hora de poner fin al embargo contra Cuba». Allí se leía:

> El mundo ha cambiado completamente. Los Estados Unidos comercian ahora libremente con los estados de la antigua Unión Soviética, China y Vietnam. Si Arafat y Rabin pueden darse la mano en el césped de la Casa Blanca, y Mandela y De Klerk pueden acordar un cambio de poder, entonces ¿por qué los Estados Unidos no pueden normalizar relaciones con Cuba?

Añádase a ello que con posterioridad los Estados Unidos reanudaron sus relaciones diplomáticas con Vietnam; y que no ya intelectuales, siempre sospechosos de estar vendidos a Woody Allen, sino graves hombres de negocios, razonablemente preocupados al verse impedidos de comerciar con Cuba, cuyos mercados temen perder, han vuelto a formular preguntas en esencia similares, lo que comenta otro editorial del *New York Times*, esta vez del día 4 de septiembre de este año 1995. Pero ante aquellas preguntas, la respuesta oficial de Wáshington sigue siendo que el de Cuba es un caso diferente, aunque sin especificar hasta la fecha cuál es concretamente la diferencia. (Pues la mención a supuestas violaciones de los derechos humanos cometidas por Cuba es irrisoria, especialmente cuando la hace un régimen que mantiene las mejores relaciones con los de países como Arabia Saudita y Kuwait, y en cuya historia se inscriben infamias como el apoyo, y con frecuencia la imposición, de tiranos como Ngo Dinh Diem en Vietnam, Ferdinand Marcos en las Filipinas, Trujillo en la República Dominicana, Somoza en Nicaragua, Batista en Cuba, Pinochet en Chile, para solo mencionar a unos pocos: sobre el sangriento golpe del último, Costa Gavras realizó su filme *Missing*.) De no hallarnos ante un ejemplo novedoso de política no euclidiana, hay que pensar que o los que hablan de esa diferencia son unos soberanos mentirosos, o tal diferencia existe, y hay que señalarla. He escrito estas páginas con la intención, acaso ingenua, de aportar ese señalamiento: modesta contribución a los señores de Wáshington, aunque sospecho que tampoco van a agradecérmela.

Que los gobernantes de Cuba y de los Estados Unidos pueden sentarse en la mesa de negociaciones y resolver problemas complejos, se puso sobradamente de manifiesto a raíz de la crisis entre los dos países surgida durante el verano de 1994 a propósito de los llamados «balseros»: crisis que tan interesantes comentarios recibió de la gran prensa de aquel país. Así, en su primera página, la revista *Time* del 5 de septiembre de ese año decía: «Amontonar a los balseros cubanos en tiendas de campaña en Guantánamo es un tapón, no una política. Pero treinta y cinco años de la demonología de la Guerra Fría impiden a Clinton iniciar amplias negociaciones con Fidel Castro.» Sin embargo, después de varias reuniones fructíferas que en cierta forma encontraron el 2 de mayo de este año 1995 una primera culminación, ambos gobiernos llegaron a acuerdos mutuamente satisfactorios, que resolvieron la grave situación de los compatriotas amontonados en campos de concentración habilitados en la base naval de Guantánamo, impuesta por los Estados Unidos hace casi un siglo a Cuba; y eximen a los emigrantes cubanos que quieren viajar a los Estados Unidos de su diferencia: es decir, en lo adelante serán tratados igual que lo son los ciudadanos de otros países. En cuanto a esta cuestión, pues, modificando lo que durante tres décadas había sido su original política migratoria relativa a los cubanos (muy irritante para los demás, sobre todo para los haitianos, que veían en ella una nueva manifestación del racismo de los WASPs), los Estados Unidos han reconocido ante el mundo que nosotros no somos diferentes. Aunque dicho de otra manera, menos elegante, también significa que la mierda nos cae a todos por igual. Los cubanos que quieran ir a residir en los Estados Unidos ya no serán héroes intrépidos que huyen del terror rojo, sino emigrantes económicos como los que en todo el Sur, para obtener mejoras materiales, quieren trasladarse al Norte —el cual les opone obstáculos crecientes.

Cuba, por su parte, ha vivido otros cambios en su política exterior. Por ejemplo, el gobierno de Canadá, el otro país desarrollado de América, reanudó su asistencia económica a la Isla. El Canciller de aquel país afirmó que la Guerra Fría había terminado, y que en lo tocante a la cuestión cubana ya era hora de pasar a otra página. En esa otra página se inscriben hechos como la presencia de la mayor de las Antillas entre los fundadores de la flamante Asociación de Estados del Caribe, y la firma por Cuba del Tratado de Tlatelolco, el cual proscribe las armas atómicas en la región. Esto último es de señalar, porque a diferencia de los demás países signatarios, la Isla es visitada en la base que los Estados Unidos mantienen en Guantánamo por naves de ese país que a veces llevan carga atómica. En este acápite debe destacarse también el intenso esfuerzo desplegado por Cuba, con resultados muy positivos, en cuanto a incrementar sus relaciones diplomáticas y comerciales. Si hace unos años las naciones latinoamericanas y caribeñas que tenían relaciones con Cuba eran un puñado, hoy son un puñado las que no las tienen. Sí: Cuba vive otra página en política exterior.

¿Y en cuanto al interior? Desde 1959 Cuba ha venido haciendo cambios profundos, que le han significado niveles educativos, de salud, antidiscriminatorios, científicos, deportivos, sin parangón en nuestra América. Así, sus índices de mortalidad infantil y de analfabetismo, la esperanza de vida al nacer y el número de maestros y médicos per cápita equivalen a los de un país subdesarrollante; ha hecho aportes de primer orden a la biotecnología; ha combatido fuertemente al terco racismo y al arraigado machismo, rectificado la deplorable homofobia (véase el filme *Fresa y chocolate*), dejado atrás prejuicios antirreligiosos y otros dogmas primitivos, autóctonos e importados, que tanto daño han hecho. Esos cambios internos han ido acompañados por el ejercicio de una solidaridad ejemplar. En estos años, Cuba ha enviado más médicos a los países pobres que la Organización Mundial de la Salud; ha acogido y acoge gratuitamente a millares de becarios procedentes de aquellos países; contribuyó a preservar la independencia de Angola y a obtener la de Namibia, y a la erradicación del *apartheid* (esto último lo reconoció noblemente Nelson Mandela); ha defendido en muchos campos la soberanía y la dignidad de los pueblos de nuestra América. A partir de 1990, obligada a vivir el durísimo período especial, Cuba hace cambios que miran esencialmente a inscribir al país, sin abandonar sus conquistas ni sus metas, en la nueva realidad mundial. Entre esos cambios, quizá el más comentado haya sido la autorización, en julio de 1993, de que el dólar circulara libremente. La mencionada entrega de la revista *Time* la llamó con razón «una espada de doble filo». Sin embargo, no deja de tener cierta gracia que añada: «Llevó mucha divisa requerida a Cuba, pero también dividió lo que había sido una sociedad ampliamente igualitaria en dos clases: los que tienen [...] y [...los] que no tienen» (p. 34). La «sociedad ampliamente igualitaria» hecha posible por la Revolución Cubana ha sido combatida a sangre y fuego, a letra e imagen por el *establishment* estadunidense; mientras la sociedad dividida en clases, los que tienen y los que no tienen, se corresponde con la que querrían ver de nuevo en Cuba: por lo que no es fácil saber si el juicio citado de la revista implica una censura o un elogio. Desde la perspectiva cubana, la legalización del uso del dólar se considera un mal inevitable, que ha provocado una *transitoria* economía dual en el país: la del dólar y la del peso. A fin de que la coyuntura no conduzca a un proceso canceroso, es imprescindible volver a dar valor al último. En la bolsa negra, el dólar llegó a cotizarse en 150 pesos. Ello no es bueno, desde luego, pero tampoco tan alarmante si se piensa en los millares de rublos a que el dólar ha llegado a equivaler en Rusia.

Varias medidas se han tomado en Cuba para frenar la inflación a que colabora aquella economía dual (y no solo ella). Por ejemplo, se ha procedido a una reordenación de las políticas fiscales, a la ampliación de medidas financieras, a la eliminación de gratuidades y subsidios, al alza de ciertos precios (sobre todo de productos no imprescindibles, como alcohol y tabaco), al establecimiento de un sistema impositivo racional, en vías de estructuración, que prácticamente no existía en el país. Hechos de esta naturaleza los hay en todo el mundo, pero en Cuba se ha procurado que no afecten, o lo hagan mínimamente, a los ciudadanos de más bajos ingresos, con lo que se evitan los traumas del neoliberalismo para el pueblo humilde. (Téngase en cuenta, de paso, que aun en estas condiciones adversas Cuba no ha cerrado escuelas ni círculos infantiles ni hospitales, si bien sus carencias, especialmente en estos últimos, son palpables.) Se autorizó además el trabajo por cuenta propia en muchísimos renglones, incluida la gastronomía.

Decisión de gran trascendencia fue la de abrir en todo el país, a partir de octubre de 1994, numerosos mercados agropecuarios, lo que fue saludado con entusiasmo por el pueblo. En ellos venden sus productos empresas estatales, cooperativas y pequeños agricultores. Los impuestos que deben pagar no son altos, y los precios, que se determinan libremente según el juego de la oferta y la demanda, han bajado algo, aunque se espera (se necesita) que lo hagan más. Ya existían ferias variadas, y se abrieron tiendas de productos industriales en condiciones parecidas a las de los mercados, aunque esas tiendas no son tan atractivas. De entrada, además de aliviar la escasez de alimentos y de algunos objetos, ofrecen nuevo incentivo para trabajar la tierra y en general para producir. Además, como en aquellos mercados y tiendas la moneda aceptada es el peso (que en las ferias y otros lugares de venta alterna aún con el dólar, el cual es prácticamente la única moneda para los servicios a turistas), y no hace mucho han sido abiertos algunos restaurantes cuyo pago se hace también en pesos, se han asestado heridas grandes a la economía subterránea y se ha contribuido con fuerza a sanear la moneda nacional. En el momento en que escribo estas líneas, la cotización del dólar ha descendido de los 150 pesos de mediados de 1994 a 25/30 (hace unos meses llegó a estar a 10/15, aunque nadie sabe por qué, y mucho menos yo, que no soy economista), y se han abierto casas de cambio. El camino hacia la rehabilitación de la moneda nacional parece seguro. (En enero del 2000, el cambio era de 20 pesos por dólar.)

En cuanto a la macroeconomía, se han tomado medidas serias para lograr una zafra azucarera al menos mediana en 1996; la industria turística se desarrolla con ímpetu; avanzan proyectos relativos al níquel y al petróleo, aunque la ausencia de fuentes energéticas sigue siendo uno de los mayores problemas de la Isla.

Esta mantiene vínculos económicos con gran cantidad de países de todas partes (incluso, de modo creciente, los que decían tener proyectos socialistas en Europa, y en no pocos de los cuales los gobernantes que encarnaron el abandono de esos proyectos están siendo batidos en las urnas). Pero no con los Estados Unidos, cuyo gobierno se lo prohíbe a sus ciudadanos, como también, violando su propia Constitución, les prohíbe viajar, salvo con muchas restricciones, a Cuba; de tal forma, el pueblo de los Estados Unidos también es víctima del bloqueo, el cual se calcula que nos ha ocasionado pérdidas de unos cuarenta y cinco mil millones de dólares. En septiembre de 1995, la Asamblea Nacional del Poder Popular de Cuba aprobó una Ley de Inversiones Extranjeras que permitirá incrementarlas considerablemente. Tenemos en este orden una economía mixta, que no afecta el perfil esencial de la Revolución, ya que esta retiene plenamente el poder político.

Más allá de la economía, un punto a destacar es el reiterado interés de Cuba por restablecer vínculos con compatriotas que viven fuera. Se han realizado varias reuniones, han tenido lugar visitas importantes y se ha creado en el Ministerio de Relaciones Exteriores la Dirección para los Asuntos de los Cubanos Residentes en el Exterior. Por otra parte, los acuerdos entre Cuba y los Estados Unidos a que se llegó sobre la cuestión migratoria fueron recibidos con ira y frustración por la derecha fascistoide de la emigración cubana, cuyo *lobby* se ha debilitado considerablemente. El que la Ley de Inversiones Extranjeras incluya el caso de cubanos que viven fuera es claro ejemplo del sesgo positivo que ha asumido, de modo acelerado, aquel restablecimiento.

Otro restablecimiento, el de las relaciones de Cuba con los Estados Unidos, es harina de otro costal. No obstante los muchos cambios hechos por la primera, mientras el gobierno de los Estados Unidos no rectifique respecto a Cuba su mentalidad, más que de Guerra Fría, decimonónica, tales cambios y otros le parecerán siempre insuficientes. Para que esa mentalidad arcaica quede complacida, sería necesario, lisa y llanamente, que «Cuba regresara a la normalidad capitalista y democrática».[22] Y así hemos dado con la cuestión toral. ¿Cuál es esa «normalidad» a la que Cuba debe *regresar*? (Este verbo es adecuado, pues de lo que se trata es de hacer volver a Cuba a lo que ya vivió: de imponerle su pasado, a menudo sombrío, como único porvenir.) La mera constatación de que *ni uno solo* de los países latinoamericanos y caribeños ha logrado un desarrollo capitalista, de que todos son «subdesarrollados», a menudo con índices pavorosos de inestabilidad, miseria, enfermedades, violencia, narcotráfico, corrupción, revela el sarcasmo de tal «normalidad». Apenas se habían acallado las fanfarrias de la llamada Cumbre de las Américas, realizada en Miami en diciembre de 1994, cuando la tremenda crisis de México reveló de modo brutal el desastre a que conducen las fórmulas neoliberales que se nos venían proponiendo como panacea para nuestros males. Hasta ahora Cuba, con su «anormalidad», con su proyecto alternativo, ha resultado ser por el momento, pese a sus limitaciones y errores, la única esperanza sobreviviente de los pueblos de nuestra América.

Miguel de Unamuno, al hablar de lo que llamó «la enormidad de España», explicó: «Anormal […] es un vocablo híbrido —mestizo— de prefijo griego y tema latino. Lo propio latino, que se hizo castellano, es: enorme. Enorme es lo que se sale de norma, lo anormal».[23] Esto es lo que hace a Cuba diferente: su anormalidad, su enormidad (que en nada contradice su exigüidad de territorio, población y bienes). Esto es lo que los señores de horca y cuchillo de los Estados Unidos no pueden perdonarle. Como lo sintetizara Darcy Ribeiro, el espectacular científico social, político y escritor brasileño:

> Sólo por existir, ella [Cuba] ya les es insoportable, por mil razones. Principalmente porque constituye una demostración viva de que la América Latina es viable. Cuba prueba que

nuestros pueblos pueden alcanzar su utopía suprema, que es tener un empleo en que avanzar por su esfuerzo, comer todo el santo día, educar a todas las criaturas, socorrer a todos los enfermos, dar vestimenta y morada a todos.[24]

Permítanme recordar a los lectores que a mis sesenta y cinco ajetreados años he tenido muchas experiencias. Ya mencioné que en mi niñez los países que los Estados Unidos consideraban sus enemigos feroces (y que naturalmente eran por delegación los de su neocolonia cubana) eran Alemania y Japón, sobre quienes les escuché decir cosas muy feas que a menudo iban más allá de sus abominables regímenes políticos de entonces; mientras la Unión Soviética era una aliada simpática. Mencionaré ahora que estuve en Vietnam en 1970, cuando ese país padecía la espantosa guerra que le hacían los Estados Unidos, y que esta vez yo no veía en filmes sino contemplaba con mis ojos y oía con mis oídos (me refiero a ciudades arrasadas y a bombas). Personalmente, me sentía algo culpable, porque pensaba que de no haberles hecho esa guerra a los vietnamitas, los yanquis nos la hubieran hecho a nosotros los cubanos. Sobraban las razones: es decir, las sinrazones. Yo no sabía entonces que entre los muchísimos jóvenes estadunidenses que, como yo, también encontraban horrorosa esa guerra, se hallaba un estudiante llamado Bill Clinton. Pero sí sabía que alguien con mi mismo nombre, Robert MacNamara, tenía una gran responsabilidad en tal guerra. Pasó un cuarto de siglo, y MacNamara publicó *In Retrospect: The Tragedy and Lessons of Vietnam* (Nueva York, 1995). Por esa obra (que se inscribe en una de las tradiciones más constantes en el folclor político del país de su autor: darse buena conciencia arrepintiéndose públicamente en la vejez de fechorías cometidas cuando se era joven y poderoso, aunque tal arrepentimiento ya nada pueda remediar), el mundo se enteró de que al fin mi tocayo reparó en lo que hasta Jackie Kennedy sabía:

que esa guerra, además de criminal, era estúpida. «*Sire, c'est pire q'un crime, c'est une bêtise*», le dijo Talleyrand en ocasión memorable a Napoleón. Y este año, el mismo de esa obra, a aquel exmuchacho Bill le tocó, por azar, ser el presidente que redondeara la historia, estableciendo relaciones entre el país exagresor y el país exagredido.

No sé si viviré para leer la obra en que un dignatario estadunidense ya crepuscular explicará, con lágrimas en la computadora (¿habrá otro aparato más novedoso para entonces?), que las agresiones contra Cuba cometidas por gente como él no solo eran crímenes, sino también estupideces. Pero no tengo la más remota duda de que tal obra se hará. Quizá el mismo año de su publicación, los Estados Unidos reanuden relaciones con Cuba. Gracias a gestos de esa naturaleza, podrán salir del libro de récords de Guinness en lo que toca a la Asamblea General de las Naciones Unidas; y de otras cosas desagradables que tanto empañan su imagen y tanto obstaculizan la irradiación de su política mejor. Quienes en cierta forma también nos sentimos parte de los Estados Unidos, tendremos entonces nuevas razones para amar al país de Toro Sentado, John Brown, Nat Turner, Lincoln y la Brigada que llevó su nombre en la llamada guerra civil española de este siglo; de los mártires obreros de Chicago, Lucy Parsons y los esposos Rosenberg; de Emerson, Margaret Fuller, Wendell Phillips, Reed y Du Bois; de Malcolm X, Martin Luther King, Angela Davis y Noam Chomsky; del *baseball*, el *jazz*, *Casablanca* e incontables escritores y artistas; de una muchacha preciosa que en 1947 no me atreví a besar en una solitaria sala del Metropolitan Museum y debe ser ahora una linda abuelita; de quienes fueron mis colegas y alumnos en la Universidad de Yale y en otras Universidades; de tantas amigas y tantos amigos queridos! Así sea.

*La Habana, 28 de diciembre de 1995.*

5

# Hacia una intelectualidad revolucionaria en Cuba*

Quiero aprovechar esta ocasión para ordenar opiniones que durante años he expuesto sobre este asunto en trabajos anteriores. El posible (y casi imposible) lector que estuviera familiarizado con ellos, se encontrará pues, en estas notas, con algunos criterios conocidos, aunque sobre todo con relaboraciones. En todo caso, no me resigno a sucumbir a las citas propias, pareciéndome mucho más saludable la norma de Alfonso Reyes: Prefiero repetirme a citarme.[1]

## Cultura. Intelectuales. Generaciones

Quizá no esté de más entendernos de entrada sobre los términos. «Cultura» e «intelectuales» son términos que voy a emplear en el sentido restringido con que corren habitualmente, aunque sepa que con ello limito sus acepciones posibles. No proceder así, me obligaría a escribir otro trabajo. Aunque «cultura» es toda la creación de una comunidad humana, aquí voy a referirme a ella sobre todo en relación con la literatura, las artes y el pensamiento. No es prescindible, sin embargo, la otra acepción, especialmente en nuestro país, de modo que más de una vez habrán de interferirse

---

\* Publicado originalmente en *Cuadernos Americanos*, noviembre-diciembre de 1966.

ambos campos. «Intelectuales», por su parte, no son solo, como Gramsci ha hecho ver con claridad, los escritores, artistas y pensadores, sino muchos otros, incluyendo por cierto a los políticos. Pero aquí voy a utilizar la palabra en el sentido habitual, aunque no pueda olvidarse esa ampliación o restitución semántica, que por otra parte se aviene con los problemas de una sociedad que carece de cuadros suficientes, y requiere que prácticamente todos los que hayan rebasado la enseñanza primaria desempeñen variadas tareas de servicio. Por último, los problemas abordados aquí afectan sobre todo a los hombres y mujeres cuyo desarrollo intelectual coincide con el de la revolución triunfante. Pero no es posible dejar de aludir a la presencia de otros, aunque, por encontrarse ya formados al llegar la revolución al poder, su repertorio de problemas no coincide necesariamente con el que aquí comento. Ofrezco pues, en primer lugar, un breve esquema generacional de este momento cubano: por supuesto que sin el menor fanatismo por tema tan vapuleado como el de las generaciones.

En Cuba hay tres generaciones bien visibles, flanqueadas por los sobrevivientes de una mayor, de ancianos —el más prestigioso de los cuales es Fernando Ortiz, nuestra primera figura intelectual—, y los jóvenes en vías de formación, que ya han empezado a dar muestras valiosas de su trabajo. Esas generaciones son, una, la «generación vanguardista», la de los hombres de sesenta años; otra, la «generación de entrerrevoluciones», que madura entre la fracasada revolución de 1933 y el acceso al poder de la actual revolución, en 1959; y, por último, la «primera generación de la revolución», que madurará en el proceso de esta. Los más precoces entre quienes están surgiendo ahora («segunda generación de la revolución») coinciden en no pocos puntos con esa generación última, de modo que muchos de estos comentarios también los aludirán,[2] aunque habrá que esperar, por supuesto, a los años venideros para conocer el desarrollo y sentido de su obra.

Es sabido que a esta división en estratos cronológicos hay que añadir la rajadura vertical de las *posiciones clasistas* (no hablo de *origen*, sino de *actitud* de clase, pues todavía el origen de la mayoría de los intelectuales cubanos es pequeñoburgués). Así, en la generación vanguardista, por ejemplo, Marinello representará la vertiente revolucionaria, y Mañach la conservadora; separación que en la generación siguiente podría verse encarnada en Carlos Rafael Rodríguez y Humberto Piñera. Esta división es evidente, e impide todo excesivo enamoramiento con las determinaciones provocadas por las generaciones. Pero no es menos cierto que un hombre o una mujer que tuviera cerca de cincuenta años en 1959, no puede haber vivido el proceso revolucionario como la experiencia *formadora* que ha sido para quienes entonces andaban, como promedio, entre los veinte y los treinta años. En estos, y desde su perspectiva, pienso en las notas que siguen.

## Generación vanguardista

Los hombres y mujeres de sesenta años, los de la generación que surge alrededor de 1925, están hoy, o muertos (Martínez Villena, Mañach, Ballagas, Roldán, Caturla, De la Torriente, Enríquez, Abela) o exiliados (unos pocos importantes, como Novás Calvo, Montenegro, Lydia Cabrera) o consagrados (Carpentier, Guillén, Dulce María Loynaz, Labrador Ruiz, Lam, Amelia Peláez). En cualquier caso, su participación activa en la vida cubana actual, salvo excepciones, es escasa. Entre esas excepciones, además de a varios de los últimos, cabe destacar a Juan Marinello y Raúl Roa. Pero es claro que esa generación ha desempeñado un papel de pórtico. Es justo que se la considere como introductora de la vanguardia. (Buena parte de ella se nucleó en torno al órgano de la vanguardia en Cuba, la *Revista de Avance* [1927-1930].) En ella surge la nueva música, que inauguraron Amadeo Roldán y Alejandro García Caturla volviéndose hacia los aportes negros; en ella, la nueva pintura, con el pionero Víctor Manuel a la cabeza; e incluso el nuevo pensamiento revolucionario, con la inserción del marxismo en la historia cubana, que arranca concretamente de Julio Antonio Mella (uno de los fundadores, en 1925, del primer partido comunista de Cuba) y Rubén Martínez Villena. Es interesante ver cómo muchos de sus temas, muchas de sus preocupaciones vuelven a ser asumidos en nuestros días, comenzando por el propio marxismo. Es evidente el nuevo interés que ha cobrado la presencia de lo negro en nuestro país, interés que hizo eclosión con aquellos hombres. También ellos se preocuparon por la unidad del continente nuestro, por nuestro carácter colonial, así como por lo que entonces se llamó, bastante candorosamente, «lo nacional y lo universal», todo lo cual se tradujo en un arte de voluntad nacional, genuina. Naturalmente que estas preocupaciones, al ser retomadas, lo son ahora, por así decir, a un nivel más alto de la espiral. El marxismo, que después de la Revolución de Octubre y los sustanciales aportes de Lenin apenas había progresado (con excepciones como Mao, Gramsci y Lukacs), ha reverdecido, con el francotirador Sartre, Althusser, Della Volpe, Luporini, Fischer, Kosik. La preocupación por lo negro, la unidad continental, el carácter colonial son ahora aspectos de nuestras preocupaciones como país subdesarrollado: la asunción de este hecho, en relación con el marxismo, ha ido engendrando en el planeta un pensamiento propio del Tercer Mundo: Fidel, Che, Fanon. En vez de «lo nacional y lo universal», hablamos ahora de «el subdesarrollo y el pleno desarrollo». Términos que, por otra parte, también pueden convertirse en retóricos.

## Generación de entrerrevoluciones

La generación que empieza a darse a conocer algo antes de 1940, «generación de entrerrevoluciones», es una de las más asfixiadas de nuestra historia. Se abre a la vida entre los rescoldos de la abortada revolución de 1933, cuyas frustraciones van a ser su aire cotidiano, y será ya madura para cambiar cuando un grupo de jóvenes lleve la revolución al poder en 1959. En ella hay que distinguir un grupo que mantiene vivo el pensamiento marxista: José Antonio Portuondo, Mirta Aguirre, Julio Le Riverend, Carlos Rafael Rodríguez, Juan Pérez de la Riva. Son investigadores más que creadores. Cerca de ellos debe mencionarse a escritores como los narradores Dora Alonso y Onelio Jorge Cardoso y el dramaturgo Carlos Felipe; y, suelto y original, al creciente Samuel Feijoo. Pero el cuerpo más visible de los creadores de la generación se centra en la poesía, y se expresa en revistas como *Orígenes* (1944-1956), de singular relevancia. Ellos trasmitirán a los más jóvenes, desde sus posiciones literarias rectoras, el desasimiento político. Mientras otros escritores se exilian o se dan a actividades como el periodismo y la radio, ellos persisten en una tarea obstinada, de confianza, ya que no en la historia presente, en los valores espirituales, que acaban confundiéndose con las esencias secretas[3] del país, destartalado en casi todos los órdenes. Su ideario encarnará en el libro *Lo cubano en la poesía* (1958), del mejor crítico de poesía de estos años, Cintio Vitier.

Si repasamos el repertorio de temas de la anterior generación, veremos qué pocos atrajeron a esta. Fuera de aportes como los de la importante revista *Dialéctica* (1942-1947), es escaso el desarrollo del marxismo, que en lo internacional está conociendo los estragos de lo que luego se llamará el «culto a la personalidad», y en el interior el decaimiento de las posibilidades revolucionarias. En el grupo de *Orígenes* el interés por lo negro se evapora. La atención hacia lo continental se fragmenta, y «lo cubano» parece desmesurarse. Crecen la intimidad y los «interiores» (véase la excelente pintura de interiores que debemos por ejemplo a Portocarrero). Es una actitud de repliegue, una búsqueda angustiosa de los últimos destellos de una sensibilidad que en la Isla había conocido su momento de fuerza en el siglo XIX. Pues este grupo no representa ya el estado de espíritu de la burguesía cubana de su momento —burguesía entonces desarraigada, presa en los módulos estadunidenses de vida—, sino de la que, con un sentido nacional, brilló en el siglo pasado. Como, al mismo tiempo, no se resigna a la mera repetición de formas, se da a un curioso universalismo imaginario. La imaginación está obligada a suplir lo que la historia misma no puede entregar. La creación se mueve entre la nostalgia de un pasado armonioso (Eliseo Diego), la visión grotesca de un presente absurdo (Virgilio Piñera) y el frenesí de la imaginación (José Lezama Lima). Por su actitud religiosa, varios de estos escritores recuerdan a los que en la Rusia de entrerrevoluciones (1905-1917) fueron llamados «los buscadores de Dios», y que influirían en su momento sobre el propio Gorki. La racionalización triunfa sobre el razonamiento, la ideología sobre la ciencia. El costado positivo de esta tarea, sin embargo, es digno de señalarse: por ejemplo, la salida del pintoresquismo, que había sido la trampa que acechaba a la generación anterior y en la que sucumbirían los débiles de esta. Artistas como Portocarrero o Mariano; poetas como Lezama, Baquero, Vitier, Diego o García Marruz; dramaturgos como Piñera representan un considerable enseriamiento en el trabajo expresivo de la Isla.

La contrapartida de esta actitud en otros órdenes es menos feliz. A pensadores marxistas no bastante formados, pero con vislumbres magníficas, como Mella y Martínez Villena; e incluso a francotiradores conservadores pero inteligentes, como Mañach (véanse *Indagación del choteo*, 1928, y *Martí, el Apóstol*, 1933), que comprendían que su pensamiento o abordaba nuestros problemas o no pasaba de una especulación hueca, sucede el equipo mediocre de la *Revista Cubana de Filosofía*. Si aquellos no eran filósofos, pero sí pensadores —de acuerdo con el útil distingo de Gaos—, estos no serán ni filósofos ni pensadores, sino pedantes enseñadores de filosofía. Con su mera repetición de temas que tenían cierta vigencia en otras circunstancias, representaron, con pocas excepciones, la vaciedad de este momento. En vano buscaríamos entre ellos algo comparable a la *Teoría del hombre*, del argentino Francisco Romero, o a los trabajos del mexicano Leopoldo Zea. Probablemente no es un azar que este haya sido el único equipo intelectual de esta generación que abandonaría el país después del triunfo revolucionario. Algunos de ellos —caso excepcional entre los intelectuales cubanos—, incluso habían llegado a encontrar conciliables sus pretensas vocaciones filosóficas con el régimen tiránico de Batista.

## Primera generación de la Revolución

En 1923 han tenido lugar en Cuba la Protesta de los Trece, capitaneada por Rubén Martínez Villena (en la que un grupo de escritores jóvenes expresó su repudio a un gobierno corrompido), y el intento de Reforma Universitaria, con Julio Antonio Mella a su frente. Treinta años (o dos generaciones) después, el 26 de julio de 1953, Fidel Castro realiza la acción homóloga de aquellas —que esta vez sí logrará desencadenar la revolución—, al atacar el cuartel Moncada, en Santiago de Cuba. En aquellas acciones de 1923, tuvieron participación destacada los intelectuales. No ocurriría otro tanto en esta de ahora. En el proceso insurreccional reabierto en 1956, y que conduciría a la toma del poder político al romper el año 1959, la participación de los intelectuales coetáneos de los dirigentes políticos fue escasa. Aunque los de más claridad política se nuclearon en la sociedad Nuestro Tiempo —que fue un centro de actividades culturales y no de creación—, y a pesar de contribuciones personales a la insurrección, el desaliento e incluso el despego político que se habían entronizado en la parte más visible de la anterior generación siguieron cundiendo.[4] No podría decirse, además, que hubiera mejorado la situación intelectual del movimiento marxista internacional, mientras que el macartismo ganaba terreno en muchos órdenes. La podredumbre del país era mayor que nunca antes en su historia. Esa podredumbre la encarnaba la tiranía de Fulgencio Batista, la auspiciaban con plena conciencia el sistema imperante en los Estados Unidos y sus secuaces locales, que habían hecho de Cuba el lupanar del Caribe (los periódicos norteamericanos proclamaban en 1958: «Visit Havana, the Las Vegas of the Caribbean»), y generaba una actitud de lucha violenta entre los más aguerridos y alertados políticamente, y una actitud de rechazo incluso entre los intelectuales de menos participación política. Se incrementa así entre estos un destierro voluntario que los llevaría a Nueva York, a París, a Madrid, a Roma. Por descontado, se trataba de intelectuales de procedencia burguesa o pequeñoburguesa. La clase obrera y el campesinado difícilmente podían dar de sí una zona intelectual, sumidos como se hallaban en estado de analfabetismo total o parcial. Mientras tanto, según ha descrito el Che Guevara, se va gestando una verdadera vanguardia del país en las montañas.[5] No es cuestión de presentar ahora como idílicas las relaciones entre los intelectuales *políticos* y los *otros* intelectuales en la generación «vanguardista» (¿es que lo han sido alguna vez?): que no fueron idílicas, lo demuestran el ensayo de Julio Antonio Mella sobre Agustín Acosta, o las actitudes y polémicas de Rubén Martínez Villena una vez que se convirtió en dirigente político. Este último, en 1927, el mismo año en que aparece la *Revista de Avance*, dirige la revista *América Libre*, de sesgo enteramente político. Pero sea como fuere, hubo relaciones: lo atestiguan la Protesta de los Trece o el Grupo Minorista, cuya «Declaración» programática (que fue también el canto de cisne del Minorismo) redactó en 1927 Martínez Villena. En general, ese no fue exactamente nuestro caso. Mella tiene veintiséis años cuando es asesinado. Esa edad tiene Fidel Castro cuando ataca el Moncada. Que está dotado de extraordinaria claridad política en sus propósitos, lo demuestra su impresionante alegato *La historia me absolverá*. Pero previamente no ha considerado necesario realizar nada comparable a la crítica de Mella sobre Acosta, al diálogo con los intelectuales coetáneos. Entre esos coetáneos, por otra parte, no existe un Martínez Villena; iba a escribir: ni una *Revista de Avance*, pero esto último no sería justo: la edad promedio de los editores de la *Revista de Avance* al comenzar a publicarse era más o menos la edad que teníamos nosotros al llegar la Revolución al poder, en 1959. Al decir «nosotros», pienso en quienes en esa fecha no llegábamos a los treinta años. Así como aquella es llamada por muchos generación de la vanguardia o de la revolución antimachadista, no veo de qué otra manera podría ser llamada la nuestra que «primera generación de la Revolución», pero entendiendo esta *a partir de 1959*. Pues si para la vanguardia *política* la Revolución comienza en 1953, con el ataque al Cuartel Moncada, y adquiere nuevo impulso en 1956, con el desembarco del *Granma* y el ascenso a la Sierra Maestra —y durante esos años se va forjando esa vanguardia—, es a partir de 1959, es decir, a partir del momento en que la Revolución está en el poder, cuando la vanguardia *intelectual* recibe una verdadera conmoción que la hace madurar, le va dando su fisonomía histórica.

De entrada, un hecho es evidente: en relación con la vanguardia *política*, esta vanguardia *intelectual* quedó retrasada. No desempeñó siquiera el papel de los futuristas rusos en relación con los acontecimientos de octubre de 1917. Por supuesto que en esto hay responsabilidades personales, que no hay por qué soslayar; pero que tampoco hay que abultar, olvidando que los hombres hacen su historia, pero dentro de condiciones que ellos no han hecho. La *intelligentsia* rusa estaba cargada de inquietud revolucionaria mucho antes de que los futuristas empezaran a salir a la calle con blusas amarillas. Desde el último cuarto del siglo XIX, se sabe que el centro de la revolución europea se ha desplazado a Rusia. Voy a mencionar dos ejemplos curiosos, entre los numerosísimos que pueden aducirse, de la conciencia que se tenía, desde nuestra lengua, de esto: uno es el libro, injustamente olvidado, de Emilia Pardo Bazán *La novela y la revolución en Rusia*, que data de 1885; otro, las numerosas anotaciones que sobre el hecho ha dejado, en sus cuadernos de apuntes y fragmentos, José Martí, y que, a pesar de su importancia, no han sido, que yo sepa, estudiados separadamente. Pues bien: ese desplazamiento a Rusia de la posibilidad revolucionaria, esa *espera de la revolución*, del gran vuelco, está presente, aunque con altibajos, en la vida intelectual rusa durante varias generaciones, y será expresada dramáticamente, llegada la revolución, no solo por los marxistas y por los futuristas, sino incluso por un simbolista religioso como Alexandr Blok, en sus sobrecogedores poemas «Los doce» y «Los escitas». No era equivalente la vida intelectual cubana del cuarto de siglo anterior a 1959. No me refiero solo a densidad intelectual, que haría grotesco el paralelo, sino a tensión esperanzada. Desde que en enero de 1934 un fugaz gobierno revolucionario es derrocado por Batista, y más aún desde que en 1935 este hace asesinar a Antonio Guiteras, alma de aquel gobierno, el país vivirá —también con altibajos, desde luego— de la desesperanza y la desilusión. Esa es la actitud que reflejan los «buscadores de Dios» de la revista *Orígenes*.

Por tanto, no es en un medio tenso por la espera de la revolución, sino en un medio lleno de escepticismo y despego (escepticismo y despego traducidos en la difícil vida intelectual), en el que Fidel Castro va a desencadenar una de las más profundas revoluciones de la historia, con su asalto al cuartel Moncada, el

26 de julio de 1953. Su apoyatura intelectual no va a recibirla de pensadores inmediatos a él, sino de José Martí. Y esto, que hoy nos parece lo más natural del mundo, esto solo, el saltar por encima de la mediocridad ambiente e ir a entroncar de modo vivo con el único gran pensamiento original que se había engendrado en esta tierra, ya era una definición. También en la manera de conducir la lucha militar, a partir de 1956, lo veremos prescindir de las tácticas que una y otra vez habían demostrado su inutilidad durante la República mediatizada, y hacer renacer entre nosotros la *guerrilla* de los mambises. Después de todo, no es tan sorprendente que Fidel haya sobrepasado a los intelectuales cubanos, quienes vivían bien confundidos y desesperanzados en esta tierra, cuando a los políticos más avezados (pienso en la izquierda, por supuesto) también los sorprendió y sobrepasó. En un orden como en otro —aquí es el momento de recordar de nuevo que el político es un intelectual, y que solo convencionalmente es dable separar estas tareas— puso el dedo en la llaga.

Pero sea como fuere, es lo cierto que, a los ojos de la revolución, como lo han expresado Fidel y el Che, los intelectuales teníamos que recuperar el tiempo perdido, recuperarnos a nosotros mismos, hacernos intelectuales *de* la revolución *en* la revolución. Y esto debía ocurrir en una revolución que ya era poder. Así como el partido iba a ser constituido *después* de ser la revolución gobierno —mientras que, habitualmente, una de las metas de un partido revolucionario es la toma del poder político—, de manera similar, los intelectuales de la revolución iban a hacerse tales, en medida considerable, después de esa toma del poder político. (Todavía a principios de 1965, en su carta abierta a Carlos Quijano [*El socialismo y el hombre en Cuba*], el Che expresará su impaciencia por esa intelectualidad revolucionaria. Pero el 15 de diciembre de 1960 ¿no se había dirigido Fidel a la propia clase obrera para recordarle que su misión no era luchar por migajas, sino por el poder político?)

Ahora bien: no se trata de lamentar la ayuda que como guerrilleros hubieran podido prestar los intelectuales, sino de conocer (para aliviar) el retraso en su formación como intelectuales revolucionarios.

## Etapas de una formación

Los problemas para esa formación no son, por supuesto, simples. No basta con adherir verbalmente a la revolución para ser un intelectual revolucionario; ni siquiera basta con realizar las acciones propias de un revolucionario, desde el trabajo agrícola hasta la defensa del país, aunque esas sean condiciones *sine qua non*. Ese intelectual está obligado también a asumir *una posición intelectual revolucionaria*. Es decir, fatalmente problematizará la realidad, y abordará esos problemas, si de veras es revolucionario, con criterio de tal. Pero ello es resultado de un proceso, tan intenso y violento como la propia revolución lo ha sido entre nosotros. En ese proceso pesará su formación anterior, las influencias que han gravitado (y no dejarán de hacerlo de repente) sobre él, y prejuicios diversos, entre los cuales algunos se han revelado simples juicios, como en lo tocante al «realismo socialista».

Ese proceso personal no es con frecuencia sino la interiorización de un proceso colectivo que debemos ver en su conjunto, y en sus distintos momentos. Esos momentos no se separan por una fecha, pero tampoco son enteramente imprecisos.

Podrían señalarse *grosso modo* tres instantes: uno inicial, que abarcaría hasta la victoria de Girón; otro, que incluye la denuncia del sectarismo y la Crisis de Octubre, en 1962, y se extiende hasta 1964 al menos; y otro, en nuestros días.

El momento inicial de este proceso es de exaltación precrítica. La Revolución —que por entonces muchos tienden a entender tan solo negativamente, como *lo otro* opuesto a la tiranía batistiana—, es tanto una realidad como una posibilidad: vive una indefinición que no hace sino traducir las tensiones internas mantenidas durante ese tiempo entre quienes pretendían amoldar la Revolución a esquemas burgueses tradicionales, y quienes comprendían que ella estaba obligada, más temprano o más tarde, a hacer estallar esos esquemas. En el orden de la creación artística, ese instante de exaltación, mezcla de fervor y confusión, está expresado, principalmente, en el semanario *Lunes de Revolución*. Hay, en general, más entusiasmo, e incluso *embullo* cubano, que reflexión sobre lo que estaba ocurriendo de veras. La reflexión, por otra parte, no podía anteceder a la clarificación de los hechos mismos. Por supuesto, apenas hay algo que pueda llamarse entonces un arte o una literatura *de* la revolución. Las gavetas se han abierto, y una papelería guardada durante años ha salido a la luz. Habría que ir a buscar la expresión literaria y artística de este momento en grandes piezas oratorias, en ciertos reportajes, en algunos poemas y narraciones testimoniales, en fotos y documentales intensos. La imaginación, que había podido reinar unos años atrás, cede su lugar al testimonio, incluso al documento. Pero junto a estos crecen formas experimentales que irán desarrollándose en los años sucesivos y que, aunque no constituyan siempre una novedad, garantizan una continuidad imprescindible para ulteriores desarrollos. En las artes plásticas, por ejemplo, alcanzan su madurez artistas de surgimiento anterior, de Mariano a Servando Cabrera Moreno, y se reconoce como de primera fila a jóvenes como Raúl Martínez, Antonia Eiriz y Ángel Acosta León, con quienes se aclimatan en Cuba desde el expresionismo abstracto hasta la nueva figuración, el *pop art* y un original lirismo onírico. En la música, se sale al fin del folclorismo en que (con excepciones como la de Ardévol y Gramatges) se desangraba la herencia de Roldán y Caturla, y con Juan Blanco y otros músicos más jóvenes se inicia la creación de la música serial y electrónica, que llegará a utilizarse en grandes actos masivos. Pero este desarrollo de lo que había parecido natural en aquel primer momento, no se realiza armoniosamente, sin tropiezos: o al menos, sin sobresaltos. Los acontecimientos de 1960 precipitan en Cuba la radicalización. Los intentos estadunidenses por aplastar violentamente a la Revolución dividen las aguas: la burguesía decide traicionar al país, mientras las clases populares se aprestan a defender el poder revolucionario. En una sucesión dramática de golpes yanquis y contragolpes cubanos, la Revolución va asumiendo medidas cada vez más profundas. Ya en septiembre de ese año, en la primera *Declaración de La Habana*, se expresa, sin nombrarse, el carácter socialista de la Revolución. Y el nombre se hará explícito en abril de 1961, al día siguiente del bombardeo norteamericano a Cuba que preludió la invasión. La indefinición ha concluido. La Revolución Cubana, dicho por boca del propio Fidel Castro, es reconocidamente socialista: marxista-leninista, como se especificará más tarde. Cuba forma parte de la comunidad de países socialistas. Nadie podrá llamarse a engaño sobre este punto. Con los mismos hombres al frente, la Revolución Cubana ha conocido una radicalización que la hace pasar de una etapa a otra. Además, la victoria obtenida por Cuba hace que aquella definición vaya acompañada por un sentimiento de triunfo.[6]

Pero a pesar de ese sentimiento de triunfo, el hecho de que Cuba se haya convertido en uno de los países socialistas hace que muchos se interroguen sobre el destino de la vida intelectual, especialmente del arte. ¿Se conservará la libertad de expresión de los dos años anteriores? ¿O, por el contrario, Cuba, como otros países socialistas, va a implantar normas estrechas a la expresión artística? Estas preocupaciones acaban por conducir a memorables reuniones de escritores y artistas con Fidel y otros dirigentes de la Revolución, en junio de 1961. Al final de esas reuniones, en las que muchos hablan copiosa si no siempre lúcidamente, Fidel pronuncia el discurso que será publicado con el nombre *Palabras a los intelectuales*, en que afirma que la Revolución no implantará norma alguna en cuestiones de arte, no existiendo más limitaciones para este que la propaganda contrarrevolucionaria. Sin embargo, las preocupaciones no se desvanecen del todo, porque el país va a conocer lo que el propio Fidel desenmascarará, el 26 de marzo de 1962, con el nombre de *sectarismo*. Sectarismo y dogmatismo han encontrado siempre en el arte una víctima particularmente propicia para ejercer sus errores. Nuestro caso no habría de ser la excepción. Ello explica las enconadas polémicas mantenidas esos años en torno a los problemas estéticos. Simplificando los términos de esas polémicas, que involucraban a artistas y a algunos funcionarios, sus extremos podrían ser, uno (sobre todo el de algunos funcionarios), la postulación de un arte más o menos pariente del realismo socialista; otro (el de la gran mayoría de los artistas), la defensa de un arte que no renunciara a las conquistas de la vanguardia. La derrota del primer punto de vista fue sancionada cuando el Che, en *El socialismo y el hombre en Cuba*, dio el puntillazo al realismo socialista, aunque no le pareciera enteramente satisfactorio el segundo punto de vista: para él, es menester no contentarse con esa posición, sino ir más allá. Solo que para ir más allá hay que partir de algún lado, y la vanguardia parece un buen punto de partida —si no de llegada.

Por supuesto, las discusiones sobre temas estéticos no eran solo eso. Criterios extraestéticos diversos, como no podía menos de ser, estaban en el fondo de esas polémicas. Conviene recordar la observación de Gramsci:

> Luchar por un nuevo arte significaría luchar por crear nuevos artistas, lo cual es absurdo, ya que estos no pueden ser creados artificialmente. Se debe hablar de lucha por una nueva cultura, es decir, por una nueva vida moral, que no puede dejar de estar íntimamente ligada a una nueva intuición de la vida, hasta

convertirla en una nueva manera de ver y sentir la realidad, y, por consiguiente, en un mundo íntimamente connaturalizado con los «artistas posibles» y con las «obras de artes posibles».[7]

Aun vueltos sobre los problemas gremiales, habíamos ido a dar, pues, con el meollo de la Revolución toda, la «nueva vida moral», dicho en términos de Gramsci, o la construcción del «hombre nuevo», en palabras retomadas por el Che. Así entramos en lo que podríamos llamar el tercer instante de este proceso: ni precrítico ni defensivo, sino crítico y confiado, en la medida en que los hechos mismos, tanto como la meditación sobre esos hechos, han ido obligando al desarrollo de intelectuales revolucionarios.

Naturalmente que estos instantes no se separan bruscamente ni, en rigor, se *extinguen*. Un poco a la manera de las *etapas* de un artista, de las que con tanta lucidez ha hablado Cortázar, encontramos de pronto un brote, un reverdecimiento de actitudes que habíamos dado por muertas. Acaso podrían presentarse estas etapas como el predominio de unas fuerzas sobre otras, pero no necesariamente como el exterminio de unas u otras. Hay un momento en que predomina el dogmatismo y hay otro en que está mitigado, en retirada. Pero el dogmatismo es un mal que acecha a la revolución, porque se apoya en la comodidad y en la ignorancia, porque dispensa de pensar y provee de aparentes soluciones fáciles a problemas intrincados. El antidogmatismo es su contrapartida: se justifica su vigilante presencia en la medida en que, efectivamente, el dogmatismo amenaza; pero bajo su máscara simpática puede encubrirse quien prefiera decir que está combatiendo al dogmatismo para no decir, abiertamente, que es a la revolución a la que combate.

## Algunos problemas del intelectual revolucionario

Hace poco me preguntaba en México Víctor Flores Olea por qué los intelectuales cubanos no participaban sino excepcionalmente en las discusiones sobre problemas de tanto interés como las referidas al estímulo material y al estímulo moral, a la ley del valor, etcétera, asuntos que solían ser tratados por el Che, Dorticós y otros. Creo que le respondí que tales compañeros también eran intelectuales, y que, por la naturaleza de su trabajo, abordaban tales asuntos. Incluso añadí que, dada su formación, de ser él, Flores Olea, un intelectual cubano actual, muy probablemente hablaría no como un francotirador, sino desde una posición de gobierno, como era el caso de los compañeros mencionados. La pregunta quedaría pues transformada en esta otra: ¿por qué los poetas no hablan sobre los estímulos materiales y morales?, ¿por qué los dramaturgos no abordan la ley del valor?... Si efectivamente respondí así (como creo), la respuesta podría ser ingeniosa, pero era insuficiente. La pregunta va más lejos, y, entre otras cosas, roza este punto: los intelectuales cubanos, que han debatido lúcidamente sobre cuestiones estéticas, deben considerar otros aspectos, so pena de quedar confinados en límites gremiales. De hecho, como dije arriba, tal abordaje está ocurriendo, en ese proceso de conversión en intelectuales de la revolución, que no lo serían si no se plantearan problemas así, referidos a la construcción de una nueva cultura.

En esa ampliación del conjunto de problemas propio de un intelectual, hemos topado con la condición real de nuestro país, la condición de país subdesarrollado, de país del Tercer Mundo, con toda la secuela de problemas laterales que ello supone. Pues no se trata de posar de primitivo, de pintarrajearse de salvaje, sino de asumir, concientemente, la verdadera condición de nuestra historia. Es como si se nos hubieran hecho transparentes cuestiones consideradas en libros como *Radiografía de la pampa*, de Ezequiel Martínez Estrada, o *El laberinto de la soledad*, de Octavio Paz. ¿Y por qué no en el ya lejano *Ariel*, de Rodó? Con los instrumentos a su alcance, el uruguayo se planteaba problemas que siguen conmoviéndonos. Solo que ahora sabemos en qué consiste el «secreto» de nuestra América y los vínculos que la unen entre sí, los cuales no están sustentados en sentimentalismos ni en actitudes idealistas, sino en visibles razones estructurales que destacaría, por ejemplo, Mariátegui. En el Primer Congreso de Escritores y Artistas de Cuba, en agosto de 1961, dijo Alejo Carpentier que nos hacía falta un Rodó que supiera economía.[8] Cuando se lo comenté a Martínez Estrada, él me dijo: «Ya existió. Fue Martí.» En efecto, el primer intelectual latinoamericano en comprender a plenitud nuestra pertenencia a eso que iba a ser llamado Tercer Mundo, fue José Martí. Él vio la trampa que yacía detrás de la fórmula «civilización contra barbarie», propagada por Sarmiento. Su pensamiento y su acción estuvieron consagrados a conquistar el ámbito verdadero que corresponde a la que él mismo llamó «nuestra América» para distinguirla de «la América europea». Ese ámbito verdadero no podría ser, de ninguna manera, una réplica boquiabierta de la presunta «civilización», sino algo nacido orgánicamente de nuestros problemas. No me parece exagerado decir que Martí es el primer pensador del Tercer Mundo. No es por eso raro que el pensamiento de la Revolución Cubana se haya vuelto a él desde el primer momento (recuérdense las numerosas alusiones a Martí en *La historia me absolverá*), y que los intelectuales cubanos, al afrontar los problemas inherentes a nuestra condición subdesarrollada, para entender el curso de la Revolución, se hayan encontrado releyendo (a veces como si leyeran por vez primera) sus páginas. Volver a Martí después de haber conocido a Fidel, al Che, a Fanon, a Amílcar Cabral, es por lo menos un sacudimiento. ¡Cuántas cosas habían sido dichas ya por ese hombre! Y no es solo hojeando ciertos textos o escuchando los violentos o pedagógicos discursos de Fidel como un intelectual cubano verifica su necesaria pertenencia al conjunto de pueblos cuyos representantes se reunirían en la Conferencia Tricontinental en 1966. Vivir en La Habana —como supongo que le ocurrirá a quien viva en la Ciudad de México, en Buenos Aires o en Caracas— puede no auxiliar demasiado a esa verificación. Pero a diez kilómetros de La Habana empieza el Tercer Mundo, empiezan los bohíos que recuerdan a chozas africanas, empieza el brutal trabajo agrícola a mano. Ningún cubano que haya pasado una temporada cortando caña, en el momento en que el hombre se pasea por el cosmos, duda de que el suyo sea un país subdesarrollado, aunque personalmente él pueda recibir cada semana *L'Express* o leer cuatro idiomas. Su óptica toda quedará enmarcada dentro de esa realidad. Escribirá, y sobre todo pensará, dentro de ese contexto.

Es dentro de ese contexto, por ejemplo, que nos planteamos un hecho tan importante para nosotros como la irrenunciable herencia de los hallazgos de la vanguardia contemporánea. En Europa ha vuelto a discutirse últimamente sobre la vanguardia. Pero nosotros, en la América Latina, apenas lo hemos hecho en relación con nuestra realidad. Apenas hemos discutido sobre las relaciones entre vanguardia y subdesarrollo. Sin embargo, consideraciones teóricas previas, que apuntaban a este tema, no nos faltan: en Martí, en Mariátegui, en el mismo Vallejo, por ejemplo. La vanguardia nace en Europa de la crisis del mundo capitalista. Sucede, sin embargo, que nuestras sociedades atrasadas no presentan ni pueden presentar crisis similares. ¿Vamos por eso a prescindir de lo que ha conquistado esa vanguardia? ¿Vamos a recluirnos en expresiones agrestes y deplorablemente folclóricas? Y si no, ¿cómo vamos a separar lo que corresponde a la sociedad capitalista y lo que es utilizable, asimilable por nosotros? En nuestro caso, a los términos *vanguardia* —de por sí bastante conflictivo— y *subdesarrollo*, se añade el de *revolución*. Se trata de hacer un arte de vanguardia en un país subdesarrollado en revolución.

Hacer un arte de vanguardia en un país en revolución ya se había revelado bastante enmarañado. Una de las infelicidades de este siglo ha sido, precisamente, la separación entre las dos vanguardias, la política y la estética, las cuales habían demostrado que podían fertilizarse mutuamente, en los primeros años de la Revolución Rusa, los años de Lenin y Lunacharski, de Eisenstein y Mayacovski, de Meyerhold y Babel, de los constructivistas y de los llamados formalistas.[9]

Enzensberger ha llamado la atención sobre las vicisitudes del propio término «vanguardia», que saltó del habla militar a otras hablas: según él, Lenin es acaso el primero en aplicarlo a la vanguardia *política*. Sea como fuere, hoy es moneda de uso corriente entre los revolucionarios. La vanguardia política es minoritaria, pero no es una minoría, sino la avanzada de una clase. La vanguardia artística, de modo similar, si de veras es una vanguardia, no es una minoría, una torre de marfil, una pandilla, una «trenza» (como se dice en el Río de la Plata) o una «piña» (como se dice en Cuba), sino la avanzada de un conglomerado que va a recibir, más tarde o más temprano, las consecuencias de esa vanguardia. Hoy, aun los más ignorantes de las realizaciones de la pintura moderna es probable que trabajen en casas, monten en vehículos y utilicen cucharas, ceniceros y vestidos que son una consecuencia de lo que la vanguardia artística ha conquistado durante más de medio siglo. Sin embargo, como sabemos, los que comprenden bien la necesidad de una vanguardia política no siempre han comprendido la necesidad de una vanguardia estética. El resultado ha sido la bifurcación entre una cultura oficial convencional y una cultura real de vanguardia, pero marginada. Es aspiración nuestra que esto no ocurra en Cuba, como no ha ocurrido hasta ahora.[10]

El asunto se complica entre nosotros por nuestra condición de país subdesarrollado. Vivir en un país subdesarrollado quiere decir vivir en un país que es (en nuestro caso, ha sido) saqueado, cuya población es semianalfabeta, a menudo con escasa confianza en sus valores, complejo de inferioridad y fascinación consecuente por otras formas de existencia. Parece innecesario insistir en que este cuadro puede auxiliar muy poco al desarrollo de una expresión de vanguardia. Pero es evidente que la Revolución, con la campaña de alfabetización primero y de seguimiento después, ha afrontado en la raíz misma el desafío cultural básico. Sobre estas soluciones se está edificando la nueva cultura. Esas campañas masivas, lejos de estar en oposición a una creación rigurosa y exigente, son la condición para su desarrollo. A veces, sin mucho rigor, hemos comparado las actividades intelectuales con las deportivas: ¿cómo, si no gracias a la participación masiva en el deporte, podríamos encontrar sus mayores figuras?; ¿cómo, si no gracias a la participación masiva en las actividades de cultura, podríamos tener una cultura rigurosa? Esta se desarrollará en el futuro. Pero esa creación de vanguardia en un país subdesarrollado en revolución no es solo una teoría. Ya van existiendo una poesía (Jamís, Fernández, Padilla, Barnet), una narrativa (Soler, Otero, Desnoes, Díaz), una pintura (Martínez, Eiriz, Peña), un cine (Álvarez, Gutiérrez Alea, García Espinosa, Solás), una música (Blanco, Fariñas, Brouwer), una dramaturgia (Estorino, Brene, Quintero), una fotografía (Corrales, Korda, Mayito), una crítica (Fornet, G. Pogolotti, Leal, De Juan) que responden a estos criterios.

Importancia particular tiene para nosotros el pensamiento que necesariamente habrá de considerar hoy un intelectual en Cuba. «Se era cartesiano, se es marxista», sentenció con gracia el pintor Braque hace años. Pero hoy, ese «se» no es tan deliciosamente unívoco como la frase podría hacernos creer. En el campo socialista, al congelamiento monolítico de muchos años ha sucedido, en lo político, el pluricentrismo; en el pensamiento en general, una flora todavía más ambiciosa que rica. Entre los que nos han descrito con la mayor lucidez la situación está Louis Althusser. El propio

Althusser representa uno de los mejores ejemplos existentes. Él descubrió para el marxismo lo que Chesterton para el catolicismo: que la más sensacional de las heterodoxias podía ser la ortodoxia. Otros, con menos rigor e inteligencia, saltan de una ortodoxia sin ventanas a una heterodoxia sin sentido. De cualquier forma, el panorama se ha hecho variado. Indudablemente, el marxismo ha vuelto a reverdecer. Sin embargo, no contamos aun no solo con una estética marxista suficiente —cuya ausencia fue acaso la primera en que reparamos—, sino tampoco con una ética; y, según preocupa al Che, ni siquiera con una economía política del período de transición. Si ello puede decirse a escala internacional, no costará trabajo comprender lo que significa para un pequeño país de desarrollo cultural relativamente escaso.[11]

En la consideración de estos problemas, no se procede solo como un especulador puro. Un error teórico, cometido por quien puede convertir sus opiniones en decisiones, ya no es solo un error teórico: es una posible medida incorrecta. Con medidas incorrectas hemos topado, y ellas plantean, por lo pronto, un problema de conciencia a un intelectual revolucionario, que no lo será de veras cuando aplauda, a sabiendas de que lo es, un error de *su* revolución, sino cuando haga ver a quien tenga que hacérselo ver que se trata de un error. Su adhesión, si de veras quiere ser útil, no puede ser sino una adhesión crítica, puesto que la crítica es «el ejercicio del criterio», según la definición martiana. Cuando hemos detectado tales errores en la Revolución, los hemos discutido. Así ha pasado no solo en el orden estético, sino con equivocadas concepciones éticas que se han traducido en medidas infelices. Tales medidas fueron rectificadas, unas, y otras están en vías de serlo. Y ello, en alguna forma, por nuestra participación. No hablo de esto para felicitarnos. Más bien para decir que en discusiones así va integrándose más a la revolución un intelectual. La revolución no es una cosa ya hecha, que se acepta o se rechaza, sino un proceso, cuyo curso ya no es exactamente el mismo una vez que estamos inmersos en él: de alguna manera, por humilde que sea, con nuestro concurso contribuimos a modificar ese proceso; de alguna manera, *somos* la revolución. Hay un momento en que, al hablar de ella, se dice: «*Hemos* hecho esto porque...». Ese momento, si es genuino, decide nuestra vida. Ya no discutiremos palabras, ni (solo) las últimas teorías, sino hechos, y las meditaciones reales sobre esos hechos. No creeremos en la salvación individual, calvinista, en busca de la cual salen tantos fuera del país. Entenderemos por qué hombres y mujeres mucho mejores que nosotros pudieron consagrar y consagran sus vidas al mejoramiento colectivo, a la erradicación de la miseria, de la humillación, de la ignorancia, de la fealdad, del sinsentido. Una revolución no es un paseo por un jardín: es un cataclismo, con desgarramientos hasta el fondo. Pero es sobre todo la deslumbrante posibilidad de «cambiar la vida», como anhelaba Rimbaud. Cuando así lo hemos asumido, podemos decirle a nuestra revolución lo que José Martí dijo a su verso: «o nos condenan juntos, / O nos salvamos los dos!»

*Septiembre de 1966.*

## Posdata de diciembre de 1992

En este ensayo, hecho de hipótesis garabateadas de prisa hace veintiséis años en medio del fuego, es poco lo que he retocado, no obstante la tentación grande de ir más lejos. Me ha detenido, haberme vuelto uno de los nuevos «hombres y mujeres de sesenta años» de cuyos equivalentes se habla con admiración pero distanciamiento en las páginas anteriores. Correspondería a alguien de la edad que yo tenía entonces, más que escribir este trabajo, escribir otro distinto. Pero no lo ha hecho, ni es seguro que lo haga. Después de todo, cada escritor, cada ser humano es libre de hacer lo que le plazca. Yo he sentido la reiterada necesidad de intentar aclararme y aclarar ciertas cuestiones. Otros sienten y sentirán otras necesidades, a lo que tienen pleno derecho.

Ahora bien, algunas cosas debo decir sobre el ensayo, dejando de lado que hay en él más de una presencia que se volverían sobrantes en un trabajo sobre la intelectualidad revolucionaria (pero que además de ser un porcentaje mínimo no voy a borrar, pues aquellas páginas se refieren al pasado: en cambio, alivié algunas ausencias), criterios ya no compartidos, y, en fin, lo habitual en un texto de muchos años atrás. Pues si él fue un material de inmediata actualidad, ahora hace bueno el verso de Dante que tanto me gusta, y donde se dice de los seres del mañana (quienes en su hornada inicial ya están aquí) «che questo tempo chiameranno antico». Por cierto: lo antiguo ha tenido siempre para mí extraños vínculos con el presente y el porvenir. Razón por la cual saludé con un cuaderno de versos titulado *Vuelta de la antigua esperanza* el triunfo revolucionario de 1959, que para muchísimos fue motivo de júbilo; para muy pocos, de desolación; y para futuros traidores, de forcejeos en busca de puestos (en las nóminas y bajo el sol) y de injurias a quienes consideraban obstáculos en su sórdida cacería, preludio de otras sordideces y de incontables falsedades.

Creía cuando escribí aquel trabajo que las generaciones anteriores habían cumplido ya su faena mayor, sin duda muy importante. Por suerte, estaba equivocado. En no pocos casos, esa faena se enriquecería después a veces hasta hoy mismo, e incluso echaría una luz definitiva sobre lo previamente realizado. Aunque los ejemplos que podría aducir son muchos, basten los de Alejo Carpentier y Cintio Vitier.

En cuanto a mi propia ubicación (que solo es útil conocer para que no parezca que pretendí escribir *sub specie aeternitatis*), después de haber sido hecho un socialista romántico y un vanguardista tardío alrededor de 1946, por autores como Bernard Shaw en un caso y Gómez de la Serna en otro, a quienes sigo admirando; de haber conocido la cárcel en 1949, por boicotear una delegación dizque cultural enviada por el gobierno franquista, en 1950, a mis veinte años, publiqué mi primer cuaderno de versos, *Elegía como un himno*, dedicado a la memoria de Rubén Martínez Villena, a quien también sigo admirando, y estuve en 1951 entre los fundadores de la sociedad cultural Nuestro Tiempo. Poco después, ese mismo año, empecé a colaborar en *Orígenes*, y me sentí a gusto entre los admirables poetas de más edad nucleados en torno a aquella noble revista, que acogería luego a poetas de mi propia generación con quienes iba a estar muy unido, como Fayad Jamís, sobre todo, Pablo Armando Fernández y Pedro de Oraá. Sin embargo, no me consideré (ni, lo que acaso cuenta más, me consideraron sus integrantes, a varios de los cuales quiero y debo mucho) miembro del que sería conocido como grupo Orígenes, no obstante haber sido él para mí un taller, como recordó el propio Lezama al comentar los vínculos que con razón veía entre *Orígenes* y *Casa de las Américas*. Finalmente, reparé en que, salvo en mi más temprana adolescencia, a pesar de ser gregario nunca he formado parte de grupo alguno. Quién sabe si ello me ha ayudado (¿impulsado?) a tratar de cumplir un propósito que me estremeció cuando leí en Shaw (uno de mis primeros maestros, según dijera ya, junto con otros como Martí, Casal y Unamuno): no ser nada ni nadie, pero comprender todo y a todos.

# A cuarenta años
# de *Palabras a los intelectuales**

La invitación del compañero Abel Prieto para leer hoy estas líneas, al mismo tiempo me ha honrado y perturbado, y supongo que ambas cosas se entienden con facilidad. Lo menos que puedo decir es que, aunque me enorgullece la solicitud, no me resulta fácil hablar aquí cuarenta años después de haberlo hecho el compañero Fidel, cuando, luego de tres días de reuniones entre miembros del Gobierno Revolucionario y un grupo de escritores y artistas, él pronunció el fundamental discurso suyo que sería publicado con el título *Palabras a los intelectuales*: si bien, como sabemos, dichas *Palabras...* no se referían a los intelectuales en su conjunto (de cuya naturaleza y diversidad nos enseñaría tanto Antonio Gramsci), sino a esa zona de los intelectuales formada por escritores y artistas. Reiteradamente Fidel habla en su discurso «de los artistas y de los escritores», o de «los artistas y los escritores cubanos», añadiendo más adelante un distingo entre «todos los escritores y artistas revolucionarios, o [...] todos los escritores y artistas que comprenden y justifican a la Revolución», y «los escritores y artistas que sin ser contrarrevolucionarios no se sienten tampoco revolucionarios». Y si alguna vez menciona a «un artista o intelectual», o a «un artista o intelectual mercenario, [...] un artista o intelectual

---

\* Leído en la Biblioteca Nacional José Martí, La Habana, el 30 de junio de 2001.

deshonesto», no parece que en estos casos se trate de sinónimos: la disyuntiva apunta más bien al señalamiento de quienes desempeñan tareas afines, pero no idénticas. Y refiriéndose a sí mismo, dirá con modestia: «nosotros, que hemos tenido una participación importante en esos acontecimientos [los propios de la gestión revolucionaria], no nos creemos teóricos de las revoluciones ni intelectuales de las revoluciones». Sin embargo, para Gramsci los dirigentes políticos son también sin duda intelectuales, por supuesto de un tipo particular, criterio que comparto, como tantos otros del gran revolucionario italiano.

Una de las primeras cosas que se me ocurrieron al comenzar a esbozar estas líneas fue que en aquellas tres reuniones de junio de 1961, memorables para los que tuvimos el privilegio de participar en ellas, no hubiera podido estar presente nuestro ministro de Cultura, pues (quizá por desdicha) no había allí niños ni niñas de diez u once años, que es la edad que a la sazón tenía Abel. Otro tanto puede decirse de quienes también nacieron, como él, en el nutrido 1950. Por ejemplo, el presidente de la UNEAC, Carlos Martí; el de la Asociación de Escritores, Francisco López Sacha; el de la de Artistas Plásticos, José Villa, sin el cual John Lennon no tendría su estatua meditabunda en un visitado parque de El Vedado; el del ICAIC, Omar González; mi compañero de aventuras en la revista *Casa de las Américas*, Luis Toledo Sande; otros artistas y escritores de la jerarquía de Roberto Fabelo y Senel Paz. Añádase que en las cuatro décadas y pico que median entre las vísperas de los años cuarenta y los comienzos de los ochenta del pasado siglo nació la gran mayoría de quienes son hoy escritores y artistas cubanos (incluyendo desde luego a los actuales miembros de la Asociación Hermanos Saíz), y a ellos, a causa de su edad, no les fue dable ir a las reuniones de junio de 1961; con raras excepciones, como la de quien acaso fue el más joven de los asistentes, Miguel Barnet, quien no obstante tendría que esperar aún dos años para publicar su poemario inicial. Digamos, para no fatigar con nombres, desde gente como Eduardo Heras León, Nancy Morejón o Silvio Rodríguez, hasta gente como Kcho, Elsa Mora o Rolando Sarabia. No pocos y pocas (como me consta directamente en un caso que ustedes adivinarán, pues su madre y yo la dejábamos en su cuna para venir a las reuniones) tenían apenas unos meses entonces, y muchas y muchos nacerían después. No en balde nos separan ocho lustros del acontecimiento que hemos venido a conmemorar. Y como no tiene demasiado sentido que me dirija a los sobrevivientes, ya más bien escasos, de quienes estuvimos en la Biblioteca Nacional aquel junio de 1961 y hemos formado nuestro criterio, hablaré sobre todo para los más, aquellos que saben de los acontecimientos por versiones, a menudo harto diversas, que les han llegado.

El discurso de clausura de Fidel ha sido leído con frecuencia, y sin duda seguirá siéndolo. También ha sido objeto de numerosos comentarios, de algunos de los cuales me valdré. E incluso se lo ha citado sin habérselo leído, o alterando sus líneas, o desgajándolas del conjunto, con las intenciones por lo general aviesas que se supondrá. Para apreciarlo debidamente, no solo es imprescindible remitirse a él con fidelidad, sino que es útil recordar los contextos en que se produjo: contextos que no son siempre círculos concéntricos, y a menudo se mezclan entre sí.

En primer lugar, el discurso fue precedido por un número grande de intervenciones de escritores y artistas. Tales intervenciones, improvisadas como lo sería el discurso de Fidel, no se han publicado aún (ni siquiera sé si existen grabaciones o transcripciones suyas), y los asistentes que quedamos conservamos recuerdos cada vez más desvaídos de ellas, sin excluir las propias: al menos, esa es mi experiencia. Sin embargo, Fidel las comenta a cada rato en sus *Palabras...*, que probablemente ganarían de conocerse con precisión a quiénes o a qué se refieren en cada caso. Al evocar treinta años después tales experiencias, Graziella Pogolotti dijo con vivacidad:

> Hoy, sentada aquí, de este lado, no puedo dejar de recordar aquellos días intensos, en que pasábamos juntos las horas, en este mismo local, en un agitado y controversial desorden, donde se dijeron cosas profundas, cosas brillantes, cosas que no lo eran tanto, como ocurre siempre cuando muchos hablan. Recuerdo que entrábamos y salíamos, que conversábamos por los pasillos, que nos veíamos allá abajo, en el sótano y en la cafetería, donde proseguían el diálogo y el debate.

En segundo lugar, lo que en lo inmediato provocó aquellas reuniones fue el hecho, sobredimensionado, de haberse impedido la exhibición de un documental. Yo no me encontraba entonces en el país, sino en la hoy inexistente República Democrática Alemana, adonde había ido para asistir a un congreso de escritores. Era la primera vez que visitaba un país llamado socialista de Europa, y ello despertaría en mí inquietudes en las que no voy a detenerme ahora. Me limito a decir que durante mi ausencia se celebró en la Casa de las Américas una reunión de escritores y artistas para abordar la cuestión del documental. Tal reunión, que solo conozco de oídas, resultó un preludio de las que ocurrirían algún tiempo después en la Biblioteca Nacional, esta vez con la presencia también, ya aludida, de miembros del Gobierno Revolucionario. Pero estas últimas reuniones iban a tener lugar de todas maneras, tarde o temprano. Era algo previsible, y Fidel lo aclaró sin ambages al decir: «esta discusión [la de junio de 1961] —que quizás el incidente a que se ha hecho referencia aquí reiteradamente contribuyó a acelerar—, ya estaba en la mente del Gobierno».

Abultar aquel incidente, como a menudo se ha hecho casi siempre con mala sangre, no es apropiado. Pero tampoco lo es pretender esfumarlo. Lo justo es hacer mención de él, y tratar de darle una explicación. Contamos en este sentido con un testimonio excepcional: el de uno de los protagonistas de la vida cultural en la Cuba revolucionaria, Alfredo Guevara, presidente del ICAIC al ocurrir dicho incidente, quien ha asumido su responsabilidad, y aportado sus razones, en entrevista publicada en *La Gaceta de Cuba* en diciembre de 1992. En aquella ocasión, el entrevistador le planteó:

> En un clima de intensos debates ideológicos, la realización del documental *PM* en 1961 desató una polémica que desembocó en su prohibición por parte de la Comisión de Estudio y Clasificación de Películas, considerándola «nociva a los intereses del pueblo y su revolución». A la distancia de 30 años, ¿cuál es su punto de vista sobre aquella decisión?

Aunque la respuesta de Alfredo fue muy extensa, y por descontado polémica, es útil recordarla en su totalidad. Hela aquí:

> De aquel instante quedan la noticia lejana y confusa, las interpretaciones diversas, lo que han dicho algunos protagonistas, y nuestro silencio. // *PM* no es *PM*. *PM* es *Lunes de Revolución*, es Carlos Franqui, es una época convulsa y de extremas contradicciones en que participaban múltiples fuerzas. No creo que *PM* merecía tanto revuelo, y la reacción del naciente ICAIC fue muy matizada. De acuerdo con el texto de su pregunta quedamos reducidos a una simple, calculada y también graduada prohibición. Pero convendría recordar que en esos días se esperaba ya el ataque armado y que por todas partes se emplazaban ametralladoras y antiaéreas. Que el pueblo todo se movilizaba para repeler la agresión y que el espíritu guerrillero y de combate estaba en su más alto grado de exaltación. No soy ajeno al mundo que recoge *PM*. Titón, Guillermo Cabrera Infante y yo, con Olga Andreu y alguna que otra vez con Billo Olivares, estuvimos en El Chori, un cabaretucho de la playa que impregna con su experiencia el hilo conductor del documental; los bajos

fondos, la embriaguez (y la mariguana), la música quejumbrosa que acompaña al alcohol y el abandono de sí mismo. // Pero la Revolución abrió un abismo en aquel grupo de amigos; unos quedaron indiferentes ante la conmoción transformadora que se desencadenaba, para ellos no pasaba de ser un trastorno bananero que perturbaba sus vidas; para otros era la culminación potencial de la independencia nacional. // Reduces el tema a *PM*. Tengo las de perder ante el audaz periodista. Prohibir es prohibir; y prohibimos. No entraré en los detalles pero sí diré que el film quedó en manos de sus autores, y que cuando salieron pudieron llevárselo. Lo que no estábamos dispuestos, y era un derecho, era a ser cómplices de su exhibición en medio de la movilización revolucionaria. A ellos parece que les sucede lo que a nosotros con *El Mégano*, prefieren cultivar el mito y dejar la obra en la oscuridad. Fue el ICAIC quien la presentó recientemente en el Centro Georges Pompidou, en París, en un panorama «casi» exhaustivo del cine producido en Cuba. // Si ahora, en las condiciones actuales, me tocara aprobar o prohibir *PM*, simplemente dejaría que siguiera su curso porque aunque las circunstancias no nos son favorables, no vivimos un instante de tensión y exaltación; y tampoco yo lo vivo de aquella manera. Pero si combatiente revolucionario volviéramos —y eso ya sabes que no es posible— treinta años atrás, no vacilaría seguramente en enfrentarme a los que comenzaron a usar todos los medios de comunicación para servir a su objetivo, el de Franqui en la época: impedir el socialismo. Acaso *PM* no sería la chispa, pero una chispa habría; y treinta años después alguien, ahora, preguntaría no qué estaba sucediendo contextualmente en el país, sino [si] la chispa era o no apagable con este u otro método. // Aquel grupo, persecutor de Alejo Carpentier y Alicia Alonso, de Lezama Lima y de todo el Grupo *Orígenes*, no salió triunfador. Por eso es catalogado factualmente como «la víctima», pero no estamos, amigo entrevistador, revisando una historia de ángeles. Sé que estas palabras pueden ser sospechosas de pasión. Pero en estos días me divierto leyendo el *Herald* [...] de Miami. En sus páginas el periodista ya de aquellos tiempos Agustín Tamargo, y tras él otros exiliados nada revolucionarios, recuerdan a Carlos Franqui y Guillermo Cabrera Infante su historia de persecutores intolerantes; y no callan casi nada. Le haré llegar copia de esta polémica. Tal vez le resulte más creíble que mis palabras. Y lo digo porque las suyas reflejan cuando menos poca información. Las inquisiciones son muchas. Pero sólo quedan como tales las que producen víctimas. De aquellos victimados sálveme Dios.

El periódico *Revolución*, dirigido por Carlos Franqui, era órgano del Movimiento 26 Julio; y *Lunes de Revolución*, dirigido por Guillermo Cabrera Infante, su suplemento cultural. En consecuencia, no podían aparecer como más oficiales. Con posterioridad a las reuniones de 1961, tanto Franqui como Cabrera Infante, consecuentes con la conducta denunciada, abandonaron el país y se desenmascararon como contrarrevolucionarios viscerales. Pero, si bien no es este el momento de dilucidar la cuestión, hay que decir que, a pesar de oportunismos políticos y mezquindades de varia índole, no todo lo publicado en el periódico ni en su suplemento era desdeñable. Sin duda hubo valores positivos en uno y otro que el tiempo, ese autor por excelencia de antologías de que habló Borges, se está encargando de poner en su sitio. Parte de la propia obra literaria de Cabrera Infante tiene méritos, aunque él sea un resentido calumniador de oficio y beneficio. En todo caso, importa subrayar que las reuniones de junio de 1961 y el discurso de Fidel, cuyo cuadragésimo aniversario celebramos, estuvieron lejos de agotarse en la querella en torno a *PM*: querella ciertamente de raíz política, como ha explicado Alfredo.

Y político, en el más amplio sentido de este término, fue el contexto mayor en que estuvieron situados aquellos acontecimientos, pues ese contexto era la Revolución Cubana que había llegado al poder, tras combates heroicos, en enero de 1959. Quizá hoy para muchos sea difícil comprender en plenitud el clima de esperanza, fervor y lucha que entonces se vivía, aunque es bien conocido el conjunto de hechos históricos desencadenados a raíz de aquella fecha. Baste recordar que en abril de 1961 había sido derrotada en sesenta y seis horas la invasión enviada por el imperialismo estadunidense; y que la víspera de iniciarse dicha invasión Fidel había proclamado el carácter socialista asumido por nuestra Revolución. Además, ese año 1961 se estaba llevando a cabo la extraordinaria campaña que erradicaría el analfabetismo de nuestro país, e iba a constituir una realización cultural de primera magnitud.

Sin embargo, para numerosos escritores y artistas de izquierda, no solo en Cuba sino en todo el mundo, un fantasma lo recorría: el de esa monstruosa deformación encarnada en el realismo socialista, que causara incalculables daños en países que se decían socialistas y aun más allá de ellos. No me gusta patear a un mulo muerto, ni dejo de reconocer virtudes en el país nacido de la gran Revolución de Octubre de 1917, ni de agradecer la ayuda material que prestó a nuestra Revolución sobre todo en sus difíciles momentos iniciales. El haber contribuido decisivamente a la derrota del nazifascismo, menos de veinte años antes de 1961, fue sin duda una de las virtudes mayores de la Unión Soviética. Pero los graves errores políticos, las arbitrariedades y las deformaciones intelectuales que acabarían por dar al traste con aquel grandioso experimento ofrecían a los escritores y artistas un rostro particularmente cercano en el realismo socialista, del que se ha dicho que tenía, entre otros, dos defectos ostensibles: no ser realista y no ser socialista. Su fantasma es el que explica la reacción de tantos ante el fenómeno sin duda menor de *PM*. Declarada socialista nuestra Revolución, lo que no podía sino llenar de júbilo a cuantos desde la más temprana edad nos considerábamos socialistas, así fuera por la libre, no parecían enteramente desencaminadas ciertas inquietudes ante el hecho de que la más joven de las revoluciones de ese carácter en el planeta pudiera incurrir en errores similares a los que habían dañado, en este campo, a los otros países que se decían tales, siguiendo el mal ejemplo soviético.

Resulta más que comprensible la reacción de Fidel ante preocupaciones expresadas por varios de los asistentes a las reuniones. Como figura principal de una revolución que había mostrado una y otra vez su originalidad, su independencia, su autoctonía, la sorpresa de Fidel ante dichas preocupaciones era bien explicable. Pero al menos algunas de ellas no dejaban de tener razón de existir, desde una perspectiva que tomara en cuenta numerosas experiencias de otros países. Cuatro años después de 1961, en *El socialismo y el hombre en Cuba*, el Che iba a escribir:

> Se busca entonces la simplificación, lo que entiende todo el mundo, que es lo que entienden los funcionarios. Se anula la auténtica investigación artística y se reduce el problema de la cultura general a una apropiación del presente socialista y del pasado muerto (por tanto, no peligroso). Así nace el realismo socialista sobre las bases del arte del siglo pasado. // Pero el arte realista del siglo XIX también es de clase, más puramente capitalista, quizás, que este arte decadente del siglo XX, donde se transparenta la angustia del hombre enajenado. El capitalismo en cultura ha dado todo de sí y no queda de él sino el anuncio de un cadáver maloliente; en arte, su decadencia de hoy. Pero ¿por qué pretender buscar en las formas congeladas del realismo socialista la única receta válida? No se puede oponer al realismo socialista «la libertad», porque esta no existe todavía, ni existirá hasta el completo desarrollo de la sociedad nueva; pero no se pretenda condenar a todas las formas de arte posteriores a la primera mitad del siglo XIX desde el trono pontificio del realismo a ultranza, pues se caería en un error proudhoniano de retorno al pasado, poniéndole camisa de fuerza a la expresión artística del hombre que nace y se construye hoy.

En sus *Palabras...* de 1961 Fidel afrontó la cuestión candente que ya le habían planteado (dijo) visitantes como Jean Paul Sartre y C. Wright Mills, al decir: «El problema que aquí se ha estado discutiendo y vamos a abordar, es el problema de la libertad de los escritores y artistas para expresarse.» Y más adelante:

> Se habló aquí de la libertad formal. Todo el mundo estuvo de acuerdo en que se respete la libertad formal. Creo que no hay duda acerca de este problema. // La cuestión se hace más sutil y se convierte verdaderamente en el punto esencial de la discusión cuando se trata de la libertad de contenido. Es el punto más sutil porque es el que está expuesto a las más diversas interpretaciones. El punto más polémico de esta cuestión es si debe haber o no una absoluta libertad de contenido en la expresión artística. [...] // Permítanme decirles en primer lugar que la Revolución defiende la libertad; que la Revolución ha traído al país una suma muy grande de libertades; que la Revolución no puede ser por esencia enemiga de las libertades; que si la preocupación de alguno es que la Revolución vaya a asfixiar su espíritu creador, [...] esa preocupación es innecesaria, [...] esa preocupación no tiene razón de ser.

Como carece de sentido, no obstante la tentación grande de hacerlo, que continúe citando textualmente de aquellas *Palabras...*, me limitaré a las líneas que en cierto modo resumen lo esencial del texto:

> dentro de la Revolución, todo; contra la Revolución, nada. Contra la Revolución nada, porque la Revolución tiene también sus derechos y el primer derecho de la Revolución es el derecho a existir, y frente al derecho de la Revolución de ser y de existir, nadie, por cuanto la Revolución comprende los intereses del pueblo, por cuanto la Revolución significa los intereses de la nación entera, nadie puede alegar con razón un derecho contra ella. // Creo que esto es bien claro. ¿Cuáles son los derechos de

los escritores y de los artistas revolucionarios o no revolucionarios? Dentro de la Revolución, todo; contra la Revolución, ningún derecho.

Naturalmente que estos juicios, como casi cualesquiera otros, son susceptibles de más de una interpretación, y así ha ocurrido en este caso. Me cuento entre aquellos para quienes «dentro de la Revolución», lejos de ser un llamado a la obsecuencia, incluye la crítica, desde perspectivas revolucionarias, de los que se estimen conflictos o errores en que hemos incurrido. Es algo que ejemplifican filmes de nuestro admirable cineasta de ficción Tomás Gutiérrez Alea como *Memorias del subdesarrollo*, *La muerte de un burócrata* o *Fresa y chocolate*. Por cierto, no está de más recordar que este artista rebelde secundó en su intervención de junio de 1961 la medida tomada por el ICAIC en cuanto a *PM*.

Una de las primeras consecuencias de las reuniones de junio de 1961 y del discurso de Fidel fue el cese de la publicación de *Lunes de Revolución* y la convocatoria a un amplio y movido congreso que se celebró en agosto de ese año, y de donde nacería la Unión de Escritores y Artistas de Cuba (UNEAC). A su frente se encontró desde el primer momento Nicolás Guillén, junto a un Secretariado de escritores y artistas cuyo promedio de edad era bajo. Entre sus integrantes, Lisandro Otero y José A. Baragaño tenían veintinueve años; yo, treinta y uno. Las *Palabras a los intelectuales* iban a ser la línea rectora de la flamante institución, es decir, el sentido de unidad, la amplitud de criterios estéticos, el rechazo a todo dogmatismo o sectarismo, el carácter multigeneracional. Pronto empezó a dar forma a sus publicaciones periódicas, que verían la luz al año siguiente: *La Gaceta de Cuba* y la revista *Unión*. En ambas desempeñaría papel capital Guillén, acompañado en *La Gaceta* sobre todo por Lisandro; y en *Unión* por Alejo Carpentier y por mí, a quienes se uniría José Rodríguez Feo. A fin de abreviar estas líneas (pues los cuarenta años de la UNEAC merecen trabajo aparte), transcribiré, como mero ejemplo, en su orden de aparición, la lista de autores que colaboraron en el primer número de *Unión*: Carpentier, Navarro Luna, Labrador Ruiz, Lezama Lima, Piñera, Fayad, Nivaria Tejera, Marinello, Martínez Estrada, Augier, Ardévol, Portocarrero, Feijoo, Baragaño, Díaz Martínez, Lisandro, Rodríguez Feo, Rine, Loló de la Torriente, Graziella. También había unos versos míos. Y como «Documento», la «Segunda Declaración de La Habana».

Fechada en París el 21 de septiembre de 1967 (es decir, cuando aún no se vislumbraban la desaparición del llamado campo socialista europeo y la implosión de la Unión Soviética), recibí una carta que era testimonio elocuente de la enorme trascendencia de aquel texto de Fidel. La carta era del firme comunista y amigo de los países socialistas que fue Juan Marinello, quien me escribió allí: «He creído siempre que el discurso del compañero Fidel en 1961, dirigido a los intelectuales, tiene un relieve capital: nos salvó de caer en los feroces dirigentismos que ensombrecieron en otras latitudes la tarea creadora.» Si así opinaba una criatura como Marinello, se comprende fácilmente lo que el discurso implicó para muchísimas otras personas, para el destino de la vida cultural de la Cuba revolucionaria.

Pero aquel mismo 1967 nuestra realidad histórica comenzó a variar, y no para bien. En octubre de ese año fue asesinado el Che, y con tal asesinato, que hizo posponer de nuevo hermosos y audaces proyectos de hacer avanzar la Revolución de nuestra América, se clausuraron nuestros años sesenta. Hechos posteriores, como el malhadado «caso Padilla», el incumplimiento de la zafra de los diez millones, no obstante el esfuerzo realizado, o ciertas consecuencias del Congreso de Educación y Cultura de 1971, pusieron al país en situación difícil: todo ello unido a un aislamiento recrudecido. El ingreso de Cuba en el CAME, en 1972, no contribuyó a mejorar las cosas. Nos habíamos sentido orgullosos de merecer la observación de Mariátegui según la cual el socialismo no podía ser en América calco y copia, sino creación heroica. Pero aunque no faltaron, como no lo han hecho nunca, creaciones heroicas de nuestro pueblo, asomaron su oreja el calco y la copia. Aludiendo al ambiente cultural de la época, Ambrosio Fornet acuñaría más tarde la expresión «Quinquenio gris». Es bizantino discutir sobre si fue solo un quinquenio o si fue más o menos gris. Lo cierto es que algunos peligros que se daban por conjurados amenazaron entonces con empobrecer nuestra vida cultural, si bien no se llegara nunca al ejercicio de uno de esos «feroces dirigentismos» a que aludió Marinello. Pero se dio entrada a prejuicios absurdos, escritores y artistas valiosos fueron marginados, la mediocridad encontró terreno abonado y se debilitó en parte el impulso creador. No temo evocar las dificultades o las equivocaciones de la Revolución, porque el proceso del aprendizaje, y hasta el del crecimiento, implican lo que se ha llamado ensayo y error. Y además, porque solo el ejercicio franco y valiente de la autocrítica (no el regodeo, que puede ser interesante, en las mataduras) nos permite volver a encontrar la ruta correcta.

Aludiendo a esta época ingrata, escribió en 1991 Armando Hart, a quien se le había encomendado en 1976 crear y dirigir el Ministerio de Cultura:

> Es cierto que ha habido reveses, algunos dolorosos y bastante amargos, pero ninguno de ellos estratégico ni con el peso necesario como para nublar la obra de la Revolución en la cultura. Hemos dicho, una y mil veces, que lo mejor, más depurado y de más alto nivel intelectual del país permaneció fiel a *Palabras a los intelectuales* y se mantiene al servicio de la Revolución Cubana.

Cinco años más tarde, en 1996, añadiría Hart:

Cuando se creó el Ministerio de Cultura, en diciembre de 1976, entendí que se me había situado en esta responsabilidad para aplicar los principios enunciados por Fidel en *Palabras a los intelectuales* y para desterrar radicalmente las debilidades y los errores que habían surgido en la instrumentación de esa política. Consideré que sólo era posible hacer más efectiva mi gestión promoviendo la identidad nacional cubana, que se había articulado en nuestro siglo con el pensamiento socialista. Aprecié que para este empeño era necesario emplear, en el campo sutil y delicado del arte y de la cultura, los estilos políticos de Martí y Fidel.

Armando, un histórico de la Revolución Cubana, tras realizar una encomiable tarea al frente del Ministerio, y hacer posible la extinción del «Quinquenio gris», ha sido continuado por uno de aquellos niños que tenían diez u once años cuando Fidel pronunciara su discurso orientador. Me refiero, naturalmente, a Abel Prieto. Si he destacado desde el primer momento la cuestión de su edad, que es también, más o menos, la de muchísimos de nuestros escritores y artistas, de nuestros dirigentes en el área cultural, es porque veo en ello una señal llena de esperanza. Al concluir sus *Palabras...*, Fidel se refirió «a las generaciones futuras que serán, al fin y al cabo, las encargadas de decir la última palabra». Mientras exista la humanidad, se sucederán las generaciones como las hojas de los árboles, según el viejo poema, y en consecuencia volverá a decirse la última palabra. Pero para quienes un día inolvidable escuchamos de labios de Fidel aquel discurso, nuestras generaciones futuras inmediatas son las que llevan hoy la voz cantante: lo que en modo alguno supone desconocer la valía de los mayores, como lo muestra, por ejemplo, el caso de Compay Segundo y sus muchachones.

A pesar de realidades muy duras, de descalabros, de tristezas, las promociones recientes tienen ante sí un país con más posibilidades que las que nos fueron deparadas: un país alfabetizado, donde se ha puesto el énfasis en la cultura al punto de decir Fidel que es lo primero que hay que salvar, y que está siendo difundida cuantiosamente en sus más altas producciones; un país que en circunstancias muy adversas, de recrudecimiento del bloqueo, ha conservado, fortalecido y multiplicado sus instituciones culturales; un país que perdió el apoyo material de naciones europeas que se decían socialistas, pero a la vez está liberado de la sombra que las estrecheces espirituales de tales naciones echaban sobre él, a nombre de una deformación teratológica del marxismo; un país libre, independiente y soberano que piensa con su cabeza y siente con su corazón, no obstante estar rodeado de vergonzosos ejemplos de «pensamiento único», cinismo, corrupción y desaliento. Es natural, es útil que los nuevos critiquen. «Los pueblos han de vivir criticándose,» decía Martí, «porque la crítica es la salud; pero», añadía el Maestro, «con un solo pecho y una sola mente.» Y es imprescindible que sean fieles a otro consejo, también del programa radical, hermoso y vigente que es «Nuestra América»: «Crear, es la palabra de pase de esta generación.»

Se nos pregunta con frecuencia cómo será nuestro futuro. Pero el futuro no empieza con un hachazo, como tampoco lo hace el alba, según experimentamos quienes hemos contemplado el glorioso espectáculo del amanecer en medio del mar; ni la primavera, que «ha venido», escribió Antonio Machado, y «nadie sabe cómo ha sido». Hay que ser muy poco perspicaz para no reparar en que nuestro futuro ya ha comenzado, cuarenta años después.

# 6

# Réplicas

## A Mario Vargas Llosa, en nombre de quien ya no puede responderle

Que Mario Vargas Llosa, en una evolución que lo llevó de un extremo a otro del arco, se ha vuelto un enemigo acérrimo de Cuba y de la izquierda en general (y en particular de la latinoamericana) era ya bien conocido. También parecía conocido que era capaz de mantener con altura una polémica, como la que hace pocos años sostuviera con Mario Benedetti. En una entrevista que concediera a su propio hijo Álvaro, y que apareció a finales de mayo en el diario *Expreso*, de Lima, ratifica lo primero, al punto de elogiar con largueza a Margaret Tatcher, a «su audaz y valeroso empeño de llevar a cabo una gran revolución liberal en Gran Bretaña —devolviendo a la iniciativa privada, a la soberanía individual, y arrebatándosela al Estado, la función de asegurar el progreso—». Lo que no ratifica allí el narrador peruano es lo segundo, pues en su versión del alejamiento que experimentó respecto a Cuba, además de los elementos que ya eran harto conocidos, introduce ahora un sorprendente ataque a Haydee Santamaría, muerta cerca de seis años atrás. He aquí, literalmente, lo que dijo Vargas Llosa:

> El episodio del Rómulo Gallegos fue uno de los antecedentes de aquella crisis. Cuando supe que *La casa verde* era una finalista de aquel premio —había presentado el libro mi editor, Carlos Barral, sin consultármelo—, pregunté a Haydee Santamaría, directora entonces de la Casa de las Américas —a cuyo consejo pertenecía yo—, la opinión de la Revolución sobre el premio

venezolano. Su respuesta fue una respuesta que me llevó a Londres, en persona, el novelista Alejo Carpentier. Me proponía Haydee que fuera a Caracas a recibir el premio, y luego, de allí, a Cuba, donde en un acto público haría donación de los 25 000 dólares al Che Guevara, que se hallaba ya entonces (aunque aún no se había hecho público) en Bolivia. Hasta allí, la respuesta era comprensible. Pero Haydee me proponía, también, devolverme discretamente aquella donación. De modo que yo hubiera podido quedarme, de un lado, con la gloria revolucionaria del gesto y, también, con el dinero. La respuesta me ofendió mucho, pues para aceptarla, había que ser un verdadero cínico.

Es tanto más sorprendente esta interpretación aducida ahora por Vargas Llosa, por cuanto tuvo más de una ocasión para mencionarla. No solo a raíz del otorgamiento del premio Rómulo Gallegos a su novela —otorgamiento justo por la calidad de su obra—, sino cuando Haydee respondió públicamente a la carta, también pública, del 5 de mayo de 1971, en que el autor de *La ciudad y los perros* renunció a su condición de integrante del comité de colaboración de la revista *Casa de las Américas* (no de la Casa misma, como dijo luego en la entrevista) durante el «caso Padilla». En su réplica, del 14 de mayo de aquel año, Haydee le dijo, entre otras puntualizaciones:

Cuando en abril de 1967 usted quiso saber la opinión que tendríamos sobre la aceptación del premio venezolano *Rómulo Gallegos*, otorgado por el gobierno de Leoni, que significaba asesinatos, represión, traición a nuestros pueblos, nosotros le propusimos «un acto audaz, difícil y sin precedentes en la historia cultural de nuestra América»: le propusimos que aceptara ese premio y entregara su importe al Che Guevara, a la lucha de los pueblos. Usted no aceptó esta sugerencia: usted se guardó ese dinero para sí, usted rechazó el extraordinario honor de haber contribuido, aunque fuera simbólicamente, a ayudar al Che Guevara. Lo menos que podemos pedirle hoy los verdaderos compañeros del Che es que no escriba ni pronuncie más ese nombre que pertenece a todos los revolucionarios del mundo, no a hombres como usted, a quien le fue más importante comprar una casa que solidarizarse en un momento decisivo con la hazaña del Che. ¡Qué deuda impagable tiene usted contraída con los escritores latinoamericanos, a quienes no supo representar frente al Che a pesar de la oportunidad única que se le dio!

El autor de la carta a Haydee del 5 de mayo de 1971 (publicada en el número 67 de la revista *Casa de las Américas*), donde se acusaba a Cuba de urdir «un espectáculo [...] prefabricado como los juicios estalinistas de los años treinta», no carecía ciertamente de boca dura para responder. ¿Por qué no respondió entonces a la carta pública que en 1971 le dedicara Haydee? Por añadidura, Haydee vivió nueve años más, pero nunca, durante casi una década, Vargas Llosa ofreció la versión de los hechos con que se aparece ahora, muerta Haydee. También está muerto ahora Carpentier, quien trasmitió la opinión de aquella.

Aun de haber sido cierto lo que Vargas Llosa dice ahora, ello no implicaba en absoluto haber hecho de él «un verdadero cínico», sino ofrecerle una opción, al considerarlo un compañero acaso en apuros (capaz, sin embargo, de contribuir, «*aunque fuera simbólicamente*, a ayudar al Che Guevara»), a quien nada le impedía rechazar la mitad de la proposición que se le hacía, *y que él solicitó*, y entregar plenamente el importe del premio al Che. Pero la verdad es que esperó a que hubieran desaparecido Haydee y Alejo para, al dar su versión, extraer de ella una conclusión tan sombría como arbitraria.

Es cada vez más triste la involución de este novelista de talento. El más reciente capítulo que le conocemos en este orden ha sido difamar de una gran mujer fallecida. Esperamos sin ilusión su próximo capítulo.

Cuba Internacional, *septiembre de 1986.*

## A Carlos Fuentes: mentiras, ocultamiento, ¿deseo?*

Entre los textos provocados por los recientes acontecimientos en Cuba (textos lúcidos unos, equivocados o calumniosos otros), leí con desagrado, pero sin sorpresa, como ejemplo arquetípico de estos últimos, «Infidelidades», de Carlos Fuentes, aparecido a principios de abril en el periódico mexicano *Reforma*. Allí el prolífico escritor menciona lo que considera su relación personal con la revolución de Cuba y, después de más dislates que aciertos, concluye con gran originalidad, tras felicitar a Saramago por «pintar su raya», añadiendo: «Esta es la mía: contra Bush y contra Castro». Poco antes, había asegurado que mantiene la línea que se impuso desde que, en 1966, quien escribe este artículo (al que pretendió ofender), «para hacer olvidar su pasado derechista», denunció a Pablo Neruda y a él «por asistir a un Congreso del PEN Club internacional» realizado en los Estados Unidos. Alude a la carta abierta que un cuantioso número de escritores cubanos enviamos al gran poeta Pablo Neruda y fue publicada originalmente el 31 de julio de 1966 en el periódico habanero *Granma*. Casi cuarenta años después, no puede juzgarse esa carta, tan poco leída hoy (donde se dice con claridad: «No se nos ocurriría censurar mecánicamente tu participación en el Congreso del Pen Club, del que podían derivarse conclusiones positivas; ni siquiera

---

\* Apareció en el periódico digital *La Jiribilla*, y se imprimió en el número 231 de *Casa de las Américas*, abril-junio de 2003, pp. 160-163.

tu visita a los Estados Unidos, porque también de esa visita podían derivarse resultados positivos para nuestras causas»), al margen de las discusiones políticas que entonces existían en el seno de la izquierda latinoamericana y de los cambios ocurridos desde aquella fecha. Tomar en cuenta esos factores es lo que, por ejemplo, ha hecho Volodia Teitelboim, con la autoridad que le dan su honradez, su militancia política, que fue la de Neruda, y su amistad fraternal con él. Fuentes, en cambio, permanece atado a las posiciones que mantenía en 1966, sobre las que volveré. Antes de hacerlo, quiero destacar otra mentira de Fuentes. Si en 1966 había roto con la revolución de Cuba y conmigo, ¿cómo es que en 1967 me hizo llegar la siguiente carta, publicada en el número 43 (julio-agosto de 1967) de la revista *Casa de las Américas*?:

> París, 28 de Febrero de 1967. // Querido Roberto: // Por carta de Mario Vargas Llosa y conversaciones con Julio Cortázar, me he enterado del éxito de las reuniones que acaban de celebrar en La Habana. Julio, precisamente, me dio a conocer el texto de la declaración redactada por el consejo de colaboración de la revista. Quiero aprovechar esta carta para hacer pública mi adhesión al documento mencionado, ejemplar en su tono y su visión revolucionarios. Creo, en particular, que los párrafos dedicados a reafirmar la validez revolucionaria de la libertad artística y a diversificar los frentes de lucha del escritor latinoamericano son de una extrema lucidez y constituyen un aliciente para quienes, como yo, aspiramos al cambio democrático de una sociedad especialmente compleja, como la mexicana. // Con Héctor Católica hemos hablado mucho de la revista. Me gustaría mucho enviarte un capítulo de mi nueva novela, *Cambio de piel* (no la mía: la de Xipe Totec, divinidad desollada de mis antepasados aztecas). Si estás de acuerdo, házmelo saber a vuelta de correo. // También he hablado con Lisandro Otero y con Alejo Carpentier, de la posibilidad de una visita

a Cuba, en el momento de mi regreso a México, quizás hacia fines de este año. La perspectiva me entusiasma. Sería una ocasión de refrendar mi permanente solidaridad con la Revolución Cubana que, como sabes, no data de ayer ni ha sido escasa en pruebas, y de ser, nuevamente, testigo de la victoria que todos ustedes construyen a diario. Sería, también, la ocasión de discutir, al nivel y con el tono que los amigos se deben, muchos problemas comunes cuyas soluciones, finalmente solidarias, exigen sin embargo caminos diversos —tan diversos como los contextos nacionales en los que trabajamos. // Te abraza, con vieja amistad, // Carlos Fuentes

Por si fuera poco, en el número siguiente de la revista apareció un capítulo de su novela *Cambio de piel* enviado por él y anunciado en su carta. En cuanto a mi presunto «pasado derechista», ¿puede Fuentes aportar siquiera una prueba de él? Como no le será dable hacerlo, volverá a ser evidente que es un redomado mentiroso. En cambio, sobre su pasado es imprescindible que refresque algunos hechos que él ha mantenido a buen recaudo hasta hoy. ¿Qué hacía en 1966 Carlos Fuentes? Pues era ni más ni menos que uno de los voceros más conspicuos de la revista *Mundo Nuevo*, financiada por el Congreso por la Libertad de la Cultura, es decir por la CIA, como hoy es ampliamente conocido. Sobre tal Congreso puede leerse el libro de Frances Stonor Saunders publicado en español con el título *La CIA y la guerra fría cultural* (traducción de Rafael Fontes, Madrid, Editorial Debate, 2001); y sobre la revista *Mundo Nuevo*, el libro de María Eugenia Mudrovcic *Mundo Nuevo. Cultura y Guerra Fría en la década del 60* (Rosario, Beatriz Viterbo Editora, 1997). De la participación futura de Fuentes en esa revista yo estaba advertido desde temprano, por cartas que me enviara el gran antagonista de Emir Rodríguez Monegal (el cual sería director de la publicación), es decir su compatriota Ángel Rama, quien ya nos había alertado sobre los propósitos de aquel a Cintio Vitier y a mí en Génova, en enero de 1965 (véase mi trabajo «Ángel Rama y la Casa de las Américas», *Casa de las Américas*, no. 192, julio-septiembre de 1993). Por ejemplo, en carta que entró en la Casa de las Américas el 10 de febrero de 1966, Rama me escribió que Rodríguez Monegal

> ha viajado por toda América —todos los gastos pagos por los americanos— para conseguir colaboraciones dirigiéndose sobre todo a la izquierda no comunista, desde Carlitos Fuentes hasta Mario Benedetti, y me temo por lo que Mario me ha contado que en algunos casos ha obtenido éxito. Aquí ninguno [...], pero en México ya no sé lo que pueda ocurrir.

Dos días después entró en la Casa otra carta, escrita previamente, donde Rama me dijo:

> [U]na advertencia, que a esta altura ya debes haber comprendido por mi carta anterior: son muchos en América, y de los mejores, que no vieron el asunto y que fueron engañados. // Entre estos últimos, yo incluiría a Carlos Fuentes, Nicanor Parra, José M. Oviedo, que según Monegal están dispuestos a entrar en la revista y en ese juego sucio [páginas 51 y 52: cuando en dicho número de la revista *Casa* y luego en otros sitios cité esas cartas, omití el nombre de Fuentes, poniendo en su lugar corchetes cuadrados con puntos suspensivos: tenía la esperanza de que el mexicano podía haber rectificado. Como se ve, mi esperanza era infundada].

Que Fuentes no entró engañado en lo que Rama llamó «el juego sucio» lo revela esta larga cita del libro de Mudrovcic sobre *Mundo Nuevo* (páginas 61-62):

> no parece arbitrario que *Mundo Nuevo* — «revista de diálogo» — inaugure el primer número con una entrevista a Carlos Fuentes

y que sugestivamente Rodríguez Monegal la titule «Situación del escritor en América Latina». En el reportaje, Carlos Fuentes —representante «oficial» de la imagen espectacular que promueve la revista— aparece desplegando una congestión de lugares comunes construida a partir de la superposición del mito de la modernidad latinoamericana y el mito de la modernidad universal [...] // La intuición solemne de *El laberinto de la soledad* —«somos por primera vez contemporáneos de todos los hombres» [...]— es trivializada en la frase final de Fuentes, donde la verdad sentenciosa de los 50 se convierte en consigna de consumo de la década siguiente. Protagonista central de la cultura del *happening*, Carlos Fuentes representa, mejor que cualquier otro escritor latinoamericano, el mito de la modernidad fetichizada convirtiéndose, con ello, en uno de los productores y difusores más autorizados del discurso triunfalista que tan gozosamente festejó el campo cultural en la década del 60. // Teniendo en cuenta el rol central que le asigna *Mundo Nuevo*, se entiende entonces por qué en su *Historia personal del boom* (1972) José Donoso hace decir a Fuentes, *Le boom c'est moi* (51). Imagen de escritor joven, moderno, exitoso, espectacular, *flamboyant*, cosmopolita, ilustradísimo, Carlos Fuentes es, según lo ilusiona Donoso, «el *primero* en manejar sus obras a través de agentes literarios, el *primero* en tener amistades con los escritores importantes de Europa y los Estados Unidos —James Jones le presta su piso en un distinguido hotel de la Isle-de-St. Louis; lo reciben en plan de intimidad Mandiargues y William Styron—, el *primero* en ser considerado como un novelista de *primera fila* por los críticos yanquis, el *primero*...etc». (50). Carlos Fuentes es, en una palabra, la marca registrada del *boom* latinoamericano, una suerte de empresario multinacional del éxito y la modernidad cuya festividad superestelar *culte de moi* se aleja definitivamente del modelo social del intelectual *don de soi* distribuido por la Revolución Cubana.

En acuerdo con los criterios defendidos en *Mundo Nuevo*, Fuentes publicó en 1969 *La nueva novela hispanoamericana* (México, Joaquín Mortiz); y, al producirse en 1971 la discusión en torno al malhadado «caso Padilla», firmó no solo la primera de las dos cartas públicas enviadas sobre el tema a Fidel, sino también la segunda, la cual, para Julio Cortázar, quien se negó a firmarla (y en cambio escribió su «Policrítica a la hora de los chacales»), «fue una carta paternalista e imperdonable por su insolencia» (J.C.: *Nicaragua tan violentamente dulce* [2ª ed.], Barcelona, Muchnik Editores S.A., 1984, página 13). Además Fuentes escribió en la ocasión un texto infeliz sobre Cuba. Entonces, a mi vez, escribí mi ensayo *Caliban*, en algunas de cuyas páginas comenté, cierto que con acritud, el mentado librito de Fuentes. A partir de ese momento (de ninguna manera a partir de 1966) se desencadenó la hostilidad de Fuentes hacia mí. Como no me animaba nada personal contra él (ni, en general, contra los demás autores criticados en el ensayo), expliqué en «Caliban revisitado» (*Casa de las Américas*, no. 157, julio-agosto de l986, páginas 158-159):

> No sería justo [...] que ocultara que la acidez, y algún que otro sarcasmo expresados a propósito de Fuentes, no tomaban en cuenta solo su obra, sino también el hecho de que el mexicano, uno de los más importantes narradores latinoamericanos de estos años, después de haber sido un compañero cercano (lo que me gustará que siga siendo), fue uno de los principales colaboradores e ideólogos de *Mundo Nuevo*, firmante de las dos cartas a Fidel de 1971, y autor de líneas injustas sobre Cuba. Este era el telón de fondo que me movía a impugnar vivamente sus criterios de entonces: criterios que, por otra parte, me siguen pareciendo equivocados. Pero desde aquella fecha hasta hoy, si por una parte Fuentes no me ha ahorrado injurias (en vez de argumentos) en más de una entrevista, por otra ha

manifestado inequívocamente su adhesión a las revoluciones de Cuba y Nicaragua. No podría revisitar mi ensayo sin decir estas cosas, sea cual fuere la reacción que produzcan.

Más explícito todavía fui en la «Posdata de 1993» a mi *Caliban*, que con el título «Adiós a Caliban» apareció en el número 191 de *Casa de las Américas* (abril-junio de 1993):

> Querría [...] que no se olvidara que en aquellas páginas las personas (en primer lugar la del autor) son aleatorias. Aquel no es un texto *ad hominem*, no obstante su carácter autobiográfico, que más de un comentarista ha señalado. Allí interesan ideas, creencias, posiciones. Que el caso de Borges (al que podría sumar otros, de Sarmiento a Fuentes) sirva de pauta. Salvo cuando se trata del de algún canalla profesional (no recuerdo ahora más que un caso, ínfimo), el lector puede asumir que, sea cual fuere el nombre con que se encuentre (incluso el de Emir Rodríguez Monegal, al que me enfrentaron razones sobre todo políticas, y que acabó interesándose también él, a su manera, por Caliban), ese nombre me atañe, es también el mío: en cierta forma discuto conmigo, con el que fui, con el que me hicieron; excuse pues el lector la irritación, o entiéndala como un autocastigo, o como un momento hacia otra serenidad [página 122].

Todas estas aclaraciones cayeron en saco roto en lo que toca a Fuentes, cuyo ego sobreinflado no le permite olvidar que en mi ensayo de 1971 fue puesta en evidencia su «falsa erudición», para valerme del sintagma que Martí empleó al referirse a los «letrados artificiales».

Tan grande es el resentimiento del autor de *Cambio de piel*, que según Jorge G. Castañeda, íntimo amigo suyo (Dios los cría...), «cuando Carlos Fuentes fue invitado a Cuba en los últimos años de la Revolución, respondió medio en serio medio en broma: "sólo después que le 'den paredón' a Fernández Retamar"» (J.G.C.: *La utopía desarmada*, México, Joaquín Mortiz/Planeta, 1993, páginas 220-221, nota). En noviembre de 1993, durante la Feria del Libro de Guadalajara, tuve el disgusto de encontrarme personalmente con el futuro y desastroso canciller, quien sin venir al caso me preguntó, delante de testigos, qué pensaba de lo que Fuentes había dicho sobre mí en su libro (por cierto, lamentable). Le respondí que eso se lo había atribuido Castañeda, pero yo no podía creer que una persona inteligente como Fuentes, quien se había manifestado, no sé si en serio o en broma, en contra de la liquidación de Salman Rushdie, fuese a reclamar la mía, a no ser que se tratara de un cínico. Parece que también esa vez yo estaba equivocado.

# Notas

## Leer al Che

1. Cf. Carlos Tablada Pérez: *El pensamiento económico de Ernesto Che Guevara*, La Habana, 1987.
2. En la vasta bibliografía sobre el pensamiento del Che, uno de los primeros libros fue el de Michel Löwy: *La pensée de Che Guevara*, París, 1970. Quiero destacar también el de Fernando Martínez Heredia: *Che, el socialismo y el comunismo*, La Habana, 1989.

## Cuba defendida. Contra otra Leyenda Negra

1. Varios de los conceptos (y de las citas) de este acápite los expuse ya en trabajos anteriores, señaladamente «Algunos usos de civilización y barbarie» (*Casa de las Américas*, no. 102, mayo-junio de 1977), cuya versión más reciente incluí en el libro homónimo, tomo tercero de mis *Obras* (2003); y «Caliban quinientos años más tarde» [1992], publicado en la revista *Nuevo Texto Crítico*, no. 11, primer semestre de 1993, Stanford University, y luego en *Todo Caliban*, tomo primero de mis *Obras* (2000).
2. Miguel Rojas Mix: *América imaginaria*, Barcelona, 1992, p. 251.
3. Publicado originalmente en *Casa de las Américas*, no. 99, noviembre-diciembre de 1976. Su versión más reciente la incluí en *Algunos usos de civilización y barbarie*, cit. en nota 1.
4. Cf.: Juan Bosch: *De Cristóbal Colón a Fidel Castro. El Caribe, frontera imperial*, Madrid, 1970; y Eric Williams: *From Columbus to Castro. The History of the Caribbean 1492-1969*, Londres, 1970.
5. Cf.: Sergio Guerra Vilaboy: *Paraguay: de la independencia a la dominación imperialista 1811-1870*, La Habana, 1984; y Jean Batou: «Nineteenth-Century Attempted Escapes from the Periphery. The Cases of Egypt and Paraguay», *Review Fernand Braudel Center*, vol. XVI, no. 3, verano de 1993.
6. También los revolucionarios haitianos fueron comparados con los jacobinos: cf. el libro de C.L.R. James *The Black Jacobines. Toussaint L´Ouverture and San Domingo Revolution* [1938], 2a. ed. revisada, Nueva York, 1963.

7. Ramiro Guerra: *La expansión territorial de los Estados Unidos a expensas de España y de los países hispanoamericanos*, Madrid, La Habana, 1935, pp. 12-14.
8. Cf.: Manuel Medina Castro: *Estados Unidos y América Latina, siglo XIX*, La Habana, 1968.
9. Cf. *Las instrucciones de Henry Clay*, prólogo de Leopoldo Zea, México 1985.
10. Darcy Ribeiro: *Las Américas y la civilización. Proceso de formación y causas del desarrollo desigual de los pueblos americanos* [c. 1969], 2a. ed. revisada y ampliada, trad. del portugués por Renzo Pi Hugarte, Buenos Aires, 1972, pp. 355-356 y 354.
11. Sobre el botín general obtenido por los Estados Unidos en su aventura imperialista de 1898, cf. la candorosa y despiadada obra *Our Islands and their People as Seen with Camera and Pencil*, introducida por el Mayor General Joseph Wheeler [...], dos volúmenes, St. Louis, Nueva York, Chicago, Atlanta, 1899. Además de las islas que los Estados Unidos le arrebataron a España en América y Asia en aquella fecha, la obra se ocupa también de «el grupo hawaiano»: se trata, dice el prefacio, de un «territorio suficientemente vasto para un Imperio» (p. [1]). El racismo de los textos es desembozado.
12. Harold Underwood Faulkner: *American Political and Social History* [1937], sexta edición, Nueva York, 1952, p. 569.
13. Ibídem, p. 572.
14. Ibídem, pp. 572-573.
15. Wendell Phillips, enérgico abolicionista, defensor de los Comuneros de París y al parecer miembro de la Primera Internacional, ni siquiera aparece considerado en la vasta *Encyclopedia of the American Left* [1990] editada por Mary Jo Buhle, Paul Buhle y Dan Georgakas, Urbana y Chicago, 1992; pero sí Lucy Parsons, de quien se ocupa allí Carolyn Asbaugh, autora del valioso libro *Lucy Parsons, American Revolutionary*, Chicago, 1976. Tuve la grata sorpresa de encontrar en dicha *Encyclopedia* a José Martí, aunque la nota que se le dedica contiene algunos errores. A Wendell Phillips sí lo menciona David Herreshoff en *The Origins of American Marxism. From the Trascendentalits to De Leon* [la edición original, de 1967, se llamó *American Disciples of Marx*], Nueva York, 1973. No he leído aún, de Oscar Sherwin, *Prophet of Liberty; The Life and Times of Wendell Phillips*, Nueva York, 1958, citado en el libro anterior, p. 197, nota; pero sí de Irving H. Bartlett, *Wendell Phillips. Brahmin Radical*, Westport, Connecticut, 1961. José Rodríguez Feo escribió «Wendell Phillips, precursor de la lucha social norteamericana», en sus *Notas críticas*, La Habana, 1962.

16 Cit. en Paul Jacobs y Saul Landau con Eve Pell: *To Serve the Devil*, volumen I: *Natives and Slaves. A Documentary Analisis of America's Racial History and Why It Has Been Kept Hidden*, Nueva York, 1971, p. [IX].

## La enormidad de Cuba

1. Susana Kaufman Purcell: «Collapsing Cuba», *Foreign Affairs*, vol. 71, no. 1, 1992, p. 130.

2. La expresión «guerra económica», referida a la conducta de los Estados Unidos hacia Cuba, apareció en fecha tan temprana como el 24 de junio de 1959, en memorándum que Christian Herter, entonces Secretario de Estado de aquel país, enviara a su presidente, Eisenhower. El dato fue citado por Ricardo Alarcón, presidente de la Asamblea Nacional del Poder Popular de Cuba, en sesión celebrada por ella el 26 de diciembre pasado. «Guerra económica» es exactamente lo que los Estados Unidos vienen haciéndole a Cuba desde 1959. Sin embargo, en ese país se suele aludir al hecho llamándolo cuando más «embargo». Por mi parte, en lo adelante escribiré, con referencia a lo que padecemos en Cuba, «bloqueo». No me interesan las discusiones bizantinas. Hay también en el texto otras diferencias léxicas en las que algunas veces me detendré y otras no, y a las que no doy demasiada importancia. Nos tocaron esas confusiones (a otras épocas les tocaron otras), en las cuales algunos incurren con candor y otros con malicia. También sé que entre los cabezas de huevo (uno de los cuales es claro que soy), si en estos años se usan palabras como «carnaval», «poder», etcétera, se impone que de inmediato las sigan citas de Bajtín, Foucault *et al*. Créanme que el hecho de que no cite a estos autores y a muchos otros (como Marx, Engels, Lenin, Trotski, Gramsci, Mariátegui *et al.*), no significa que los desdeñe, y mucho menos que los ignore. Pero no me da el espacio para aportar las citas en cuestión. Ruego que las den por hechas.

3. Antônio Cândido: «Cuba e o socialismo», *Por que Cuba?* Coordinación de Emir Sader, Río de Janeiro, 1992, p. 7.

4. Susana Kaufman Purcell: *Loc. cit.*

5. Consuelo León W.: «Foundations of the American Image of the Pacific», *boundary 2*, primavera de 1994, p. 26.

6. Sobre este y otros puntos se encontrarán bibliografías y comentarios atendibles en muchos trabajos. Así, los de uno de los más importantes historiadores cubano-americanos, Louis A. Pérez, Jr. Cf. por ejemplo su «Historia, historiografía y estudios cubanos», *Cuban Studies Since the Revolution*, Damián Fernández ed., Florida University Press, 1992.

7. Harold Underwood Faulkner: *American Political and Social History*, 6a. ed., Nueva York, 1952, pp. 569, 572-573.

8. Tal prepotente y equivocada política estadunidense hacia Cuba comenzó mucho antes de 1959. Cf. Thomas G. Paterson: *Contesting Castro. The United States and the Triumph of the Cuban Revolution*, Nueva York, 1994.
9. José Manuel Allendesalazar: *El 98 de los americanos*, Madrid, 1974, p. 84.
10. Sobre este punto, en áreas que van más allá de Cuba, cf. de Edward W. Said: *Culture and Imperialism*, Nueva York, 1993 (en particular «Themes of Resistance Culture», que apareció traducido en *Casa de las Américas*, no. 200, julio-septiembre de 1995); y también, de Jeffrey Tobin: «Cultural Construction and Native Nationalism: Report from the Hawaiian Front», *boundary 2*, cit.
11. Cf. *The 60s Without Apology*. Sohnya Sayres, Anders Stephenson, Stanley Aronowitz y Fredric Jameson, eds., Minneapolis, 1984. Especialmente, cf. allí, de Fredric Jameson, «Periodizing the 60s».
12. Juan Bosch: *De Cristóbal Colón a Fidel Castro*, cit., pp. 689-692.
13. Con el título «El ejemplo de Cuba y la Revolución», ese manifiesto apareció en el número de julio-septiembre de 1964 de la revista cubana *Unión*, que yo codirigía junto con Nicolás Guillén, Alejo Carpentier y José Rodríguez Feo.
14. Lester Thurow: *Head to Head. The Coming Economic Battle Among Japan, Europe, and America*, Nueva York, 1993, p. 12.
15. Ernesto Che Guevara: «Notas para el estudio de la ideología de la Revolución Cubana», *Verde Olivo*, 8 de octubre de 1960.
16. La ignorancia que en los Estados Unidos se tiene de Martí es tanto más escandalosa por cuanto él vivió casi tres lustros en ese país, que no le fue ajeno. Me llamó la atención (y me alegró) que la sección *Book World*, de *The Washington Post*, me solicitara una colaboración sobre él al cumplirse este año un siglo de su muerte en combate. Mi breve artículo versó sobre vínculos de Martí con los Estados Unidos, y con el título «José Martí: A Cuban for All Seasons», se publicó allí el 14 de mayo de este año. Aunque Martí aparece ya en obras como la *Encyclopedia of the American Left* (ed. por Mari Jo Buhle, Paul Buhle y Dan Georgakas, Urbana y Chicago, 1992), y la segunda ed. de *The Heath Anthology of American Literature* (ed. por Paul Lauter, Lexington, Massachusetts, Toronto, vol. 2, 1994), según lo que sé no se ha publicado en los Estados Unidos nada comparable a la obra de Paul Estrade *José Martí (1853-1895) ou des fondements de la démocratie en Amérique Latine*, Lille, 1987, que pronto verá la luz en español, publicada en Madrid con prólogo mío.
17. Eric J. Hobsbawm: *The Age of Extremes. The Short Twentieth Century, 1914-1991*, Londres, 1994. Claude Julien escribió un excelente comentario de esta obra que fue publicado en francés en *Le Monde Diplomatique* en marzo de este año, y en español en *Casa de las Américas*, no. 200, cit.

18. De esta triste cuestión he tenido que ocuparme en varias ocasiones. Por ejemplo, en «Caliban revisitado», *Casa de las Américas*, no. 157, julio-agosto de 1986; «Ángel Rama y la Casa de las Américas», *Casa de las Américas*, no. 192, julio-septiembre de 1993; «Desde el 200, con amor, en un leopardo» (entrevista realizada por Jaime Sarusky), *Casa de las Américas*, no. 200, cit.

19. Ambrosio Fornet: «A propósito de *Las iniciales de la tierra*», *Casa de las Américas*», no. 164, septiembre-octubre de 1987, p. 150, nota.

20. «Es en verdad extraño encontrarse con propuestas de arrojar por la borda al término imperialismo cuando los clásicos rasgos del imperialismo son tan céntricos en los asuntos internacionales»: así comienza Harry Magdoff su artículo «What is the Meaning of Imperialism?», *Monthly Review*, vol. 45, no. 4, septiembre de 1993, p. 1.

21. Intentos similares habían sido vetados hasta por el presidente Bush Sr., debido a que la grosera y peligrosa violación del derecho internacional que suponen, al pretender imponer a otros países leyes de los Estados Unidos, les provocarían a estos dificultades con esos países. Sin embargo, al calor de la campaña presidencial de 1992, la Ley Torricelli fue aprobada, y, como era de suponer, ha puesto a Wáshington en situación enojosa, lo que contribuye a explicar las votaciones abrumadoramente adversas que ha recibido en la ONU a propósito del bloqueo a Cuba. Esa situación se ha agravado al obtener los republicanos, en la elección parlamentaria de 1994, mayoría tanto en el Senado como en la Cámara de Representantes. Si en apariencia el delirante Proyecto Helms-Burton (cuyo nombre vuelve a ser sardónico: «Acta para la Libertad y Solidaridad Democrática de Cuba 1995») no hace sino agravar la Ley Torricelli, lo que ya sería mucho, en realidad pretende restar al Ejecutivo parte considerable de sus funciones. Ello revela propósitos de la derecha de ese país que, unidos a hechos como el horrible crimen de Oklahoma, no pueden sino inquietar, precisamente cuando se celebra el medio siglo de la derrota militar del nazifascismo. El proyecto Helms-Burton ya fue aprobado, primero por la Cámara de Representantes, y poco después por el Senado: este último, en una versión menos absurda que la inicial, pero siempre altamente negativa para Cuba. En el momento de terminarse de escribir estas líneas, se ignora la forma que asumirá al regresar a ambas Cámaras, y si el presidente Clinton lo vetará o no. (Hoy se sabe sobradamente que no lo vetó. Nota de enero del 2000.) Por lo pronto, ningún gobierno que se respete acatará tal monstruosa ley. Así lo han anunciado los gobiernos de los países de la Unión Europea, y los de Canadá y México, que acordaron con el de los Estados Unidos el Tratado de Libre Comercio. Y en primer lugar, por supuesto, lo rechazará plenamente el de Cuba.

22. Joaquín Roy: «El gran Caribe, asignatura pendiente para Clinton», Agencia EFE: *Anuario '94 Iberoamericano*, Madrid, 1994, p. 443.

23. Miguel de Unamuno: *La enormidad de España. Comentarios*, México, D.F., 1945, p. 260. «Enorme», con este sentido, existe en castellano al menos desde el siglo XV, cuando fue usado por el poeta Juan de Mena.

24. Darcy Ribeiro: «Cuba», *Por que Cuba?*, cit., p. 33.

## Hacia una intelectualidad revolucionaria en Cuba

1.  Por una sola vez mencionaré varios de esos trabajos. Algo se encontrará en *La poesía contemporánea en Cuba, 1927-1953*, La Habana, 1954, y sobre todo en *Papelería*, La Habana, 1962, y «Martí en su (tercer) mundo», *Cuba Socialista*, no. 41, enero de 1965. En varios momentos he intentado un balance de la creación artística durante la Revolución; por ejemplo, en *Marcha* (26 de enero de 1962), y en «La cultura en México», *Siempre!* (8 de agosto de 1962). No es esto lo que intento ahora, aunque me valga de ideas expresadas allí, y en varias encuestas, sobre todo la que Carlos Núñez publicó simultáneamente en *Marcha* y en *Casa de las Américas* (no. 35, marzo-abril de 1966) sobre «El papel del intelectual en los movimientos de liberación nacional».

2.  En un artículo sobre el tema («Generaciones y revolución. Meditación inconclusa sobre un problema», *El Caimán Barbudo*, no. 6, 1966), el joven ensayista Ricardo Jorge Machado coincide en señalar este acercamiento entre los hombres que, en dos oleadas, madurarán *con la Revolución*: «Estas dos últimas generaciones», ha escrito Machado, «han sellado una profunda alianza y su identificación espiritual es tal que apenas es posible encontrar diferencias entre sus puntos de vista» (p. 14).

3.  Cf. el notable ensayo de María Zambrano «La Cuba secreta», *Orígenes*, no. 20, invierno, 1948, que comenta la antología de Cintio Vitier *Diez poetas cubanos 1937-1947* (1948).

4.  Para decirlo en palabras de Lisandro Otero, «algunos escritores, los menos, participamos en mayor o menor medida en la resistencia clandestina urbana. Ninguno llegó a destacarse en las guerrillas rurales que luego tuvieron un decisivo papel en el rumbo tomado». Sobre varios puntos tratados aquí, cf. de L.O.: «Cuba: literatura y revolución», «La cultura en México», *Siempre!*, 15 de junio de 1966.

5.  Ernesto Che Guevara: *El socialismo y el hombre en Cuba*, La Habana, 1965. Se trata de la carta abierta que el Che enviara a Carlos Quijano, el director de *Marcha*. Sobre la construcción de esta vanguardia en el proceso insurreccional de un país subdesarrollado, cf. también la intervención de Amílcar Cabral en la Conferencia Tricontinental.

6.  Sobre la evolución histórica de la Revolución Cubana, cf. el trabajo imprescindible del Che Guevara «Cuba: ¿excepción histórica o vanguardia en la lucha anticolonialista?», *Verde Olivo*, 9 de abril de 1961.

7. Antonio Gramsci: *Literatura y vida nacional,* trad. del italiano por J.M. Aricó, Buenos Aires, 1961, pp. 25-26.
8. «Para que *Ariel,* de Rodó, significara algo más que una grácil divagación en torno a la democracia y el utilitarismo», dijo Carpentier, «[...] hubiese sido preciso, sencillamente, que Rodó estudiase un poco de economía política.» Este discurso fue recogido por Carpentier, con el nombre «Literatura y conciencia política en América Latina», en *Tientos y diferencias* (México, 1964), y constituye una admirable toma de posición del gran novelista. Un enfoque moderno de Rodó, donde incluso se recogen páginas antintervencionistas casi desconocidas del autor de *Motivos de Proteo,* nos lo da Mario Benedetti en *Genio y figura de José Enrique Rodó,* Buenos Aires, 1966 (cf. sobre todo pp. 104-105).
9. Es evidente que este asunto, que apenas es rozado aquí, debería considerarse partiendo de un saneamiento del propio término «vanguardia». Además de su primer significado militar, y de su desplazamiento político, en el orden intelectual la palabra «vanguardia» ha sido empleada con estas acepciones: a) conjunto de intelectuales de avanzada; b) arte renovador; c) momento particular de ese arte, ubicado cronológicamente, *entre nosotros,* más o menos en la década 1920-1930. Todavía puede dividirse más este cabello. Se encontrará un enfoque interesante del último punto, tomado en escala europea, en el libro de Mario de Micheli *Las vanguardias artísticas del siglo veinte,* trad. del italiano por G. de Collado, La Habana, 1967.
10. A lo largo de estos años, abundan los ejemplos individuales de coincidencia de ambas vanguardias: Mayacovski, Picasso, Eisenstein, Brecht, Vallejo, Alberti, Neruda, Hikmet, Éluard, Nezval son solo algunos nombres.
11. No sé si se deberá a esta voluntad nuestra de no cerrarnos dogmáticamente sobre unas cuantas verdades reveladas, sino, por el contrario, abrirnos a la amplia discusión del marxismo contemporáneo —abertura que nos ha llevado a publicar a Althusser, Fanon, Sánchez Vázquez, Debray y otros en la revista *Casa de las Américas*—; no sé, digo, pues ella no lo especifica, si se deberá a este hecho el haber recibido este comentario de una amiga como Sol Arguedas: «Para aquellos latinoamericanos que vamos conociendo el socialismo a través de las experiencias de Cuba, y estudiando, para aprovecharlas, sus enseñanzas prácticas y sus concepciones teóricas, resulta muy desconcertante leer algunos artículos que aparecen, o aparecían de vez en cuando, en la revista *Casa de las Américas*» (Sol Arguedas: «¿Dónde está el Che Guevara?», *Cuadernos Americanos,* mayo-junio de 1966, p. 68). Y a propósito de esto: lo que es verdaderamente descocado es lo que ha escrito en *Politika,* de Belgrado, Frane Barbieri, al comentar aviesamente la carta que un grupo de escritores cubanos enviamos al gran poeta chileno Pablo Neruda. «En las páginas de la revista habanera *Casa de las Américas,* y en manifestaciones de los artistas latinoamericanos publicadas en esta revista, en La Habana», afirma este impávido calumniador, «comenzó a recibir

una fisonomía cada vez más determinada la tesis extremista sobre la revolución cultural en este continente» (sic). De esta manera, el país socialista que al mismo tiempo que realiza una gigantesca campaña de alfabetización publica masivamente a autores como Kafka, Joyce, Proust, Robbe-Grillet; el país que se enorgullece de contar entre sus grandes figuras artísticas a creadores de vanguardia como Carpentier, Guillén, Lezama, Lam, Portocarrero, es tranquilamente acusado de fomentar una llamada «revolución cultural» como la que estamos presenciando ahora, preocupados (e insuficientemente informados), en China. En contraste con estas mentiras goebelsianas, es interesante saber lo que ha escrito órgano tan poco sospechoso de radicalismo como el londinense *Times Literary Supplement* (el 11 de agosto de 1966) sobre la encuesta aparecida en el número 35 de *Casa de las Américas*. Esta encuesta versó sobre «El papel del intelectual en los movimientos de liberación nacional», y en ella, además de escritores europeos como Alberto Moravia y Régis Debray, participamos escritores latinoamericanos como Jorge Zalamea, Mario Vargas Llosa, Gonzalo Rojas y yo. En dicha encuesta, afirma el periódico inglés, «puede ser discernido, en su conjunto, una ausencia de unción y dogmatismo. Después de todo, incluso en Cuba los excesos del realismo socialista han sido desdeñados».

ROBERTO FERNÁNDEZ RETAMAR (La Habana, 1930), poeta, ensayista y profesor universitario, realizó estudios de humanidades en las Universidades de La Habana, París y Londres. Es Doctor en Ciencias Filológicas e Investigador Titular de su país, Profesor Honorario de la Universidad de San Marcos (Lima) y Doctor Honoris Causa de las Universidades de Sofía y Buenos Aires. Desde 1955, ha sido profesor de la Universidad de La Habana, que en 1995 lo nombró Profesor Emérito. Fue colaborador desde 1951 de la revista *Orígenes*, director de la *Nueva Revista Cubana* (1959-1960), consejero cultural de Cuba en París (1960) y secretario de la Unión de Escritores y Artistas de Cuba (1961-1964), donde codirigió de 1962 a 1964 la revista *Unión*. Fundó en 1977 y dirigió hasta 1986 el Centro de Estudios Martianos y su *Anuario*. Desde 1986 es presidente de la Casa de las Américas, institución cultural cuya revista homónima dirige a partir de 1965. Fue electo en 2008 Director de la Academia Cubana de la Lengua, de la cual forma parte desde 1995.

En su obra se distinguen los poemarios *Patrias*, Premio Nacional de Poesía en 1952, *Alabanzas, conversaciones* (1955), *Vuelta de la antigua esperanza* (1959), *Historia antigua* (1964), *Que veremos arder* (1970), *Cuaderno paralelo* (1973), *Circunstancia de poesía* (1974), *Juana y otros poemas personales* (1981), *Hacia la nueva* (1989), *Aquí* (1995), además de numerosas antologías. Entre sus libros de ensayo se destacan *Papelería* (1962), *Ensayo de otro mundo* (1967), *Caliban* (1971), *El son de vuelo popular* (1972), *Para una teoría de la literatura hispanoamericana* (1975), *Introducción a José Martí* (1978), *Algunos usos de civilización y barbarie* (1989), *La poesía, reino autónomo* (2000), *Concierto para la mano izquierda* (2001), *Cuba defendida* (2004) y *Pensamiento de nuestra América* (2006).

www.ingramcontent.com/pod-product-compliance
Lightning Source LLC
Chambersburg PA
CBHW030730230426
43667CB00007B/657